本书是国家社科基金西部项目"制度激励、要素聚集与西部地区增强自我发展能力研究——兼论特殊困难地区的要素贫困"（11XJL002）和贵州省高校人文社会科学研究基地项目（JD2013027）的最终成果

区域发展能力概论

李晓红　著

中国社会科学出版社

图书在版编目（CIP）数据

区域发展能力概论/李晓红著.—北京：中国社会科学出版社，
2019.4
ISBN 978 - 7 - 5203 - 4439 - 5

Ⅰ.①区…　Ⅱ.①李…　Ⅲ.①区域经济发展—概论—中国
Ⅳ.①F127

中国版本图书馆 CIP 数据核字（2019）第 094530 号

出 版 人	赵剑英	
责任编辑	李庆红	
责任校对	王　龙	
责任印制	王　超	

出　　　版	中国社会科学出版社	
社　　　址	北京鼓楼西大街甲 158 号	
邮　　　编	100720	
网　　　址	http：//www.csspw.cn	
发 行 部	010 - 84083685	
门 市 部	010 - 84029450	
经　　　销	新华书店及其他书店	

印　　　刷	北京明恒达印务有限公司	
装　　　订	廊坊市广阳区广增装订厂	
版　　　次	2019 年 4 月第 1 版	
印　　　次	2019 年 4 月第 1 次印刷	

开　　　本	710 × 1000　1/16	
印　　　张	20.25	
插　　　页	2	
字　　　数	324 千字	
定　　　价	98.00 元	

谨以此书怀念逝去的母亲田景英。愿深爱的母亲在另一个世界里有双亲疼爱，有兄弟姐妹呵护，不孤单，没有病痛的折磨，仍旧是那个风一般的女子。在我心里，母亲从未离开，只不过是换了一种方式和我相处……

目　录

导　论

一　研究背景与视角

两个关键的事实构成了本书最重要的现实背景。

其一是各国在反贫困的各种努力和实践中，返贫现象总是不同程度地被观察到。对贫困人口返贫原因的分析，形成了诸多共识。比如，因病返贫、因灾返贫和因学返贫是典型的返贫致因；在市场经济国家，因为市场的波动返贫也颇为常见。虽然贫困人口返贫的原因各有不同，但是，低收入人口的这种脆弱性，使得社会各界开始思考：怎样才能降低低收入群体的脆弱性？提高贫困人口的自我发展能力正是这种思考的结论，也正是这种思考催生了贫困研究的能力范式。我国也不例外。在脱贫攻坚过程中，"边脱贫边返贫"成为脱贫顽疾，这在我国"五个一批"脱贫措施中①，通过易地扶贫搬迁脱贫表现最为明显：一方面，迁入地不能提供足够的就业岗位；另一方面，迁出人口缺乏在更大城市就业的能力，导致离开土地以后，生活成本大幅上涨，日常生计难以为继，以至搬出来的农户又搬回原来的村寨。因此，帮助最贫困群众脱贫致富的问题就成为两个层面的自我发展能力问题：如何提高贫困地区的自我发展能力，以增加更多的就业机会和岗位？如何提高贫困人口的自我发展能力，帮助其融入当地工业化、城镇化进程，分享发展红利？

其二是在区域发展中，发展差距没有明显收窄的趋势。对于我国而言，这种趋势非常直观地表现为：当东部地区率先实施了开放政策以后，东部地区确实实现了"先富起来"的发展初衷；但是，当备受期待的西部大开发、东北老工业基地振兴、中部崛起战略陆续实施以后，政策效应却远低于预期。这样的政策效益落差，不仅成为决策层高度关

---

① "五个一批"指：发展生产脱贫一批、易地扶贫搬迁脱贫一批、生态补偿脱贫一批、发展教育脱贫一批和社会保障兜底一批。

注的战略问题，也成为学术界集中探讨的热点问题。毫不意外地，几乎所有的关注最终都指向了特定区域的自我发展能力不足。而在四大区域中，由于西部地区相较于其他地区，整体发展更为滞后，区域内部的城乡差距也更为突出，西部地区的自我发展能力自然成为"重中之重"和"热点中的焦点"问题。

可见，不管是针对性的扶贫开发，还是大规模的区域开发，都强调自我发展能力的培育。对于学术界而言，这同样是不容回避的重要学术问题：如何以符合中国国情、具有中国特色的创新性学术成果，为中央和地方政府决策提供智力支持和参考？已经实施的政策虽然很多取得了"立竿见影"的减贫与发展效果，但是为什么被认为依然没有培育形成当地的自我发展能力？什么样的政策体系才能既解"燃眉之急"，又有利于培育长期的自我发展能力？本研究正是基于以上现实背景提出，我们希望本书的相关结论，不仅是对我国西部地区和贫困地区发展困境的学术思考，更能为决策层提供决策支持和参考。

与现实背景相对应，当国家战略层面和现实问题都形成了对自我发展能力相关研究的需求时，学术界也开始关注该问题。从20世纪90年代我国正式提倡扶贫要从"输血式"转向"造血式"以后，尤其2000年的西部大开发战略明确提出形成西部地区的自我发展能力以后，大量研究便如雨后春笋般破土而出，形成了丰富的研究成果。但遗憾的是，这些研究大多笼统地探讨"自我发展能力"[1]，或对之进行分类，或尝试对之进行评价，却少有明确定义"自我发展能力"，更少有区分"欠发达地区（贫困地区）的自我发展能力"和"贫困人口的自我发展能力"——大多数研究将后者作为前者的一个组成部分[2]。但是事实是这样吗？当我们研究某一问题时，第一要务是不能忘记产生这一问题的土壤。从前文对现实背景的阐述可以看到，我国西部地区和贫困人口的"自我发展能力问题"并不是一个问题，而是两个问题。西部地区的自

---

[1] 对此，后文将专门探讨，这里不详细讨论。

[2] 李晓红的《减贫进程中贫困人口能力形成的产权分析》（中国社会科学出版社2015年版）一书"导论"部分也曾开宗明义地指出："不过，需要强调的是，贫困地区和贫困人口的自我发展能力是两个不同的概念。"作为对这类学术区分的肯定，国务院2016年12月印发的《"十三五"脱贫攻坚规划》在"指导思想"部分，首次明确区分两者，提出要"不断增强贫困地区和贫困人口自我发展能力"。

我发展能力问题,是在西部大开发的语境下提出的;贫困人口的自我发展能力问题,则是在扶贫开发的语境中提出的。虽然我国的贫困人口主要分布在西部地区,但是,西部大开发与扶贫开发是不同层面的发展问题。因此,对"自我发展能力"问题的研究,必须在特定的语境下展开。正是基于这样的考量,本书认为,"自我发展能力"对于欠发达地区而言,是区域的发展能力问题;对于贫困人口而言,则是如何在减贫进程中形成发展能力的问题。① 因此,本书认为,西部地区的自我发展能力问题,实际上是特定区域的自我发展能力问题,亦即是"区域自我发展能力"范畴。不过,为了表述的简洁,可以将之表述为"区域发展能力",因为这样的省略并不影响理解,不会产生歧义。基于上述理解,我们希望在现有研究成果的基础上,首先从"区域发展能力"的一般范畴切入,尝试提出区域发展能力的"双激励—四维度"理论框架②;并通过该框架的理论逻辑,得到相关的一般性结论;在该理论框架下构建指标体系,测算各省(市、区)的区域发展能力水平,对一般性结论进行经验验证;最后聚焦西部地区自我发展能力问题,基于理论框架和测算结论,得出增强西部地区自我发展能力的制度供给逻辑与重点。

那么,怎样才能建立一个既有解释力又"好用"的分析框架呢?这不仅涉及研究问题的最终目标,更重要的是思考该问题的逻辑起点。更确切地说,就是需要回答:问题是怎么提出的?对这个问题的回答想要解决什么问题?只要围绕这两点来思考,立刻就会发现:欠发达地区与贫困人口的自我发展能力问题原来如此不同!自然也就不会试图将两者"一锅烩"了。道理很简单:提高区域发展能力的政策措施,不一定能提高贫困人口的自我发展能力——如果不是的话,就不会有贫困人口了;反过来也一样,提高贫困人口自我发展能力的措施,也不一定能够提高区域的自我发展能力——因为人的能力提高以后,往往会选择离开原先生活的"穷乡僻壤",而如果一个地方有能力的人都选择离开

① 关于贫困人口的自我发展能力问题,本研究的课题负责人在《减贫进程中贫困人口能力形成的产权分析》(2015)一书有专门论述,不是本书的关注重点。

② 关于本书的分析框架为何从课题设计时的"制度激励·要素聚集"拓展为"双激励—四维度",参见第三章第一节"四　一个补充说明:从'制度激励·要素聚集'到'双激励—四维度'"。

的话,当地的发展能力又从何谈起呢?所以,将两者"分而治之",不仅合理,而且必须。

区分"区域"和"人口"的发展能力是第一步,接下来要解决的问题是以什么样的视角来关注区域发展能力这一问题?要回答这一问题,又需要回到问题的起点:为什么提出自我发展能力问题?很明显,不管是西部地区还是贫困人口,与东部地区和非贫困人口的差距是全方位的,但是,国家首先要缩小的显然是收入差距,或者说是经济差距!因此,研究这一问题,从经济学视角切入,便是理所当然的选择。

本书对区域发展能力的经济学视角关注主要表现在:

第一,基于经济学视角定义区域发展能力。

第二,构建区域发展能力的"双激励—四维度"理论框架,并通过修改假设,对该框架进行理论和应用拓展分析,增强了理论框架的解释力。

第三,对基于"双激励—四维度"理论逻辑得出的研究结论进行经验验证。根据理论框架的内容和基本定义,构建指标体系,测算31个省(市、区)的发展能力水平,以测算结果为模型的经验含义提供了经验证据,验证并解释基于理论逻辑得到的研究结论。

综上,本书整体逻辑框架的经济学范式特征明显。从对区域发展能力的经济学界定出发,按照"概念界定—理论框架构建—理论逻辑解读—拓展分析与经验含义解读—根据理论框架和定义构建评价指标体系—以测算结果验证模型的经验含义—根据结论提出政策建议"的逻辑顺序构建,是典型的经济学实证研究范式。

二 本书内容与思路

本书的主要内容除导论外,包括九章。

第一章"区域发展能力问题的提出与进展"。分别考察了能力问题提出的现实观察、政策取向和学术关注缘起,指出区域发展能力问题的提出源于自我发展能力从人口到区域的演进;梳理区域发展能力研究的国内外进展;尝试评估区域发展能力研究的趋势。

第二章"经济学视阈中的区域发展能力"。辨析能力主体、能力属性与能力建设等重要概念及相互关系;剖析从个人能力到区域发展能力的逻辑路径;对区域发展能力进行经济学界定;分析区域经济增长、经济发展与区域发展能力的关系。

第三章"区域发展能力形成的'双激励—四维度'理论框架"。讨论区域发展能力与区域发展能力形成的关系；分析区域发展能力形成的制度和市场激励；提出区域发展能力形成的"双激励—四维度"理论框架；并基于"双激励–四维度"理论框架逻辑，得到若干重要结论及推论。

第四章"'双激励—四维度'框架的理论与应用拓展"。分析影响制度与市场激励的因素，并考察其对差距变化的影响；讨论封闭性假设下，区域发展能力形成的"双激励—四维度"逻辑和经验事实；探讨"双激励—四维度"的制度供给优先序；指出以制度激励要素聚集是区域发展能力形成的政策重心；并综合应用"双激励—四维度"框架及其制度逻辑，探讨要素贫困地区的减贫思路。

第五章"西部地区自我发展能力测算：基于省域视角"。根据区域发展能力的定义，构建区域发展能力指数（RCDI）；比较 RCDI 与省域经济综合竞争力指标体系、HDI 以及全面小康指数等相关指数；对 1995—2013 年全国各省（市、区）RCDI 进行测算；并对各省 RCDI 值进行简要分析，得到一些初步结论，从结论看 RCDI 值测算存在的问题。

第六章"比较视角下的西部地区自我发展能力：区域差序及其解释"。根据 RCDI 值分析全国 31 个省（市、区）RCDI 的差序格局；从区域制度激励的时间和强度差序出发，分析 RCDI 差序与制度差序的匹配性；分析市场激励差序与 RCDI 差序的解释与验证关系；最后探讨制度激励差序的收敛趋势与市场激励差序的稳定趋势。

第七章"西部地区自我发展能力的优劣势识别：基于 RCDI 测算"。比较区域 RCDI 值，指出西部地区是我国区域发展能力的短板，总结其区域特征；基于 RCDI 二级指标值，分析西部各省（市、区）RCDI 的优劣势，总结西部各省（市、区）RCDI 的长板与短板；提出增强西部地区自我发展能力的"固长补短"思路。

第八章"国际金融危机后西部地区的 RCDI 波动研究"。分析危机过后西部地区 RCDI 在区域中的格局；比较 2000 年、2008 年、2010 年和 2013 年西部地区 RCDI 值和人均 GDP 相对于其他区域的变化；并尝试对西部地区 RCDI 的脆弱性类型进行划分；探讨降低西部地区 RCDI 脆弱性的思路。

第九章"增强西部地区自我发展能力的制度供给逻辑与重点"。总结基于"双激励 - 四维度"框架和 RCDI 测算的重要结论;指出增强西部地区自我发展能力的制度供给逻辑和制度供给重点。

对上述内容的研究,按照图 0 - 1 的思路展开。

如图 0 - 1 所示,总体思路按照"问题界定—理论一般化研究、理论应用拓展、理论应用与研究问题聚焦—研究结论与建议"的步骤展开。首先通过对研究背景的分析,以及本书研究视角的确定,清晰地将问题界定为"西部地区自我发展能力"问题,并明确该问题实际上是区域发展能力的特殊范畴。其次,对研究问题进行一般化的理论研究。既然西部地区自我发展能力问题是区域发展能力的特殊范畴,对该问题的一般化研究,自然应聚焦于"区域发展能力"的界定和理论分析框架的构建。再次,在一般性分析的基础上,聚焦本书的研究问题。一是将理论分析框架拓展应用于要素贫困地区的减贫思路分析,二是基于概念界定和理论分析框架,建立测算区域发展能力(RCDI)的衡量指标体系,基于省域视角测算西部地区的自我发展能力,三是综合应用理论分析框架的逻辑结论,以及对各省 RCDI 的测算结果,对西部地区自我发展能力的优劣势进行识别,并考察国际金融危机后西部地区 RCDI 值的波动,分析西部地区自我发展能力的脆弱性。最后,基于一般性研究、聚焦研究问题和拓展应用分析的研究结论,提出增强西部地区自我发展能力的制度供给逻辑和制度供给重点。

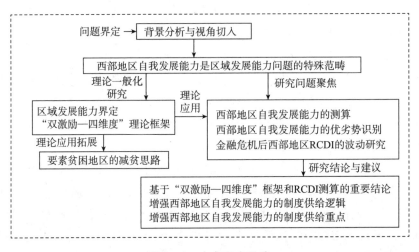

图 0 - 1 本书研究思路

三　研究方法及特点

主要运用理论演绎分析法和计量分析方法。通过构建区域发展能力的"双激励－四维度"理论框架，并结合对区域发展能力的经济学界定，根据理论逻辑，得出若干重要结论；并通过构建多指标的线性加权综合评价函数，采用"拉开档次法"求解最优化数学模型，确定各级指标权重，测算 RCDI 值，对理论推导得出的结论进行经验验证；同时根据需要，综合运用制度分析、比较分析、演化分析以及案例分析等方法。本书对上述研究方法的运用，综合来看，具有以下特点：

第一，突出经济学分析。如果去掉"西部地区"、"自我发展"等限定词，核心词"能力"并不是一个经济学概念。事实上，最早系统地对"能力"进行研究的是心理学学科，因此，严格意义上讲，"能力"是一个心理学概念。现在基于缩小经济差距的考量，在"能力"前加上限定词，并不是要从心理学的视角研究该问题，相反，是希望借助该概念来解决经济学问题。但是，对于经济学而言，"能力"是一个"舶来品"，这导致大量研究都没有牢牢锁定经济学视角，或者形成具有较强解释力的理论分析框架，而是出现了较为"发散"的研究视角，这大大影响了已有研究成果的解释力和适用性。因此，本书以经济学视角贯穿整个逻辑框架，不仅高度契合"西部地区自我发展能力"问题提出的动因，而且直接瞄准提出该问题想要达到的目标，可谓是从起点到终点都没有偏离问题的核心和本质。

第二，尝试构建具有可比性的区域发展能力评价指标体系。任何一项经济课题研究，如果不能用指标来衡量，其研究结论对现实的指导意义必然大打折扣。国际社会和我国在贫困治理与区域发展中高度重视的自我发展能力问题也不例外。对此，课题组的思考是：如果说某地区的自我发展能力很强，用什么数据可以说明？现有的经济增长和发展数据是能力的结果，而不是能力本身。因此，衡量区域发展能力，既离不开经济增长和发展指标，也不等同于这些指标。与这两类指标相比，区域发展能力指数应该更具前瞻性和指导性——即根据这些指数，可以较为准确地预测当地的经济增长和发展可能。基于上述思考，根据"双激励—四维度"理论框架，构建了区域发展能力评价的指标体系，并测算了 1995—2013 年全国 31 个省（市、区）的区域发展能力水平。

第三，理论与实际相结合。"自我发展能力"是一个国际性的共同论题，"西部地区自我发展能力"却是我国发展中的典型论题。立足本土实际，提出科学问题，是理论升华的基础；构建逻辑自洽的理论分析框架，运用经验数据验证理论模型的结果，是检验理论模型的必需环节。本书将经济学理论分析范式应用于我国区域发展中的典型问题分析，并以我国区域发展的经验事实对模型结论进行验证，得出若干具有启发性的结论，体现了理论与实际相结合的研究理念。

四　研究意义与目的

从理论意义看，从经济学视角明确界定区域发展能力概念，构建区域发展能力的"双激励—四维度"理论分析框架，有利于理清自我发展能力研究的理论脉络，并为后续研究奠定基础和提供借鉴。

从实践意义看，欠发达国家和地区形成自我发展能力，是一个长期的过程，本书的测算指数虽然主要针对省级区域提出，但是理论分析框架却同样适用于国家、跨省级行政区划的地理区域、市县区域等，对各级政府提升当地发展能力均具有指导意义。

就研究目的而言，本书尝试在已有研究的基础上，从经济学的视角清晰界定区域发展能力，构建区域发展能力形成的"双激励 – 四维度"理论分析框架，推演其逻辑结论；并据此构建评价指标体系，测算全国各省的区域发展能力，为理论框架的经验含义提供经验证据；最终根据测算结果，基于"双激励 – 四维度"框架，聚焦西部的自我发展能力问题，提出增强西部地区自我发展能力的制度激励逻辑与制度供给重点。

五　主要概念及说明

本书涉及的概念主要包括发展能力、自我发展能力、能力形成、区域发展能力、地区发展能力等，尽管笔者尽量统一用语以避免混乱，但是由于在不同的语境中表述的需要以及表述的习惯等，本书难免会交替使用前述概念。为了将读者尽快统一到本书的语境中，特对几个重要术语交替使用的几种表述作如下说明。

如表 0 – 1 所示，"通用表述"是本研究主要使用的表述；"替代表述"则指在特定语境下，或为了遵从表述习惯，对"通用表述"的替代；"替代语境"则说明特定的语境和表述习惯。比如，本研究有时会交替使用"区域发展能力"和"××地区自我发展能力"，是为了更符合表述习惯。举例来说，当特指西部地区的区域发展能力时，要么用

"西部地区自我发展能力"、要么用"西部地区发展能力",一般不会用"西部地区区域发展能力"。因为在最后一种表述中,"地区"和"区域"的语义重复,而且同时出现两个"区"字,不符合表达的简洁性。

表 0 - 1　　　　　　　重要术语的替代表述与语境

通用表述	替代表述	替代语境
发展能力	自我发展能力	当"发展能力"与"主体"间有"的"字时,即"区域发展能力"="区域的自我发展能力"、"人口发展能力=人口的自我发展能力";这同样适用于特定主体,比如"西部地区发展能力"="西部地区的自我发展能力"、"西部地区人口发展能力"="西部地区人口的自我发展能力"
区域发展能力	地区发展能力	涉及特定区域时,比如论及西部地区自我发展能力时,相对于"西部地区区域发展能力",显然用"西部地区发展能力"更为简洁,也没有损失内涵
发展能力	能力形成	评述国外文献时,因为国外的通用表述是" Capacity Development"

六　西部地区自我发展能力是区域发展能力的特殊范畴

在研究思路图中,我们已经将西部地区的自我发展能力问题,界定为区域发展能力的特殊范畴。这里为进一步理清本书的逻辑路径,再次加以说明。

有两个明显的理由可以说明这一点。

第一,从概念界定的逻辑起点来看,西部地区自我发展能力问题是区域发展能力的特殊范畴。显然,清晰界定"西部地区自我发展能力"这一有着诸多前置限定词的概念,其逻辑起点无疑是"能力"一词。而一旦我们确立了"能力"一词的基本概念地位,就会发现,在"能力"前面,可以加上若干限定词,比如"个人"、"政府执政"、"企业的市场拓展"等。显然,也可以加上"区域发展",将"能力"缩小为"区域发展能力",从这个意义上看,西部地区自我发展能力显然属于区域发展能力的特殊范畴。

第二,从问题提出的现实背景来看,西部地区自我发展能力问题属于区域发展能力的特殊范畴。正如本书开篇所言,西部地区的自我发展能力问题，是在区域发展不均衡、西部大开发政策效应小于预期的双重背景下提出来的，属于我国区域经济板块中的特定区域问题，是相较于一般性的"区域发展能力"的特殊范畴。

正是因为西部地区自我发展能力是区域发展能力的特殊范畴，本书才采用了从"一般到特殊"的理论研究路径。我们认为，遵循这样的逻辑路径，不仅有利于保证本书的理论研究水平，而且也有利于以逻辑自洽的理论框架为参照系，较为深入而系统地对西部地区的自我发展能力问题展开研究。而对于后者而言，建立一个一般性的理论框架，不仅有利于将问题清晰地聚焦，而且有利于将西部地区的自我发展能力问题放在比较的视野下进行探讨。同时，提供一个一般性的理论分析框架，也可以为后续研究提供借鉴和参考，是将理论研究推向深入的起点。从构建具有中国特色的社会主义市场经济理论体系的角度来看，如果能够基于中国区域发展的政策实践和经验事实，提炼形成区域发展能力的理论研究体系，无疑是我国学术界对该领域研究的重要贡献。

第一章 区域发展能力问题的提出与进展

第一节 区域发展能力问题的缘起

区域发展能力作为西部地区的自我发展能力问题的一般化，首先是一个能力范畴，只不过与一般意义上的能力范畴相比，是特定主体的特定能力范畴。因此，考察该问题的提出，需要溯源能力问题的缘起。我们认为，与任何其他重要的范畴一样，贫困人口和欠发达地区的自我发展能力问题，作为特定范畴的能力问题，主要源于现实观察、政策取向和学术关注。

一 能力问题的现实观察缘起：从人口到区域

能力问题首先源于贫困治理。我国从 1986 年开展有计划、有组织、大规模的扶贫开发开始，迄今在《国家八七扶贫攻坚计划（1994—2000 年）》《中国农村扶贫开发纲要（2001—2010 年）》以及《中国农村扶贫开发纲要（2011—2020 年）》的指导下，已经进行了三轮大规模的扶贫开发，目前正在进行的是第三轮脱贫攻坚的后半程。为了确保在2020 年实现同步小康，2016 年 12 月，国务院印发了《"十三五"脱贫攻坚规划》，指导第三轮后半程的脱贫攻坚工作。经过三十多年的扶贫开发，我国取得了举世瞩目的反贫困成果。但与此同时，"边脱贫边返贫"、贫困地区和贫困人口的"输血"依赖、易地扶贫搬迁人口的长远生计不足等现象，都将解决问题的思路指向贫困地区和贫困人口的自我发展能力问题。国际社会也不例外，早在 20 世纪 70 年代，时任世界银行行长的罗伯特·麦克拉马拉就强调，贫困人口由于文盲、营养不良、疾病、婴儿死亡率高和预期寿命低等因素的制约，使其与生俱来的一些潜力和天赋得不到发挥，从而导致能力不足。虽然这与当前我们强调的

"贫困是由于能力不足"的因果方向相反，但是罗伯特·麦克拉马拉对"贫困导致能力不足"的强调，恰恰凸显了两者密不可分的关系。从发展的视角来看，贫困与能力之间的关系，绝非单向的因果关系，而是循环相互作用关系。因此，随着各国经济发展水平的提高，在解决了贫困人口的绝对贫困问题以后，国外学术界对"贫困—能力"问题的关注上，比较一致地指向破解能力瓶颈是解决贫困问题的关键，而非相反。在扶贫政策上，则表现为国外扶贫非常重视通过社区服务、家政教育、参与式扶贫等方式实现贫困人口能力的提升。

其次，对于我国而言，能力问题还源于区域发展差距。虽然各个国家内部都存在发展差距，但是在我国，因幅员辽阔、人口众多、历史悠久，加之渐进式的改革开放顺序等综合因素的作用，东西部发展差距进一步拉大，使得该问题越来越成为制约我国经济社会持续发展的突出问题。尤其是在1992年我国开始市场化改革以后，在市场机制作用下，西部高素质人才呈现"一江春水向东流"的单向流动趋势；同时，随着农民工到沿海城市打工，西部城市的人才聚集效益日渐趋弱，而西部农村的空心化则时至今日仍然是制约农村发展的突出问题。在政策优势、发展基础、市场机制等多重因素的共同作用下，东西部差距越来越大。为缩小区域发展差距，从2000年开始实施西部大开发战略以来，目前已进入第二轮的中后期。与扶贫开发从"输血式"扶贫转向"造血式"扶贫不同，我国的西部大开发从一开始，就非常强调对西部地区"自我发展能力"的培育。

可见，从现实问题的缘起来看，能力问题的主体首先是人，然后才是其他主体。这样的"主体拓展"路径完全符合以人为本的认知视角和规律。正是因为能力主体扩展的这种现实背景和认知路径，使得对该问题的研究从一开始就具有比较明显的经济问题研究特征，而非经济学问题的研究特征。

二 能力问题的政策取向缘起：自我发展能力的提出

消除贫困、缩小区域发展差距，是任何一个国家的政府都极为关注的社会公平和区域均衡发展问题。既然对减贫与区域均衡发展的关注最终都指向了自我发展能力问题，如何提高贫困人口和地区的自我发展能力，自然成为决策层最为关注的问题。决策层关注能力问题的政策取向，直观地反映在一些政策性文件中。

就贫困人口能力问题的政策取向来看，在我国出台的重要扶贫文件中皆有反映。这里说的重要扶贫文件，是指三大扶贫开发纲领性文件即《国家八七扶贫攻坚计划（1994—2000 年）》、《中国农村扶贫开发纲要（2001—2010 年）》和《中国农村扶贫开发纲要（2011—2020 年）》（后文分别简称"《八七计划》"、"《2001—2010 年扶贫纲要》"和"《2011—2020 年扶贫纲要》"），以及 2016 年 12 月国务院印发的《"十三五"脱贫攻坚规划》（后文简称《攻坚规划》）。在这 4 个扶贫开发文件中搜索关键词"能力"，会发现在《八七计划》中出现 2 次，在《2001—2010 年扶贫纲要》中出现 8 次，在《2011—2020 年扶贫纲要》中出现则多达 19 次！在《攻坚规划》中，更是多达 51 处！

具体如表 1-1 所示，表中括号里的序号表示所引内容在对应文件中的序号，文字中的括号为笔者增加的内容，省略号表示省略了一个完整句子中的其他内容。

从表 1-1 可以看到，在《八七计划》中，分别在第（九）条和第（三十二）条提到"能力"。其中，很有意思的是，在"（九）扶贫开发的主要形式"中，指出"在优先解决群众温饱问题的同时，帮助贫困县兴办骨干企业，改变县级财政的困难状况，增强自我发展能力。"即国家当时最关心的实际上是贫困县县级财政的自给能力问题。同时，专门提出了妇女的能力培养问题，这属于特定人口的能力问题。因此，在《八七计划》中，并没有涉及"区域"的自我发展能力问题，而是涉及特定能力主体"政府财政"和特定人群"妇女"的能力问题。

在《2001—2010 年扶贫纲要》中，关于贫困人口能力的表述出现 2 次；首次明确提出"提高贫困地区可持续发展的能力"；关于其他主体的能力则提到了 5 次，分别包括企业的市场开拓能力、党政机关的扶贫能力、扶贫项目还贷能力、基层干部帮助群众脱贫致富的能力、扶贫开发机构的组织领导和协调能力。在这个纲要中，关于人的能力出现了两次，包括两类人，一类是贫困人口，一类是帮助贫困人口的基层干部，第一次明确出现了贫困人口的"自我发展能力"的表述。

在《2011—2020 年扶贫纲要》中，"能力"似乎已经成为一种表达方式，出现频率高达 19 次。其中，关于贫困人口能力的表述 9 次；关于贫困地区能力的表述有 5 次；关于其他主体能力的表述 5 次。在这些表述中，"（二）扶贫开发是长期历史任务……我国扶贫开发已经从以解决温饱为主要任务的阶段转入巩固温饱成果、加快脱贫致富、改善生态环境、提高发展能力、缩小发展差距的新阶段"，没有明确说明是针对贫困人口还是贫困地区，从语义上来看，可以认为既包括了贫困人口的发展能力，也包括了贫困地区的发展能力，因此，表1-1将其分别列入"贫困人口能力"和"区域发展能力"。而且，在这个纲要中，用"能力"来进行界定和区分的表述有2处，一是将扶贫工作主要对象界定为"在扶贫标准以下具备劳动能力的农村人口"；二是将"能力强"的特定对象作为扶贫后备队伍培养。除此之外，《2011—2020年扶贫纲要》对区域能力的表述，增加了防灾减灾能力和村集体自我发展能力，而且第一次明确提出"发展能力"。

表1-1　　　　　　扶贫开发重要文件中的"能力"表述

出处	贫困人口能力	区域发展能力	其他主体的能力
《八七计划》	（三十二）……提高（妇女）脱贫致富的能力。		（九）帮助贫困县……增强自我发展能力。
《2001—2010年扶贫纲要》	（五）……提高贫困农户自我积累、自我发展能力；（十七）……增强农民掌握先进实用技术的能力。	（七）……提高贫困地区可持续发展的能力。	（十四）……具有市场开拓能力的大中型农产品加工企业……；（二十五）……有条件有能力的（党政机关）……；（二十八）……增强还贷能力；（三十一）（提高）广大基层干部……带领群众脱贫致富的能力；（三十四）……增强扶贫开发（机构）的组织领导和协调管理能力。

续表

出处	贫困人口能力	区域发展能力	其他主体的能力
《2011—2020年扶贫纲要》	（二）……提高发展能力……； （四）更加注重增强扶贫对象自我发展能力……； （五）……鼓励和帮助有劳动能力的扶贫对象……； （六）……提高（扶贫对象的）自我管理水平和发展能力……； （九）在扶贫标准以下具备劳动能力的农村人口为扶贫工作主要对象； （十二）……提高就业能力； （二十五）切实保障没有劳动能力……； （四十）提高农村残疾人生存和发展能力。 （四十四）财政扶贫资金……提高扶贫对象发展能力……。	（二）……提高发展能力……； （六）……增强（贫困地区）防灾减灾能力……； （八）……提高农村公路服务水平和防灾抗灾能力； （十三）……提高（村集体）自我发展能力。 （十四）……增强（贫困地区）抵御自然灾害能力。	（八）……（提高）县级医院的能力； （二十四）加强妇幼保健机构能力建设……；提高县医院和乡镇卫生院的技术水平和服务能力； （四十三）……提高（扶贫机构队伍的）执行能力； （四十二）鼓励和选派……能力强……的优秀年轻干部、退伍军人、高校毕业生到贫困村工作……； （四十五）……提高（领导干部）扶贫开发决策水平和实施能力。
《攻坚规划》	△不断增强贫困地区和贫困人口自我发展能力； △稳步提升贫困人口脱贫增收能力； △安排贫困人口旅游服务能力培训和就业； △提升贫困户运用电子商务创业增收的能力； △优先保障丧失劳动能力的贫困户； △提高贫困人口创新创业能力；	△不断增强贫困地区和贫困人口自我发展能力； △提升贫困地区可持续发展能力； △提升贫困地区区域发展能力； △"造血"能力显著提升； △……明显改善片区区域发展环境、提升自我发展能力； △提高通航能力；	△基本公共服务供给能力不足； △社区管理能力； △基本公共服务能力； △可持续发展能力； △每个贫困县建成一批脱贫带动能力强的特色产业； △巩固提升粮食生产能力； △提高饲草供给能力；

续表

出处	贫困人口能力	区域发展能力	其他主体的能力
《攻坚规划》	△提高贫困人口创新创业能力； △促进……有劳动能力和就业意愿和未就业贫困人口实现转移就业； △优先保障有劳动； △保障280万无劳动能力贫困户的建档立卡贫困人口培训； △使每个有劳动能力且有参加职业培训意愿的贫困家庭劳动力每年都能到技工院校接受至少1次免费职业培训； △确保有劳动能力的家庭后续发展有门路……； △综合考虑患病家庭负担能力； △让贫困户中有劳动能力的人员参加生态管护工作； △优先安排有劳动能力的建档立卡贫困人口从事森林管护……； △引导有劳动能力的低保对象依靠自身努力脱贫致富； △提高贫困人口参与市场竞争的自觉意识和能力。	△提高通航能力； △着力提升重大水利设施保障能力； △着力提升贫困地区供水保障能力； △供电能力和服务水平明显提升； △实施贫困地区县级广播电视播出机构制播能力建设工程； △提高公共数字文化供给和服务能力； △抗旱水源保障能力明显提升； △……供水能力不足和水质不达标等农村饮水安全问题。	△贫困地区基础教育能力明显增强……高等教育服务能力明显提升； △提高高等教育服务能力； △改善贫困地区医疗卫生机构条件，提升服务能力； △提升医疗卫生服务能力； △加强……基层医疗卫生机构以及……专业公共卫生机构能力建设； △加强远程医疗能力建设； △在贫困地区优先实施基层中医药服务能力提升工程"十三五"行动计划； △加强中医医院、民族医医院、民族医特色专科能力建设； △提升孕产妇和新生儿危急重症救治能力； △重点加强近3年外转率前5-10位病种的临床专科能力建设； △提高治理区植被覆盖率和饲草生产、储备、利用能力； △提升农村特困任科员供养服务机构托底保障能力和服务水平； △提高监测能力和数据质量； △重点抓好县级党委和政府脱贫攻坚领导能力建设； △切实提高村委会在脱贫攻坚工作中的组织实施能力。

资料来源：笔者根据扶贫开发相关重要文件整理。

在《攻坚规划》中，"能力"俨然已经成为一种范式，不同主体的"能力"被提及高达53次。其中，提及贫困人口的各种能力17次，贫困地区的发展能力14次，其他主体的能力22次。在该文本的"指导思想"部分，明确提出"不断增强贫困地区和贫困人口自我发展能力"，是以这一点同时被统计到区域和人口的能力中，因此，表1-1中这部分的条目加总起来达到54次，比文本中出现的次数多1次。

与《2011—2020年扶贫纲要》相比，《攻坚规划》对贫困地区和其他主体的能力关注频率，明显比对贫困人口能力的关注度增加更快。这表明从国家扶贫攻坚的视角来看，提升贫困人口的能力问题，不再是一个孤立的扶贫问题，而是一个系统工程。与之前的重要文件相比，《攻坚规划》对能力问题的区分更为清晰，首次将贫困地区和贫困人口的自我发展能力严格区分；并首次将贫困地区的自我发展能力明确表述为"区域发展能力"；在第十章以"提升贫困地区区域发展能力"为题，提出通过继续实施集中连片特困地区规划、着力解决区域性整体贫困问题、加强贫困地区重大基础设施建设、加快改善贫困村生产生活条件等减贫与发展措施，切实提高贫困地区的"造血"能力。

因此，我们可以看到，从我国扶贫开发的政策取向来看，经历了从强调贫困人口的自我发展能力到强调贫困地区区域发展能力、并高度重视其他主体能力建设的变化过程。尤其是从"自我发展能力"到"发展能力"到"区域发展能力"表述的演变，是概念边界不断清晰的过程，也是政策指向不断"精准"的过程。

而从区域均衡发展的政策取向来看，对"能力"问题也是日趋重视。以西部大开发为例，国家层面的纲领性文件主要有三个：《国务院关于实施西部大开发若干政策措施的通知》（国发〔2000〕33号）、《国务院关于进一步推进西部大开发的若干意见》（国发〔2004〕6号）、《中共中央国务院关于深入实施西部大开发战略的若干意见》（中发〔2010〕11号）文件（后文分别简称"国发〔2000〕33号"、"国发〔2004〕6号"和"中发〔2010〕11号"文件）。在"国发〔2000〕33号"文件中，关于"能力"表述有2处；在"国发〔2004〕6号"文件中，增加到7处；到2010年出台的"中发〔2010〕11号"文件中，猛增到32处。考虑到"中发〔2010〕11号"文件共有57条，而"能力"的出现就高达32处，不能不说这个文件完全贯穿了"以增强自我发展能力为主线"的指导思想。

　　如表1－2所示，在"国发〔2000〕33号"文件中，对"能力"的表述主要涉及还贷能力和科技能力；在"国发〔2004〕6号"文件中，首次明确提出要"不断增强西部地区的自我发展能力"；在"中发〔2010〕11号"文件中，除了明确提出要"以增强自我发展能力为主线"以外，在文件的第六部分也直接以"发展特色优势产业，增强自我发展能力"为题。

表1－2　　　　西部大开发三大纲领性文件中关于"能力"的表述　　　单位：次

出处	出现次数	主要内容
国发〔2000〕33号	2	还贷能力；科技能力
国发〔2004〕6号	7	明确提出"不断增强西部地区的自我发展能力"；生态系统的自我修复能力、粮食综合生产能力、水资源的承受能力、老工业城市的竞争能力、科技能力和贫困农户生产能力
中发〔2010〕11号	32	提出"以增强自我发展能力为主线"的指导思想；第六部分直接以"发展特色优势产业，增强自我发展能力"为题；国家能力、基本公共服务能力、发展保障能力、经济社会发展支撑能力、通达能力、出海通道能力、供水保障能力、西气东输管道输气能力、供电能力、服务能力、水源涵养能力、农业综合生产能力、农村公共服务能力、大城市辐射带动能力、中小城市综合承载能力、产业带动能力、高新技术产业园区和经济技术开发区创新能力和孵化能力、自主创新能力、中等职业教育基础能力、医疗卫生服务能力、突发公共卫生事件防控和应急处置能力、妇幼保健机构能力、广播电视覆盖能力、资源环境承载能力、用户承受能力

　　资料来源：笔者根据西部大开发三大纲领性文件整理。

　　可见，无论是关于扶贫开发的纲领性文件，还是西部大开发的纲领性文件，都突出了提升贫困人口和西部地区自我发展能力的政策取向。这样的政策取向，不仅是对现实问题的政策回应，同时还激发了学术界对该问题更加深入系统的持续关注。

三 能力问题的学术关注缘起：区域发展能力的提出

不少学者在研究自我发展能力问题时，都将源头追溯到亚当·斯密关于劳动能力的阐述。鉴于与一般性的能力问题相比，贫困人口和贫困地区的自我发展能力都是一个特殊问题，因此，本书本着充分借鉴但不重复经典论著相关内容的原则，主要梳理一下自我发展能力问题的两个最紧密相关的研究源头：关于贫困人口能力的研究和对区域自我发展能力的研究缘起。

学术界对贫困人口能力的关注，最有影响的开创性研究当属阿玛蒂亚·森（Sen，A. 1984）提出的可行能力理论。森认为，既然对贫困的评价与"生活水准"有关，那么，有必要考察可行能力和功能活动在生活水准的评估中各自起着什么作用。在森看来，一种功能活动就是一种成就，而可行能力则是实现成就的能力。在某种意义上，功能活动与生活水准有着更加直接的关系；相对而言，可行能力则是关于积极自由的概念：你有哪些真正的机会去过你可以过的生活。自从森提出了可行能力的概念以后，对贫困人口能力问题的关注便成为一个"显问题"，相关的研究大量涌现，形成了贫困研究的"能力范式"。

在国内，最先明确聚焦贫困人口"自我发展能力"研究的，是刘青山等（1987）在《赣江经济》发表的《提高特困户自我发展能力》一文。该文作者认为，经过前期的扶贫开发，根据特困户的经济状况、劳动能力（包括智力、技术）以及经营管理水平、生产资金等，可以将特困户区分为摆脱型、温饱型、波动型和贫困型，要通过稳定干部队伍，坚持扶贫目标管理责任制；帮助特困户订好家庭经济开发规划；做好各种社会服务工作；切实用好管好扶贫资金；量力而行地建设基础设施、努力办好乡镇企业等措施帮助特困户形成自我发展能力。

对区域发展能力的研究，国外主要表现为对区域开发的政策研究，较少将"区域"与"发展能力"或者"自我发展能力"联系起来讨论。因此，区域发展能力更多的是一个国内范畴。国内对区域发展能力的最早关注，依然是发表在《赣江经济》上的一篇名为《强化贫困地区技术吸收与开发能力》的短文（郑绍祥，1986），作者认为贫困地区要走上致富路，运用科学技术形成新的生产力是决定因素之一。这就要求贫困地区一方面内部有技术吸收能力，另一方面先进地区对贫困地区要有开发能力。并分别就两个方面提出若干非常有针对性的政策建议。而明确提出区域"自我发展能力"概念的则是周忠瑜（1988）在《青海民族学院学报》（社科版）发表的《努力提高少数民族地区的自我发展能力》一文。作者认为，要缩小少数民族地区与汉族地区的差距，最根本的出路就是要提高少数民族地区的自我发展能力。无论是少数民族地区的改革开放政策，还是国家对少数民族地区的帮助，都应当建立在提高少数民族地区自我发展能力的基础上。并以此为出发点，提出了具体的政策建议。

在现实世界中，很难说是学术关注先于现实观察，还是后者先于前者。有很多现实问题的提出，也源于决策层在工作实践中的总结与思考；而有些问题的提出，却源于学者的实地调研和观察。但是，无论孰先孰后，学术界对现实问题的关注与思考，能够为政府决策提供理论支撑和研究参考，却是不争的事实。就以国内学者对贫困人口和贫困地区的"自我发展能力"问题的关注来看，早在20世纪的80年代就已经有学者明确提出。虽然早期的研究可能更倾向于思想的描述和理念的倡导，但是正如德国著名浪漫主义诗人诺瓦利斯（Novalis）所言："假说是网：只有撒网的人才能捕获。"如果没有思想和理念的引导，又怎么可能引起系统思考和深入探讨呢？当然，一旦某种思想和理念上升为政策取向，对该领域的关注必然会上一个新台阶，形成一种流行的"表达方式"，相关研究也势必更为广泛、深入而系统。

第二节　区域发展能力的研究进展

一　国外研究进展

国外对发展能力的研究，主要基于"个人"主体建立起分析框架，强调在该分析框架下，针对特定区域的贫困人口，开展相应的能力形成与能力建设项目。因此，在国外文献中，少见"区域发展能力"或者"区域自我发展能力"的提法，而是用"Capacity Building"或者"Capacity Development"两种提法。其中，"Capacity Building"主要在可持续发展语境下提出；"Capacity Development"则主要在贫困治理与内生发展的语境下提出。因此，目前国外更为通用的表述是"Capacity Development"，可以直译为"能力形成"。考虑到国外文献中以"Capacity

Development" 为题的研究内容，实质就是我国普遍采用的"发展能力"一词下的主要内容，因此，本书对发展能力国外研究进展的简要介绍，主要是指国外文献中关于"Capacity Development"的相关研究。同时，为了统一表述，依然用"发展能力"而非"能力形成"这一表述。

国外研究基本上是在主流经济学范式下，以个人为能力主体，建立分析框架。对此，国内有研究做过比较全面的综述。比如在李晓红（2015）看来，联合国开发计划署（UNDP）将发展能力定义为三个层次的能力：个人、组织和可行环境。虽然也有学者将三个层次界定为个人、制度和社会，但是从内涵来看，制度与组织包含的内容大致相同；社会与可行环境的范畴大致相同，所以，总体来看，三个层次的定义比较统一。根据 UNDP 的定义，衡量发展能力的框架也包括三个层次：个人能力、制度能力和可行环境能力，相应的指标包括：衡量民众福利变化的指标；衡量制度绩效及其稳定性、适应性变化的指标；衡量产品生产与服务提供的指标。

对于能力形成和变化的动力，国外研究认为，主要来自四个核心领域产生的驱动力，即制度安排、领导力、知识和可置信性。并分别定义了四大核心领域，解释其经验含义，以便为政策制定者提供清晰的思路。

从最新进展来看，最近几年，随着发展能力项目实施的推进，UN-DP 在之前的一般性框架基础上，围绕《千年发展目标》的实现，提出了发展能力形成的本土化框架（UNDP，2015）。

截至 2016 年，UNDP 发布的《能力 2015》（Capacity，2015）已在非洲、阿拉伯国家、亚洲、东欧和拉丁美洲超过 30 个国家实施。根据《能力 2015》，一个国家或地区发展能力的形成，以四个目标的实现为基础；而这四个目标，支持在当地发展中包容性和权利的同步提升。这四个目标及其内容分别是：

（1）通过参与政策对话和实现《千年发展目标》的策略选择对当地社区赋权。多年的发展能力项目实践表明，潜在的不平等成员之间进行对话和谈判，是以当地的人力发展为前提，尤其是必须具备领导技能、组织能力和可行环境。对此，《能力 2015》主要致力于以下项目的推进与实施：

——促进共同体就共同关注问题的对话空间；

——提高获取信息的便利性，使社区可以做出信息充分的发展选择；

——进行数据收集和分析的工具适应性和应用技能建设；

——促进当地需求评估和目标设定训练，以调整发展的优先顺序和资源开发方式；

——加强当地社区参与国家议程、发展战略、资金和行动的政策争论，并强化其合作。

（2）加强当地发展能力，整合规划和《千年发展目标》策略，实现当地发展。UNDP 的《能力 2015》认为，要使发展能力项目有效果，本土的发展能力可以被表述为一种整合方式，强调公共部分、私人和公民社会的伙伴关系。对此，将采取以下措施：

——发动社区加强对综合规划的参与路径；

——促进与当地社区有关的透明监督体系和程序；

——支持实施地方分权政策和当地治理实践，以提高有效果和有效率的当地管理；

——对从事国家和地方减贫、预算编制的当地政府、非政府利益相关者，加强程序、制度安排和激励机制建设。

（3）促进服务机构的能力投资。扩大能力以确保《千年发展目标》确实有利于当地管理和社区，要求提供紧迫而大量的投资面向穷人和边缘化群体的服务，包括：

——支持当地小微企业能力建设，为当地提供更多工作和更好的收入；促进瞄准增强服务提供的公共—私人伙伴关系；

——加强当地管理能力，提供对本地采购和服务供给的正确监测和监督；

——培训当地官员、市政和区议会成员，通过策略、制度和法律框架支持非正式部门、生产性活动和信贷融资；

——支持发展中的小岛国建设弹性建筑设施，用于自然灾害时期，以及更好地管理风险；

——促进当地整合计划、管理和服务提供的协调机制水平。

（4）整理本土知识，促进当地知识和经验的分享水平。在国家和地区层面，收集和传播各个国家和地区实现《千年发展目标》的案例研究证据，以及好的本土化实践，为此，《能力 2015》开展一系列行动：

——与当地机构一起，发展便利的本土信息体系；

——评价、更新和应用于当地发展能力水平评估和领导力发展的工具；

——通过促进社区经验分享、点对点学习和知识交换，对社区赋权；

——评估、发展和整合工具、路径和方法，提供更多系统而严格的努力，致力于《千年发展目标》的本土化。

从 UNDP《能力 2015》的实施纲领来看，为了实现《千年发展目标》，发展能力项目的本土化比一般性框架更具针对性。从项目实施的角度看，瞄准性更趋清晰，尤其是对本土化的强调，既是对以往发展能力项目经验教训的总结，又是谋求更有效率、更有效果的援助项目探索。由此可见，国外对发展能力的研究进展，集中地表现为对相关发展机构实施发展项目的策略思路和实施指导。

对于 UNDP 的发展能力本土化倡导，非洲和亚洲的相关发展机构积极响应，并形成相关的行动纲领，成为国外发展能力具有代表性的文献。

比如非洲能力建设基金会（The African Capacity Building Foundation，缩写为"ACBF"）为了实现非洲的长期增长，发布了《2063 议程》。作为非洲大陆除了非洲联盟（African Union，AU）、联合国非洲经济委员会（ECA）和非洲开发银行（AFDB）之后的第四大发展机构，ACBF 一直致力于在较高水平上实施项目，从而培育发展能力。在 2016 年 5 月举行的"泛非洲发展能力论坛"第三次会议上，ACBF 紧急呼吁非洲大陆必须应对能力缺乏的问题，尤其是那些想要实现其发展战略的国家。ACBF 的执行秘书纳多泽教授（Prof Nnadozie）指出："能力赤字依然是非洲经济和社会转型的紧约束。"根据 ACBF 发布的官方报告，在过去十年里，非洲许多经济体尽管经历了一段时间的经济高增长，但是非洲大陆依然面临着诸多挑战。比如，非洲大陆目前存在 430 万工程师、160 万农业科学家和研究者、280 万水资源和环境卫生工程师的缺口。因此，虽然转型增长已经被谈论得很多，但是，非常薄弱的人口和制度发展能力，依然使得能力成为发展中的巨大约束，这阻碍了他们实现全部的发展潜力。总之，ACBF 的报告宣称"能力依然是（非洲）发展中缺失的链条"（ACBF，2016）。

在亚洲，除了与 UNDP 等发展机构提出同样的议题以外，萨瑞托塞普（Sirintornthep，2016）在讨论亚洲怎样才能跨越式发展成为低碳社会时，重点探讨了发展能力的根本重要性，提出了发展能力的"子弹头列车模型"。萨瑞托塞普认为，从社区到地区到国家都需要发展。在当前的情形下尝试跨越发展，要将研究成果与政策制定以及实施连接起来，并转换成功；在许多层面都需要加强能力建设，比如通过各种各样的网络机制、研究论坛、倡导和培训等提高发展能力。而所谓"子弹头列车模型"，包括：具有良好理解力的政策制定者，恰如子弹头列车的车头，可以将社会领向正确的方向；科学家和研究者则是使列车倒退或者加速的引擎；实践者和社区就如燃料，通过他们的行为使得社会向绿色增长的方向移动。上述三个部分，共同构成了知识以及能力形成过程中的理解能力基础。

"子弹头列车模型"意味着，要提升发展能力，对于政策制定者而言，以下信息非常关键：

——对于亚洲的跨越式发展，发展能力是一个基本要求和紧急议题；

——发展能力可以通过知识转换、研究协作和亚洲国家的联合教育项目实施；

——建立知识分享平台至关重要；

——建立"研究—政策—实施"完整的知识转化循环过程，是亚洲成功提升发展能力的关键；

——发展建设包括社区、研究者、实践者和政策制定者等层面；

——亚洲国家需要联合起来共同行动。

但是，上述国际主要发展机构对发展能力问题的强调和重视，以及学术界对该问题的持续关注，却并不意味着"发展能力"是包治百病的良方，或者已经形成共识的清晰概念。恰恰相反，与不断调整实施的发展能力援助项目一致，对发展能力概念和理论体系的反思与批判，在国外也一直没有停止过。

比如梯瓦瑞（Tiwari，2015）在新近发表的《理解发展能力》一文中，就对该问题进行了比较全面而系统的评析。

梯瓦瑞认为，发展能力形成的实践，被学者和实践者认为是发展的

"良方"和"包治百病的灵药"，然而，这个概念却没有带来任何实质性的变化。在实践中，这个概念在没有理解怎样定义发展、制度怎样演化以及能力建设是如何发生的情况下使用，所以，一点都不奇怪，这个概念已经完全成为其含义的对立面。随着这个概念被迅速地、本末倒置地以及以供给驱动的方式被使用，学者们指出这甚至已经成为一种"能力陷阱"，以及能力的继续空心化。虽然对于不同的群体能力建设的含义，学者和实践者们都已经构建了变量和指标，对能力建设的不同方面进行描述；但是，梯瓦瑞认为，尚没有系统的框架可以帮助学者和实践者们理解和衡量可持续的发展能力。

在第二次世界大战期间，能力建设概念——作为发展能力概念的"前身"——主要指建设和提供发展中社会的物质和技术能力。在 20 世纪 50 年代，捐赠资金被用于国家建设或者物质资本。然而，这些捐助并没有带来进步，因此，焦点转向了发展能力。在 20 世纪七八十年代，发展能力强调人力资源的形成和培训；在 20 世纪 90 年代和 21 世纪初，强调政策改革、组织发展和参与式方法；而从 21 世纪以来，则强调减贫（比如《千年发展目标》）、参与式能力建设和终身学习。对发展能力项目的聚焦，要求政府工作人员必须具备相应的新技能。作为拓展和延伸，现在，国际机构开始采用一种整体视角，尝试通过发展能力项目形成一个体系，包括管理、组织、技能、技术、金融资源和好的治理。最近这些机构开始使用发展能力（能力形成）、能力加强、能力强化等术语——因为能力建设可能隐含着从一开始根本就没有能力的意思。

时至今日，发展能力已经从流行词演进为自成体系的改革理论。

发展能力的概念对于治理和发展的理念至关重要，尤其是在发展中国家。在过去的五十年中，政府和发展机构已经促进和实施了大量的发展能力项目。发展能力对于国际发展领域尤为适用，因为其逻辑是没有能力就不可能有变化。这个观点是在捐助资金直接投向金融支持、基础设施，或者单独投向人力资源发展没有取得全面发展之后演化而成的。这种令人泄气的结果，迫使发展机构和团体将物质、资金和物流整合起来，并将之整合到项目和不同层次的政府计划中，而不是像之前那样，将发展能力作为独立的项目进行碎片化瞄准并实施。

这个概念已经变成一个流行词，目前已经成为大多数资助项目的核心部分——承诺通过加强能力以带来发展、管理发展和获得发展。因为流行，所以具有巨大的吸引力，这很容易理解。因为，没有能力怎么可能实现或获得变化呢？然而事实上，这个概念依然是一种发展潮流，而且，如同其他许多相关的概念一样，比如好的治理、政治意愿、可行环境等，依然是含混不清的。这个概念并没有达到发展实践者们获得可持续和积极变化的期望，不能根据特定国家或者当地环境，提供发展的引导，比如在限定路径和存在竞争优先权时，哪些行动应该优先实施？哪些行动最后实施？

有时候，能力建设项目会促使已经取得的进展走向反面——"能力陷阱"。能力陷阱就是各种致力于发展的努力，最终被证明不过是制度、术语和花费的扩散而已，并没有带来政策和项目实施能力的实质性提高[1]；没有实现学者和国际发展专家的发展预期。一些研究者指出当前能力建设项目设计和实施的方法，已经触发了某种"持续失败机制"（Persistent Failure Mechanisms）。这从能力建设项目最终没有导致显著变化以及没有从根本上改变发展方式的诸多事实都可以观察到。一些捐助机构引导的发展能力项目，虽然取得了"立竿见影"的成功，但是没有带来长期的持续变化。因此，发展能力这一概念一度被怀疑是否还值得继续使用。

发展能力这个概念的失败，主要原因之一是缺乏广泛接受的理论或模型，用于解释现实中能力建设过程到底是怎么发生的、哪些因素对于能力形成和保持能力有贡献，更少聚焦理论发展，更多关注新行动——因为政治代表需要快速、可衡量的发展结果；而捐助者急于展示和追踪进步——这也许就是发展能力概念失败的原因。而学者们一致认为，到目前为止，没有任何一个概念解决了上述问题。

但是，事实上，这些概念已经加入到"发展奇迹"中，因为这些新概念的出现，始于对发展的坚定承诺和高预期——尽管应用到实践中没有带来想要的结果。正因为如此，研究者们对发展理论模型非常感兴趣，希望将不同流派的发展能力研究整合起来，以提高我们对发展能力到底是怎样形成的这一过程的理解。

---

① 这种情形与吴敬琏先生所说的"改革空转"比较类似。2016年2月19日，在"中国经济50人论坛2016年年会"上，吴敬琏认为"最近一个月以来，出现了所谓的改革空转现象，上级部门忙着发文件，下级部门忙着学文件，一个文件还没学完，第二个文件又来了，或者说改革成了`'修辞'"（《中国青年报》2016年2月20日）。

不过，遗憾的是，虽然梯瓦瑞对发展能力的研究进行了非常全面而详细的评述，并指出发展能力已经从一个"流行词"演进成为"系统的改革理论"，但作者并没有提出清晰的发展能力理论框架。

因此，总体来看，国外发展能力研究的进展，不仅仅是学术界对该领域研究的刷新，更是学术界对发展项目实践密切关注与跟踪观察的学术呈现；而且对于发展能力概念的功用、理论体系等基本问题，仍然存在比较大的争议。

二　国内研究进展

国内发展能力研究的大量涌现，是在显示国家政策取向的相关文件明确提出要增强"西部地区自我发展能力"以后，尤其是在 2010 年关于深入实施西部大开发战略的中发〔2010〕11 号文件颁布以后，从国家到地方各级基金项目都有立项资助，因而大量关于区域自我发展能力的研究成果陆续问世。

从研究视角来看，对区域发展能力的研究，大致可以分为理论视角、区域视角、产业视角、创新能力视角、资源可持续视角、贫困治理视角和对策研究视角等（李晓红、程民选，2013），成果非常丰富。这里根据本书主题，仅围绕"区域自我发展能力"或者"区域发展能力"这两个关键词，对国内近期的研究做简要概述。

得益于国家政策对西部地区自我发展能力的高度重视，涌现了一大批系统研究区域发展能力的研究成果。其中，兰州大学推出的区域发展能力研究丛书，目前已出版四本，包括曹子坚教授的《区域自我发展能力研究：兼论中国区域经济转型与路径分异》、姜安印教授等的《区域发展能力理论——新一轮西部大开发理论创新与模式选择》、汪晓文等的《中国西部地区区域发展能力研究：基于问题地区和对外开放的视角》、闫磊等的《西部发展的忖量：基于区域自我发展能力的理论框架与实践探索》等，都分别从特定的视角，对西部地区的自我发展能力问题进行了自成体系的研究。此外，孙根紧（2014）的专著紧紧围绕"自我发展"定义自我发展能力，并构建指标体系，测算西部地区各省（市、区）和四川省 21 个地级市的自我发展能力，为西部地区自我发展能力不足提供了经验证据。罗晓梅研究员等（2007，2013）的两本合著著作，则分别从生产方式变革和政策创新的视角关注了西部地区的自我发展能力。江世银等人（2009）的专著，作为早期的系统研究，也为后续研究提供了宝贵的借鉴。与其他公开发表的研究成果相比，专著类的研究成果，其特点是有清晰的切入视角，研究内容比较系统而完整。

除专著以外，一些学位论文也有独特的研究贡献。比如丁妍（2015）从要素流动的视角，对区域自我发展能力进行了从定义、到构建指标体系到测算评价的研究。张鹏（2012）则借鉴林毅夫的"企业自生能力"理论，对区域自我发展能力的生成进行了分析。

除了这类综合性、理论性的研究，关于区域发展能力评价的研究成果也很丰硕。包括林勇（2012）基于经济权利禀赋，构建西部地区自我发展能力投入产出效率评价指标体系，对西部各省（市、区）在西部大开发十年期间的经济权利禀赋投入产出进行的效率评价分析；王斌（2012）的学位论文专门探讨了西部区域自我发展能力的指标体系构建问题；陈作成等（2013）基于自我发展主体视角，构建了指标体系，并对2006—2010年西部地区自我发展能力进行了测算；李豫新等（2013）从区域主体自我发展的视角，构建自我发展能力指数，测评西部民族地区2005—2011年自我发展能力；程广斌等（2014）则从区域自我发展能力是区域资源的存量能力、利用能力和创生能力等三个子能力集合的定义出发，构建指标，并测算了我国31个省（市、区）的自我发展能力水平。冷志明等（2014）、张爱儒等（2015）则分别构建指标体系，前者测算了武陵山片区2005年、2008年和2011年各县市的自我发展能力；后者测算了青海藏区三江源重要生态功能区的自我发展能力。所有这些测算研究，都有清晰的出发点和视角，并根据指标数据的可得性，运用不同的方法，尝试对区域发展能力进行测算。这些研究成果为后续研究提供了非常宝贵的借鉴和参考。

区域发展能力文献的研究贡献，除了为各级政府调整和制定区域政策提供决策支持以外，对于后续研究而言，最重要的莫过于在定义和指标体系方面的贡献。

表1-3列出了部分文献对区域发展能力的定义，在这些定义中，从区域视角进行定义的最多；其次是从主体视角定义。其中，只有蔡之兵（2014）的定义区分了"区域发展能力"与"区域自我发展能力"，认为前者包含了后者。其他研究都没有严格区分两者的关系。如果从字面意思来看，确实有必要区分"发展能力"与"自我发展能力"，但是

具体到区域的能力，我们认为没有必要进行区分——因为对于一个区域而言，不管是借助自身条件，还是借助外部条件，只要最终改善了发展条件，就可以认为具有发展能力。而且，从经验验证的角度来看，要严格区分发展的"内部条件"和"外部条件"成本过高，实施难度大。而从问题意识来看，我们对区域发展能力的研究，要解决的核心问题是：对于特定区域而言，作为地方政府，如何进一步改善和提升区域发展的条件；而对于中央政府，则是如何帮助欠发达地区改善和提升发展的条件。因此，只要明确了区域发展能力的核心问题，各级政府就可根据职责范围，分别提供针对性的政策支撑。

事实上，这种紧紧抓住核心问题的思路在国家政策层面表现得非常明显。从表1-3可以看到，虽然国家政策多次强调要形成西部地区的自我发展能力，但是却没有明确定义。不过，梳理相关文献，会发现国家政策非常重视从产业视角培育西部地区的自我发展能力。比如，2002年4月2日，《光明日报》刊发了时任中共中央总书记、国家主席、中央军委主席的江泽民在六省区西部大开发工作座谈会上的讲话，指出："西部地区产业结构调整，要以市场为导向，以企业为主体，以科技为支撑，以优势资源为依托，加强规划指导和政策引导，加快把资源优势转化为经济优势，努力发展具有西部地区特色并在国内外市场上有竞争力、有效益的产品和产业，逐步提高西部地区的自我发展能力"，这是国家领导人首次公开强调西部地区自我发展能力形成的"产业发展视角"。虽然在国发〔2004〕6号文件中，丰富充实了自我发展能力的内涵，但在这之后，提升自我发展能力的产业视角一直被强调。比如在2005年8月31日，《人民日报》第二版以《大力发展西部特色优势产业，不断增强西部地区自我发展能力》为题，刊发了时任中共中央政治局委员、国务院副总理的曾培炎在"西部产业发展和结构调整工作座谈会"上的讲话，强调"大力发展西部特色优势产业，不断增强西部地区自我发展能力，努力实现西部大开发的新突破"。五年之后，在中发〔2010〕11号文化中，第六部分更是直接以"发展特色优势产业，增强自我发展能力"为题，明确指出"发展特色优势产业是增强西部地区发展内生动力的主要途径"。这些例证都表明：从国家政策取向来看，产业发展是增强西部地区自我发展能力的关键。因此，可以认为，国家政策主要是从产业视角对区域发展能力进行了界定。

表 1 - 3 　　　　　　　　　　　对区域发展能力的代表性定义

定义	视角或参照系	出处
朝着一定的目标发展生产力的问题，即征服和改造自然界的能力。包括：第一，生产力要素能充分发挥作用，尤其是调动劳动者积极性；第二，生产力各要素的结构形式达到同一时代优化组合的水平，促进经济活力的增长；第三，劳动生产率的高低与科技进步有机结合，发挥生产力整体功能的作用，有效地征服和改造大自然，变被动为主动，在任何灾害的情况下能保持自治、自理、自强的能力	政治经济学视角	唐奇甜，1990
自我发展能力就是自力更生的能力，即充分依靠和发挥自己的内在潜能来发展自己的能力	经济哲学视角	田官平等，2001
一个国家或地区经济系统内部具备的凝聚、整合和产出能力。强调经济发展的自身基础或造血功能，不排斥外部力量对一国或地区经济发展的推动作用，是外部力量发展作用的内在基础，包括要素凝聚能力、资源组合能力、科技进步能力、制度创新能力和科学决策能力等	经济学视角	鱼小强，2002
是区域竞争力与发展潜力的集中反映。区域发展能力包含经济发展能力、社会发展能力、生态环境能力、人力资源能力等方面。	区域视角	杨多贵等，2002
资本积累的能力、参与社会分工的能力、应对市场的能力、整合社会资源和生产要素的能力、骨干企业和大中城市的辐射带动能力	经济发展视角	王建太，2003
就是要素凝聚能力、资源整合能力、科技进步能力、制度创新能力及科学决策能力	经济学视角	江世银等，2009
指一个区域的自然生产力和社会生产力的总和，是对一个区域的自然资本、物质资本、人力资本和社会资本积累状况的整体描述	资本视角	高新才、王科，2008
区域自我发展能力可分为：政府自我发展能力、企业自我发展能力、家庭自我发展能力和区域创新与学习能力	主体视角	郑长德，2011
利用本区域自然资源、人力资源和社会资源，通过有价值活动而实现区域发展的各种组合	资源视角	闫磊等，2011；闫磊，2015
主体的学习能力、创新能力、交往能力，其中学习能力是基础，创新能力是核心，交往能力是前提	主体视角	孙跃纲，2011

续表

定义	视角或 参照系	出处
宏观：市场进行区域资源配置的能力，从根本上决定了区域发展的空间和潜力 微观：能够依靠市场获得市场收益的能力，关键在于包含众多市场主体在内的民众经济的形成	区域与 主体视角	张鹏， 2012
在维持区域内各主体（企业、家庭、政府等）基本生存需求的基础上，扩大其发展规模、提升其发展实力与质量的潜在能力	主体视角	陈作成等， 2013
静态：是特定区域的自然生产力与社会生产力的组合；动态：是在区域功能给定的前提下，不同区域单元实现人的全面发展所需的基本条件的集合	区域与 主体视角	姜安印等， 2014
根据周围环境变化不断适应和进化的能力，包括个体群隐性进化能力和显性进化能力	主体视角	汪晓文等， 2014
在发展过程中，区域主体基于自身现实条件，依靠系统内部发展机制，充分利用区域内外部各种资源，发挥区域优势、扬长避短，挖掘区域发展潜力，激发区域发展活力，以实现区域内部经济、社会、生态、文化等持续健康发展的一种能力	区域视角	孙根紧， 2014
是产业能力、市场能力、空间能力和软实力四个维度耦合的复杂系统	区域视角	冷志明等， 2014
区域发展能力是区域自我发展能力、外生绝对条件、外生相对条件、内生条件以及历史偶然条件之和①	条件视角	蔡之兵， 2014
是利用本区域现有资源并创造新的资源，实现区域经济发展的能力集合，包括区域资源的存量能力、利用能力和创生能力	区域视角	程广斌等， 2014
区域主体基于自身现实条件，吸引外部要素流入，并将所得要素协调整合，融入到当地经济发展过程，尽可能提高各种经济要素的生产率，充分利用和合理配置区域经济要素，实现要素效益最大化，促进区域内经济发展、社会稳定、生态平衡的能力	区域与 主体视角	丁妍， 2015
是一个区域在发展中区域各个系统相互作用的综合性概念，涵盖了区域中政府发展、企业发展和家庭发展的整体能力	主体视角	王蕾等， 2015

资料来源：笔者根据相关文献整理而得到。

---

① 蔡之兵（2014）认为区域自我发展能力是区域发展能力的一个组成部分，因此，在文中专门定义了区域自我发展能力：内生于整个区域，但是短期内由区域政府所有，区域政府能够利用区域自发能力增加区域其他的发展能力，也能够利用它充分发挥其余发展能力从而保持区域发展。它包括多项能力范畴，而且具备动态变化、不断演进等特点。

总体来看，国内文献对区域发展能力的界定，虽然各有差异，但都为后续研究提供了非常有价值的参考借鉴。

随着对区域能力研究的深入，不少研究尝试对区域发展能力进行评价。表1-4列出了部分文献测算区域发展能力的指标体系。该表第一列"指标内容"是指一级指标构成，第二列"指标数"是指三级指标的个数。也就是说，对区域发展能力进行评价的指数构建，几乎都采用三级指标体系。从表中可以看出，从主体视角设计指标体系，并进行评

表1-4　　　　　　　**测算区域发展能力的指标体系构成**　　　　　　单位：个

指标内容	指标数	出处
经济发展推动力、社会发展支撑力、资源环境承载力	27	胡安俊等，2008
家庭自我发展能力指数、企业自我发展能力指数、政府自我发展能力指数、区域学习与创新能力指数	5	郑长德，2011
家庭自我发展能力指数、企业自我发展能力指数、政府自我发展能力指数、区域学习创新能力指数	10	李豫新等，2013
物质资本指数、生态资本指数、知识资本指数、人力资本指数、社会资本指数	38	姜安印等，2014
创新开发能力、要素聚集能力、资源利用能力、协调发展能力	76	孙根紧，2014
资源存量能力、资源利用能力和资源创生能力	39	程广斌等，2014
按功能分区设定不同的指标体系。优化开发区包括区域生产经营能力（24）、土地综合利用能力（17）、区域创新能力（13）、空间结构优化能力（14）、生态环境承载能力（30）；重点开发区指标除了区域创新能力（10）以外，其他二级指标及三级指标数量与优化开发区相同；限制开发区的"土地综合利用能力"三级指标数量与前两者同，还包括生态环境承载能力（41）和区域生产经营能力（9）；禁止开发区包括生态环境承载能力（36）	优化开发区：98；重点开发区：95；限制开发区：67；禁止开发区：36	闫磊，2015
政府自我发展能力、企业自我发展能力、家庭自我发展能力	3	王蕾等，2015

资料来源：笔者根据相关文献整理而得到，省略了二级指标。

价的研究成果相对更多。从指标数量来看，各个视角的指标数量差异较大，最多的达到98个，最少的仅为3个。不过，指标数量少的指标体系，大多是综合性指标，即一个三级指标由多个指标计算得到。比如郑长德（2011）用"总资产贡献率"表示企业自我发展能力指数，但是该指标由利润总额、税金总额、利息支出以及平均资金总额等四个数据合成得到。因此，如果以原始数据的指标数量来看，大多需要10个以上的原始数据，才能测算区域发展能力。

三　区域发展能力研究的特点

从国外研究来看，具有以下几大特点：

第一，主体明确，主要是研究贫困地区或者欠发达地区的能力问题。而对该问题的切入视角，完全遵循主流经济学的个人主义分析视角，以人的能力提升为基石，将组织与可行环境作为更为宽泛的层次内容。从以个人为主体的视角来看，组织与可行环境都可以看作"人"的环境。同时，国外研究非常强调在社会性互动中形成低收入或者贫困人口的能力。在他们看来，如果没有社会性互动，自我发展能力的形成就无从谈起。

第二，国外研究逐渐统一到UNDP建立的发展能力框架下。和我国一样，国外早期对发展能力的研究呈现"发散"状态，没有定义统一的框架。这使得没有建立在统一框架下的发展能力测度研究，缺乏可比性，信息的有用性大大降低，也浪费了大量的人力物力。在UNDP公布了三个层次四个核心领域的发展能力框架以后，相应的指标体系也建立起来，使得测度发展能力的研究成果具有了可比性和参照性。这无论是从增加有效信息的角度来看，还是从相关领域的知识进展来看，都是非常重要而可喜的进展。

第三，与国内众多研究相比，国外研究非常重视对发展项目的跟踪研究。这主要表现在案例类的研究成果非常丰富。这一点与国内的研究很不一样。因为无论是"能力建设"还是"能力形成"，都是国际扶贫与发展机构在实施发展项目时，从失败和成功的项目中得到的教训与启示，在某种意义上可以认为，发展项目既是产生这些问题的土壤，同时也是解决这些问题的良方。因此，高度关注发展项目的设计、实施和效果评价，就成为国外发展能力研究关注的主要内容。

第四，核心观点和研究方法"与时俱进"的特点。随着发展项目

的实施和相关研究的进展，虽然有相对统一的发展能力框架，但是具体
到核心观点和研究方法，却总是不断地推陈出新，具有鲜明的动态发展
特点。比如对发展项目的偏好，一开始是援助者把他们认为"最好"
的项目，移植到欠发达国家和地区，现在则认为"适合的就是最好
的"；关于知识进展，早期倾向于把援助者认为最先进的知识注入发展
项目实施区域，现在更倾向于本土知识的积累与运用，等等。

从国内来看，也具有几大典型特征：

第一，对国外研究的述评，少有学者从"发展能力"视角进行系
统的梳理与述评。除了本书作者以外，大多数学者在研究该问题时，文
献追溯到阿玛蒂亚·森的"可行能力"，还有一些研究文献追溯到亚当
·斯密关于劳动者能力的论述。

第二，国内研究的政策取向驱动比较明显。国内对区域发展能力的
研究发端于 20 世纪 80 年代，但是只有极少数学者关注该问题。在国家
实施西部大开发战略，明确提出要增强西部地区自我发展能力以后，对
该领域的研究如同雨后春笋，大量涌现。这一点与国外研究注重对发展
项目的跟踪研究有所不同：国内大多数研究更为注重对政策取向的追
随，国外研究却更加注重从现实观察中提炼问题和总结得失。

第三，从"区域"视角切入的研究更多。在众多的区域发展能力
研究中，研究视角也非常多元。但是，总体来看，从"区域"的各个
视角切入的研究更多。从本章第一节的第二部分"能力问题的政策取
向缘起：自我发展能力的提出"可以看到，贫困人口的自我发展能力
问题在 2000 年就已经提出，早于西部地区的自我发展能力问题四年。
但是，与国外始终坚持"个人"视角不同，我国的区域发展能力研究，
一旦滥觞开来，基本脱离了"贫困治理"的语境，更多的是在"区域
发展"的语境下，对该问题展开系统研究。

第四，越来越重视对区域发展能力的清晰定义与测度。早期的国内
研究，多是思想描述，几乎没有清晰地定义相关概念。由于没有清晰的
定义，测算自然成为难题。随着对该领域的研究不断深入，近几年的研
究大多首先明确界定相关概念，并根据概念界定建立指标体系，尝试测
算不同区域的发展能力。

第五，缺乏统一的分析框架。目前，我国学者并没有完全按照西方
主流经济学的研究范式，从个体视角切入区域发展能力的研究，因此，

各项研究都从自己特定的视角切入，在特定的话语体系下对该问题展开系统研究。这种对同一问题"百花齐放"式的研究，好处非常明显：有利于从不同角度全方位地认识该问题。但是，弊端也同样明显：各项研究缺乏相互参照性，不利于该领域有用信息的快速积累，也不利于该领域的知识进展向纵深推进。

第三节　区域发展能力研究的趋势

一　国外研究的趋势

从经济学视角对区域发展能力的国外研究，通常采用新古典经济学的个人分析范式，因此，大多数研究将对区域发展能力的主体聚焦在个人主体上，而将企业、政府以及第三方组织等主体，纳入到组织、制度或者环境范畴，作为个人选择的约束条件或者激励手段。这样的思路是典型的主流经济学分析范式，因为从选择的角度来看，不论是企业、政府还是第三方组织，代表组织做出选择的始终是人，因此，提高人的能力是核心，也是终极目标。

而在社会学学科领域，社区、人际关系等可能成为观察的重点。因为在他们看来，人的能力只有在社会性交往中才具有意义，也只有在人际互动中才能提升，因此，关注人际关系的构建，以及嵌入到人际关系中的资源及利用能力，是提高贫困人口能力的关键。而对于不同社区的观察，则显示出同类项目为什么在有的社区会运转起来，在另一些社区却风过无痕。因此，从社区的视角关注贫困地区的发展能力培育，有可能得到重要的启示。

此外，与国内研究相比，国外研究更为微观、聚焦项目。这种观察视角用于贫困人口的能力形成，非常值得借鉴；同时，考虑到中国幅员辽阔，尤其是西部地区，多为少数民族杂居和聚居地区，国外这种聚焦项目的研究关注，对于特定区域的特定群体非常值得借鉴。但是，需要注意的是：这种过于微观的视角，对于从整体层面来探讨区域自我发展能力，过于微观和具体，可能导致提出的政策建议难以实施。尤其是当我们过于关注某一特定群体或者区域时，根据其需要提出来的对策建议，有可能不仅不能实现帕累托改进，反而会引致更为棘手的问题；当然，更多的时候，可能会因为政策设计者低估了市场主体的边际调整能力以及其他因素的综合影响，从而导致政策失效。不过，国外研究之所以更偏好关注区域发展的微观主体，也与国外的区域发展实际、制度环境等诸多因素有关，并不仅仅是"习惯性"地采用了个人主义的分析视角。

二　国内研究将逐渐形成相对统一的分析框架

从国内研究来看，在 2011 年启动第二轮西部大开发以后，学术界对区域自我发展能力的研究明显多了起来，涌现了一大批优秀的研究成果。根据表 1-3 列出的部分定义，不难发现，目前国内对区域发展能力的界定，至少存在两个问题：第一，尚未统一用语。有用"区域自我发展能力"表述的，也有用"区域发展能力"表述的；大多数研究没有区分"区域自我发展能力"和"区域发展能力"，但是也有研究严格区分两者的内涵。第二，没有相对统一的概念界定。所以，目前对区域发展能力的研究真可谓"百家争鸣"！

从国外对发展能力研究的历程来看，这是一个必经阶段——成果大量涌现，但都是自说自话，都有一套自己的逻辑框架和研究体系。但是，过一段时间，就会通过选择，自发形成一个相对统一的概念界定。这是因为，当学术界形成了对这个问题的关注高峰期时，从理论逻辑上来讲，会穷尽各种可能的概念界定。后来者在了解已经被提出来的概念界定的过程中，极有可能与其中一种产生共鸣，甚至完全相同。当其中的一个概念界定与大多数人产生共鸣时，统一的概念自然而然产生。而从实际情况来看，国外发展能力的研究，确实经历了这么一个阶段，并最终形成了相对统一的概念界定。所以，国内的研究也不会例外，只不过我们不知道在众多的概念界定中，哪一个终将胜出。

三　国内研究的评价指标体系将趋于一致

随着国内研究对区域自我发展能力概念界定的相对统一，评价指标体系也必将逐渐走向统一。这是因为，既然概念的统一是通过大家的"自发选择"形成，也就是学术界对该问题已经达成共识，那么，根据这一共识，对指标代表性的看法也必然形成共识。这不仅有利于科学合理地评价区域发展能力，而且对于评价结果的指示性必然也会随之提高，有利于根据评价结果有针对性地提高区域发展能力。

第二章　经济学视阈中的区域发展能力

西部地区自我发展能力问题作为区域发展能力的特殊范畴，对之进行深入而系统的理论研究，需要在一般意义上清晰界定后者。根据区域发展能力提出的现实缘起，自我发展能力不足要么表现为贫困，要么表现为与其他同类主体相比时，经济差距在发展中不断拉大或者保持稳定。换言之，经济落后是自我发展能力不足的表征，而自我发展能力不足是经济落后的深层次原因。因此，从经济学视角研究区域发展能力，乃是题中之义。要研究经济学视阈下的区域发展能力，需要以个人能力为参照系，在对能力的不同主体、能力的不同属性、能力范畴的细分等进行甄别的基础上，对区域发展能力进行经济学界定，并将该定义与区域经济增长、区域经济发展区别开来。

第一节　能力主体、能力属性与能力建设

一　能力的不同主体

相对于本书的核心词"西部地区自我发展能力"或者"区域发展能力"来说，"能力"显然是一个简单概念。根据逻辑学理论，简单概念是不可分的概念。因此，要清晰界定区域发展能力，必须从简单概念出发。

因此，我们先来看看"能力"的含义。根据《现代汉语词典》（后文简称"《词典》"），能力是指"能胜任某项任务的主观条件"。并举例说明，比如"能力强"；"他经验丰富，有能力担当这项工作。"从这个释义可以很清楚地看到，"能力"的主体是"人"。因为当我们以"人"为中心理解世界万物时，人就是"主"，那么，自然地，相对于人，其他都是"客"，因而只有"人观"才是"主观"，其他"观"都

是"客观"。换句话说,《词典》对"能力"的释义,暗含了能力的主体是"人",要不然,就不能解释为什么在"条件"的前面要加上"主观"二字。对比看看,如果将释义修改为"能胜任某项任务的条件",是不是大大模糊了主体?除了"主观",还有一个词就是"胜任"。同样根据《词典》,对"胜任"的释义是"能力足以担任"。因此,毫无疑问,在最初和最典型的语境和思维习惯中,"能力"的主体一定是"人",也必然是"人"。正因为有了这样的预设语境,所以才会很自然地有"某人能力很强"、"某人能力不行"等说法。而当我们判断某一个特定对象能力强弱时,依据是我们看到的结果与预期结果的一致程度,或者说偏离程度。进一步地,如果我们在"某人能力很强(弱)"后面再加上一句话,就会更加清晰地品味出"能力"释义以人为主体的暗含前提。比如,我们经常听到这样的说法:"某人能力很强,但是运气太差了";或者相反的说法:"某人能力一般,但是运气太好了"。将"能力"与"运气"放在一起,就会发现"主观"和"客观"的分野原来如此清晰!这种区别可以概括为"内在"和"外在"的区别。"主观"是内在的,"客观"是外在的。

那么,如果在"能力"的前面加上限定词,是不是其主体依然是"人"呢?比如说"抗干旱能力很强"、"耐盐碱能力强"等,显然说的是植物;而当我们提到骆驼时,往往会说"抗饥渴能力强";说到极地的动植物时,会联想起"抗寒能力强"。可见,当"能力"的前面加上其他限定词时,"××能力"的主体就会指向特定的对象。同样的道理,如果在"能力"前面加上"发展"或者"自我发展",即当我们说到"发展能力"或者"自我发展能力"时,其主体自然也就不一定必然是"人"。

由此逆向思维,会发现即使去掉"能力"前面的限定词,虽然语义可能会模糊,但是并不影响我们理解"能力"可以有不同主体。比如,当将"政府"与"能力"联系起来时,我们马上会自动补上"行政",立刻形成"政府行政能力"的概念;当想到"军队"的能力时,自动补上的必然是"战斗"二字,等等,此类例子不胜枚举,而且随着社会生活的发展,还将继续发展丰富。

显然,一一列举既无可能也无必要,但是,归类总结却会带来帮助和启发。从分类的角度来看,"能力"前面的主体,如表2-1所示,可以总结为以下三个相对的特征:

　　一是单个的个体可以是能力主体，由多个个体组成的群体也可以是能力主体。前者比如单个的人，后者比如由多人组成的军队。

　　二是自然生命体可以是能力主体，不具有自然生命特征、但是具有自强化机制的组织也可以是能力主体。前者比如树木、动物，后者比如政府。

　　三是人类创造出来的、不具备自我增强机制的作品可以是能力主体，同样，因人类活动影响而成、同时具有自我增强机制的事物也可以是能力主体。前者比如一部艺术作品、一栋好的建筑，都可能会具有极强的艺术感染力；又或者一辆载重汽车或者轮船的载重能力等。后者比如因人的活动形成的码头、城市，甚至区域，比如码头的吞吐能力、城市的容纳能力、区域的自我发展能力等等。

　　可见，能力的原初主体是人，但是随着人们对事物认识的需要，为了清楚地说明相关事物的特征，便不断地在"能力"的前面加上限定词，能力的主体变得越来越多元化。就"发展能力"而言，最常见的主体是"人"、"区域"、"产业"、"企业"、"政府"等等。

表 2 - 1　　　　　　　　　　　　能力的主体分类

分类标准	主体类型及例子	
数量标准	个体主体：单个人、事物	群体主体：一群人、多个同类个体组成的群体，如军队、动植物族群
生命标准	自然生命体：有自然生命力的人和生物，如人、植物、动物、微生物等	有自强化机制的组织：组织机构，如政府、合作组织、企业等
形成标准	无自我增强机制的人类作品：人类创造的产品，但是不能自我增强，处于相对静止状态，如一幅画、一栋建筑、一个运输工具等	因人类活动形成且有自我增强机制的事物：因为承载人类活动而形成的场所或区域，具有自我增强机制，兴衰繁荣很容易被观察到，如集市、城市、各种虚拟平台、区域等

　　资料来源：作者自制。

二　能力的不同属性

　　既然能力有着不同的主体，那么，不同主体的能力必然具有特定的属性。很显然，从明确区分各类事物的角度来看，正是这些属性使得不同主体的能力得以区分。但是，这并不意味着不同主体的各种能力没有共同属性，相反，既然最终的落脚点都是"能力"，就必然有其共性。而从人类认识事物的路径来看，大体上，对于具象的事物，比如特定的一棵树、一种食物等，首先是了解其特殊性，再归纳其共性，比如哪些植物对于人类是无毒的，哪些对于人类是有毒的，必然是从具体到归纳的过程。但对于抽象认知，则大概会反过来，先确定一个共性标准或者属性，根据这些共性标准去判断是否属于一个范畴。比如"健康"，我们当然知道很多不健康的情形，但是不能将这些情况作为否定标准，而是根据共性标准定义健康。然后依据这些共性标准去定义特定范畴，比如心理健康、生殖健康，等等。

能力范畴也是如此。需要先探讨清楚"能力"的共同属性，然后再区分不同主体能力的不同属性。

在探讨人的属性时，马克思区分了人的"自然属性"和"社会属性"，并认为"社会属性"是人的本质属性，也是人类区别其他动物的本质属性。在这里，笔者结合能力指向的功能，将能力的属性分为社会属性、经济属性和文化属性。

需要注意的是：当我们在共同规则层面探讨"能力"的属性时，显然是去掉了所有的限定词，仅仅针对"能力"而言。根据前面对能力主体的探讨，即此处对"能力属性"的探讨，是指对以"人"为主体的"能力属性"探讨。明确这一点，对于各个属性的分析就会更具有针对性，也更容易理解。

首先，能力的社会属性，其内核是指作为个体的人在处理社会关系时，在沟通、交往以及与人相处等方面表现出来的偏好、特点和水平，通常我们会用"社会交往能力"来表述。如果一个人在人际关系方面左右逢源，那么常常会被认为"社会交往能力强"；反之，则会被认为缺乏必要的社会交往能力。对个人能力社会属性的评价，也就是个人社会交往能力的评价，根据个体所处社会环境不同，标准不同；即便是在同一时空的社会中，不同的社会阶层标准也有所不同。由于标准的变化，可能会出现同一标准既是"甲之蜜糖"，又是"乙之砒霜"。这些差异，也为个人培养提升自己的社会交往能力明确了方向。

其次，个人能力的经济属性，与个人获得生存资本与财富的偏好、技能和特性相关。这也需要给定特定的时空范围。比如在印刷术没有被发明出来的时代，写得一手又好又快的字，就可以养活一家人；在当今时代，则只有书法家才可以靠写字养活自己和家人。同样，在汽车尚未普及的年代，驾驶能力具有直接的经济属性——作为专职司机就可以获得可观的收入；在汽车普及的年代，则驾驶能力的经济属性从直接变为间接——服务于其他经济活动，而不是直接从驾驶活动中获得收入。因此，从获得生存资料和积累财富的角度看，个人更希望其能力具有直接的经济属性，而不是间接的经济属性。因为直接的经济属性一旦被雇佣，则可以直接转化为生活或者生产资料，间接的经济属性则只能服务于直接经济属性。不过，个人能力的经济属性，不管是直接属性还是间接属性，都是明确地指向拥有该项能力的个人本身。至于拥有这项能力的个人，因为其能力获得了相应的经济收益，要将其再分配给其他人，则是衍生的经济属性——即经济关系中的分配关系。

最后，个人能力的文化属性与价值判断相关。在特定的文化中，规定了哪些能力是有价值的，哪些能力是没有价值，甚至是"负"价值的。比如文艺能力，在封建社会，从事文艺工作被认为是低贱的职业，因此，少有人愿意展露自己的文艺天赋；而在现在的文化认知中，在"职业没有尊卑之分"、"实现自我价值"等价值观念的共同作用下，文艺工作者的社会地位大大提升，甚至在中国这样一个推崇"学而优则仕"的国度里，"演而优则仕"也已经成为一个见惯不惊的社会现象。因此，文化属性与价值判断相关。

除了上述依据能力功能的划分以外，对属性的划分，还可以区分为先天属性和后天属性、外部属性与内部属性、时间属性与空间属性等，不一而足，在此不再一一探讨。

三　不同主体的能力属性

就能力的共同属性来看，既然可以将之区分为社会属性、经济属性和文化属性，那么，按照抽象范畴从"一般到特殊"的认知逻辑，不同能力主体的各种能力是否也具备上述三种属性呢？如果是的话，与"人"作为能力主体，所具有的能力属性又有何不同呢？

为了厘清不同能力主体的能力属性，在表2-2中，分别对表2-1中的四类能力主体的三大属性进行了区分。从表2-2中可以看到，以个体能力主体作为出发点，也就是以"人"作为能力主体的认知起点，我们发现，不同主体的能力属性确有差别。

对于群体性质的能力主体而言，其社会属性与个人类似，也具有沟通和相处特点。此外，正如人的生命需要摄入最低能量一样，群体本身的形成和稳定也有最低的交易费用。这表现在社会属性上，则更多的是群体与群体之间的博弈，比如不同宗教团体的博弈。这种博弈与人的交往类似，是为了获得更广泛的社会认可。从经济属性来看，则是为了获得生存与发展空间。尤其是当群体不断壮大时，经济属性如果不能通过和平有序的方式来充分展现，往往会通过激烈的冲突形式要求实现。考察历史上的战争，无一不是为了生存和发展空间而战——也即我们常常说的"捍卫主权"。与个人的经济属性明确指向个人不同，群体的经济属性指向更为宽泛和多元：群体通过各项能力获得的经济收益，由群体内的分配规则确定。一般而言，受益者是群体内成员和群体整体，偶尔也会惠及群体外成员，但是这种情形不常见。对比一个自然村落的村民群体，在人民公社时期和在家庭联产承包责任制时期，群体成员因劳动能力获得的经济收益，由于分配规则不同，指向存在明显的差异。从文化属性来看，与个人主要是受文化的影响不同，群体对文化的影响、塑造能力更为明显，尤其是在生产生活互动中形成的亚文化、规则和价值判断等，随着群体的壮大，文化的影响也就自然显现。除了影响和塑造文化以外，与个人的力量相比，群体还可能通过竞争或者暴力机制消灭其他文化。正是因为群体能力的这种文化属性影响的深远性，群体或团队为了维护该属性，一是会加大投入，以各种方式扩大本族群文化的影响；二是会主动攻击其他文化，以期弱化其他文化的影响。

表 2 - 2　　　　　　　　　不同主体的能力属性

属性 主体	社会属性	经济属性	文化属性
个体（人）	沟通、交往、相处	获得生存资料和财富，指向自己	价值判断
群体	沟通、博弈、相处	获得生存和发展空间，指向由分配规则确定，一般指向群体每个成员以及群体整体	影响、塑造或消灭文化
自然生命体 （除人以外）	占有者的社会交往符号显示，占有者进入特定社会圈子、阶层的"通行证"	被人类当作经济收入来源的可能性，指向占有者	与价值判断有关：图腾或吉祥物、禁忌、是否可以被人类当作经济来源、无用亦无害

续表

属性 主体	社会属性	经济属性	文化属性
组织	服从、合作、竞争、对抗	作为法人单位或非法人单位、团队参与资源竞争与配置，指向由分配规则确定，一般指向组织内成员、组织本身以及组织外成员	合法性认可
人类作品 （静态）	产权人的社会交往符号显示；产权人进入特定社会圈子、阶层的"通行证"	让渡产权权利获得经济收益，指向产权人	价值判断
人类活动承载场所、交易平台	交往场所、活动空间	经济活动实施地点，指向不明确	发展方向的判断

资料来源：作者自制。

　　对于除人以外的自然生命体，其能力一般被认为不具备社会属性。虽然动物学家的研究力图证明：无论是蚂蚁、蜜蜂还是大猩猩，在族群生活中，都有类似人类行为的互助和分工；而且从其分工的严谨和运作的流畅程度来看，颇有些"等级森严"的阶层意味，以至一些跨学科的学者因此提出了动物界的"利他"假说。但是，尽管这些行为被观察到，主流观点依然认为作为有生命的个体，除了人以外，其他动物在与同类相处的过程中，所做出的行为更多地与本能有关，即由先天获得，而与后天交往无关，尤其与有目的的构建性社会交往行为无关。因此，即便小猴子因为挨了多次打，不敢再去抢猴王的水果，反而要乖乖把自己摘来的果实孝敬猴王，也不能认为这一行为是社会化行为，而是为了生存的本能选择，或者说条件反射式的行为表现。当然，到目前为止，这依然是一个有争议的问题，仍然有大量的学者试图揭开该领域人类认知的"无知之幕"。也许若干年后，会有证据表明：除了人类以外，其他动物也有社会交往行为，其行为和能力也具有社会属性。但是，迄今为止，我们依然认为其他动物的能力不具备社会属性。因此，对于自然生命体类的能力主体，其能力的社会属性主要作为占有者的社会交往符号显示存在。比如，同样是拥有一匹马，但是这匹马的血统差异，对于马自身来讲，没有任何社会意义；但是对马的占有者，即马主人，其社会交往意义则很重大。正是从这一层面上讲，自然生命体类的能力主体，其能力的社会属性主要表现为占有者的社会交往符号显示。在很多时候，这种符号显示对于介入特定的社交圈子、被特定阶层认可和接受具有重要意义。从经济属性来看，在以人为主体观的认知和现实世界中，除了人以外的其他自然生命体，都有可能被作为人类的经济收入来源。这一认识的映像就构成了其他自然生命体的经济属性，比如自身的繁殖和生长能力差异，直接影响了其经济价值，这种能力与经济价值之间的对应关系，正好说明能力具备的经济属性。以农作物为例，很多时候，当我们看到农地里生长着的水稻、玉米、小麦、油菜等作物，往往会猜想我们的祖先为什么正好选择了这些植物作为我们的食粮，而不是另一些？从经验事实来看，也许现在每一种农作物的发现和栽培，背后都有一个要么偶然、要么必然、或者幸运、或者曲折离奇的动人故事。但是，从一般意义上来看，有一点却是共同的：所有被人类选中的农作物，都是因为其繁殖能力、适应能力、产出能力等高于其他作物，而正是这些能力让其具备了人类生存和发展所需的经济价值，所以选择必然是这些农作物，而不是另一些农作物；也正是从这样一层意义上讲，这些农作物的能力具有了经济属性。可见，与个人和群体不同，除人以外的自然生命体，其能力的经济属性，并不是为了满足其自身生存和发展的需要而存在，而是为了满足人类的生产和发展需要而存在——恰如我们对"益虫"和"害虫"的区分，都是相对人的需要而言。换言之，就是自然生命体各种能力的经济属性，其指向不是指向自然生命体本身，而是指向享用其经济价值的人类，具体地，是指向其占有者。再来看其文化属性。很显然，除了人以外的自然生命体，其能力的文化属性依然具有"客体"性质，即遵从于以人为主体的认知观。因此，其在该范畴内，自然生命体能力的文化属性主要有几种情形，但是都与人类主观的价值判断有关。比如，有些自然生命体因其生命力旺盛，成为力量、速度的标志；或因其长寿能力等，作为图腾或者吉祥物存在；有的自然生命体则因为其对人类生存的伤害能力，成为禁忌或者不吉祥的象征。当然，对于人类而言，更多的则是判断这些自然生命体对于人类的经济意义——这在不同的文化中有不同的判断。还有一类就是被

"无视"的——无害亦无益。因此，对于除了人以外的自然生命体，其文化属性由其对人类生存和发展的价值决定，而这个价值的大小，则是人类自己说了算。由于人类文化的多样性，因此，这种价值判断烙上了深深的文化印记。

当组织作为能力主体时，其社会属性愈加明显。因为在所有的动物中，只有人类会构建各种各样的组织。因此，组织的产生，本身就是人类能力社会属性的产物，其"出生"就具有社会属性。组织一旦产生，就仅仅是作为满足人类需要而存在——或者说，为了达成成立组织初衷而存在，同时，组织有其自身的发展需求——也就是组织具有自强化机制。以政府机构为例，一旦因为某一初衷，成立了相应的组织部门，我们会发现，这个部门的运行，不仅仅是为了实现初衷，同时，组织会追求其自身的利益最大化。这必然涉及与其他组织的关系，总体来看，这些关系可以归纳为科层组织体系中的服从关系、平行组织结构中的合作、竞争和对抗关系。组织在处理与其他组织的这些关系时所显示出来的能力，便具备了鲜明的社会属性。就其经济属性而言，与个人比较类似，所不同的是，个人是以自然人的身份，参与到资源竞争和分配中去；组织是以法人或者非法人的团队参与到资源竞争与配置中去。与群体各项能力的经济属性指向类似，组织拥有的各项能力的经济属性指向也是由全社会和组织内的分配规则确定，一般指向组织内成员、组织本身，同时，也指向组织外成员。而且与群体相比，这种情况更为常见。从文化属性来看，则是组织本身的各项能力所达成的目标，是否被社会认为是合法的？同样的行为能力，在不同的文化中，其合法性大相径庭。比如宗教组织，其传教能力在不同历史阶段的文化中，合法性完全不同。因此，各类组织其能力的文化属性，具有时空的差异性，这种差异性集中地表现为组织行使各项能力的合法性判断问题。要注意区别的是：组织本身的合法性与组织具有的能力的合法性，是两个问题。非法的组织，根据其能力所从事的活动可能是合法的；同样，合法的组织，根据其能力所从事的活动也有可能是非法的。所以，判断组织所具备的各项能力的合法性，与判断组织本身的合法性不是一回事，需要区别开来。

静态的人类作品的能力主体是相对静态的，换言之，就是不具备主观能动性，因此，其能力也是被动的，自然相应的属性也具有被动的特征。具体说，其社会属性主要表现为作为产权主体的社会交往符号显示及进入特定社会圈子的"通行证"。比如，一幅名家字画，足以让拥有它的产权主体在其社交圈里炫耀一番；一部传世之作，足以导致"洛阳纸贵"。2016 年，引起轩然大波的"北京师范大学知名校友邱季端捐赠 6000 件古陶瓷给母校"事件①，正是人类作品作为能力主体，其社会属性的表现形式之一。作为能力主体的人类作品，其经济属性则与产权主体让渡其产权、或者产权权利有关。产权是一个权利束，作为产权主体的个人或者组织，既可以全部让渡，改变产权主体；也可以只让渡其中的某种或者某几种产权权利，并不改变产权主体。不管是哪种情形，都是为了获得经济收益。由此，作为能力主体的人类作品获得了经济属性。与自然生命体各种能力的经济属性指向一样，人类静态作品的经济属性指向拥有它的产权主体，非常明确而清晰。文化属性同样也与价值判断有关：该作品是否具有经济价值、文化价值、社会价值等等，都与特定时空的文化有关。比如在"文化大革命"时期，文物被认为是"四旧"；但在拨乱反正之后，文物依旧被认为是文物。可见，人类静态作品的文化属性与特定的时空有关。

　　人类活动承载场所本身没有生命，是因人类交易或者集会活动的需要而产生，因此，从社会属性来看，主要是为人类的社会活动提供场所或者活动空间，是一个比较明确的空间概念。比如农村集市的形成，最初都是自发形成，并没有人有意去建构，但是随着交易的扩展，有些集市不断发展壮大，成为城市；有的则逐渐没落，直至消亡。对于前者，我们往往会说具有发展能力；对于后者，则会说没有发展能力。同样，就其经济属性而言，主要是为人类的经济活动提供实施地点，依然是一个空间概念。与其他主体能力的经济属性不同，该类主体能力的经济属性指向不明确。所有在该场所交易的人以及没有在该场所交易的人，都有可能因为交易场所的交易活动获得经济收益。尤其是当前虚拟效益平台的出现，更是凸显了这一点。从平台类主体各种能力的文化属性来

---

　　① 相关情况读者可以在互联网搜索"邱季端捐赠北师大事件"，即可一览概要。要点是北京师范大学校友邱季端拟捐赠 6000 件古陶瓷给母校，北京师范大学由此拟专门修建博物馆。但这一事件遭到北京师范大学博士生刘昕鹏质疑，2016 年 7 月 30 日，刘给北师大校长董奇写了一封公开信，希望学校就邱季端捐献 6000 件古陶瓷并成立博物馆一事进行专项调查，并公布调查结果。捐赠事件由此发酵，引起网民热烈讨论。

看，主要与发展方向的判断相关。这是什么意思呢？确切地说，就是在不同的文化中，人们对相同平台发展方向的判断存在差异。比如互联网平台，我国形成阿里巴巴这样的纳斯达克上市企业，但是在英国，却受到诸多限制。再比如在各个国家和地区的发展规划中，对城镇、产业、集市、基础设施等的空间布局，都以对这些场所和设施的发展方向判断为前提——只有预期能够发展起来，才会重点布局；如果预期不能发展起来，则会放弃布局或者投入。而我们经常说的"有心栽花花不发，无心插柳柳成荫"，则表明了我们在做规划或者计划时，对事物发展方向的误判。当然，在有限认知理性前提下，有误判是正常的大概率事件，没有误判则是不可能事件。

四　经济属性与能力建设的关系

对各主体能力的不同属性分析表明，除了不具备社会建构能力的自然生命体以外，其他能力主体要么是社会建构主体，要么是人类建构社会的产物，都具有社会属性。那么，排除自然生命体这个例外，各主体能力的不同属性之间的关系到底是怎样的呢？很显然，要理清这一问题，首先要从个人能力的不同属性之间的关系入手——因为在能力语境下，相对于个人主体而言，其他主体都是派生主体。所以，只要理清了个人能力不同属性之间的关系，其他主体能力的属性关系自然可以比照得出。

这样一来，看似很复杂的问题便变得相对清晰明了。对于作为能力主体的个人而言，在能力的社会属性、经济属性和文化属性三者之中，最重要的当然是能力的经济属性。因为生存是第一需要，享受和发展都是以个体生命的存续为前提。

具体来看，对于个人而言，能力的三大属性之间的关系主要包括两个方面：

一方面，能力的社会与文化属性形成对经济属性的价值判断，影响经济属性的彰显程度以及由此带来的经济利益的丰厚程度。在特定的社会和文化中，嵌入其中的价值判断决定什么能力是好的，什么能力是不好的；哪些能力是有用的，哪些能力是"没用的"，甚至是"有害的"。比如同样是文艺方面的能力，在封建社会和当今社会，对其经济属性的判断完全不同。正是因为社会属性和文化属性对经济属性的判断，使得能力所能获得的收益也判若云泥。在封建社会，由于社会文化普遍认为，供人娱乐的文艺能力是低贱贫困之人谋生的手段，因此，导致该项能力不被看好，借此能力而谋生也颇多艰难。但是在当今社会，由于对该项能力的认知改变，文艺能力的经济属性得到彰显，文艺工作者因其文艺能力而获得的经济收益颇丰。可见，能力的经济属性是否得以彰显，带来丰厚的经济收益，在很大程度上由嵌入到社会文化中的价值判断决定。

另一方面，当三性冲突时，经济属性会被优先考虑。对于任何人，如果他所拥有的能力，其社会属性、文化属性和经济属性高度一致，是最理想的状态。所谓一致，就是个体拥有的能力，从价值判断来看，被社会文化所认可；从经济属性来看，可以实现能力主体所期望的经济利益。但是这种理想状态是很难实现的，比如大学教师的教学能力，无论是社会还是文化都是高度认可的，但是其经济属性的实现却与社会和文化属性对其的充分肯定完全不匹配，导致经济属性与社会文化形成的价值判断产生偏离。当出现这种不一致时，只有极少数规则内化程度高的个体，会遵循社会文化的价值判断，继续发挥其经济属性得不到彰显、却被社会和文化高度认可的能力。更可能的情形则是：大多数能力主体都会对行为进行边际调整，以实现能力的经济属性，实现个人效用的最大化。就大学老师的教学能力而言，在当前三性不一致的情况下，可以观察到，大学老师选择的行为边际调整包括：放弃继续提高教学能力，转向其他高校老师可以获得更多经济收益的能力，比如科研能力；"挂羊头卖狗肉"，贴着大学老师的标签，基本不从事教学科研，利用高校平台从事其他高经济收益的事务。高校老师的这些行为边际调整，已经成为饱受诟病的社会现象，带来的负面效应极大。不一致的另一种情形是：社会文化对某种能力的价值判断是负面的，但是能力主体却可以通过这项能力获得巨额收益。这种不一致往往会导致能力主体铤而走险，发挥一些不被社会和文化认可的能力，这些行为可能是违法行为，也有可能是失范行为，即不符合道德规范，但不违法。在这种情况下，个人主体以经济利益的获得为显性信号，彰显了获得那些经济利益的能力的经济属性，而忽视了其社会和文化属性对该项能力的否定和约束。简单地说，就是即使从价值判断来看，能力主体拥有的能力不被肯定，但是为了经济利益，能力主体依然优先选择了实现能力的经济属性。这充分体现了能力主体优先考虑经济属性的选择顺序。

　　总结三性关系的两个方面，其实与马克思主义政治经济学关于"经济基础与上层建筑"的论述高度一致，即经济基础决定上层建筑，上层建筑反作用于经济基础。具体到能力的社会、文化和经济属性，对应地可以理解为：经济属性处于经济基础范畴，社会和文化属性属于上层建筑范畴。根据经济基础与上层建筑的关系，三性关系的两个方面可以简洁地表述为：对于个人而言，能力的经济属性优先于社会属性和文化属性，后两者会影响经济属性的实现。

　　根据能力三性的关系，容易得到这样的结论：对于个人而言，进行能力建设时，一般会在社会属性和文化属性规定的边界内，优先考虑能力的经济属性。换言之，按照经济人假设，作为能力主体的个人，当他想要提升自己的不同能力时，会比较各种能力的三性，并选择经济属性更容易实现的能力进行投资。因此，能力的社会属性和文化属性确定了个人能力培养的边界，即哪些能力是可以培养形成的，确定了能力的集合；但是能力的经济属性却决定个人会提升哪一种能力，即在能力集合中，确定哪一种能力最值得提升，即能力建设的优先序。

　　按照个人主体能力三性的关系，可以得出其他能力主体三性的关系。从总体上看，仍然符合个人能力主体的能力三性关系。但是，由于能力主体的差异，以及各能力主体能力经济属性的指向性差异，不同能力主体的能力三性关系也有一些区别。

　　当能力主体是群体时，由于群体是由具有主观能动性的多个个体组成，以及群体能力的主体能力经济属性指向的多元性，在根据群体能力的经济属性选择可以提升的具体能力时，一方面，可能会因为群体成员的认知差异，在可以建设的能力集合边界上产生分歧；另一方面，在给定的能力集合中，确定能力提升的优先顺序时，可能会因为经济利益主体的利益冲突产生分歧。这两方面的分歧，要么按照集权规则统一，要么按照民主规则解决。若无法解决，轻则影响群体的能力建设，重则导致群体解散。此外，当群体的能力建设被其他群体认为产生了对他们的威胁时，可能产生剧烈冲突。

　　当能力主体是除了人以外的自然生命体时，因为该类能力主体本身并不具备主观能动性，所以选择由其占有者做出。这使自然生命体的能力三性与个人能力主体的能力三性基本一致。区别在于：当人是能力主体时，个体是根据自己的判断进行选择；当自然生命体是能力主体时，选择是由其占有者根据其判断做出。在某种意义上，作为自然生命体的占有者，人类充当了这类能力主体进行能力建设的"代理人"，掌握了它们的"生杀大权"——这也是为什么在人类活动的影响下，一方面不少动植物变得珍稀，甚至濒临灭绝；另一方面，一些动植物被人工饲养和栽培，呈现"保护性繁荣"的根本原因。

当能力主体是组织时，其能力的三种属性关系与群体类似。因为组织内部存在典型的委托-代理问题，所以认知、判断和利益的冲突，都有可能导致与能力主体是群体时的相同情形：对能力集合的边界有分歧；对集合内能力建设的优先序有分歧。分歧的后果也是类似的三种情形。尤其是当组织是国家时，冲突情形最为典型。比如当周边国家加强军事能力建设时，相邻国家便会提出严正交涉，甚至不惜动用武力威胁。

当能力主体是人类静态作品时，其能力的三种属性关系，与能力主体是自然生命体类似。区别在于，当该类主体的能力三性发生冲突时，产权人依然会优先考虑实施其经济属性。当某件作品的经济价值低，社会和文化价值高时，产权人可能会因为其经济属性实现价值低而放弃维护或者保管，从而导致该作品的灭失。另一方面，当某件作品的经济价值高时，有可能导致其他人仿冒，以期获得高收益。

最后，当能力主体是人类活动承载场所、交易平台类时，其能力属性关系则兼具自然生命体类与组织类的特点。一方面，活动场所或者交易平台本身并没有主观能动性，因此，与其能力建设相关的选择都是由其相关者做出，这使得选择具有了与自然生命体类能力主体相同的代理性质。另一方面，与自然生命体和人类静态作品不同，前两者的能力建设选择由产权人做出，在单一产权人条件下，即由自然人做出，因此只存在人对其他能力主体的代理关系，基本不存在人对人的代理关系；但是在平台类的能力主体进行能力建设时，除了人对其他主体的代理以外，因为涉及多个个人，所以还存在人对人的代理关系。这就使得该类主体的能力建设选择问题具有组织或者群体的特征，因此也会产生同样的能力集合边界和具体能力选择分歧问题，后果则可能表现为选择失败、繁荣或者衰落，但是作为人类交易活动场所，基本排除了冲突的可能。

表2-3对不同能力主体的能力属性关系进行了概括性表述。

表 2 - 3　　　　　　　　不同能力主体的能力属性关系简表

主体类型	社会属性、文化属性	经济属性	冲突选择及影响
个体（人）	确定能力建设的集合边界	代理人确定能力建设的优先序	经济属性优先；价值判断失效，孕育新的价值标准，违法失范
群体	代理人确定能力建设的集合边界	代理人确定能力建设的优先序	能力集合边界和能力提升的优先序分歧，根据规则解决分歧；选择失败、群体失败、群体内部和外部冲突
自然生命体（除人以外）	占有者确定能力建设的集合边界	占有者确定能力建设的优先序	经济属性优先；自然生命体濒危或人工饲养、栽培等"保护性繁荣"
组织	代理人确定能力建设的集合边界	代理人确定能力建设的优先序	能力集合边界和能力提升的优先序分歧，根据规则解决分歧；选择失败、组织失败、组织内部和外部冲突
人类作品（静态）	产权人确定能力建设的集合边界	产权人确定能力建设的优先序	经济属性优先；消失或仿冒盛行
人类活动承载场所、交易平台	代理人确定能力建设的集合边界	代理人确定能力建设的优先序	能力集合边界和能力提升的优先序分歧，根据规则解决分歧；选择失败、繁荣或者衰落

资料来源：作者自制。

五　能力属性的能力建设政策含义

前面的分析表明，与个人能力主体相比，其他能力主体的能力属性关系之所以有些区别，主要是因为相对于人而言，其他能力主体本身并不能代表自己做出最有利于本体的抉择。因此，如果要提升能力主体的自身能力，必须考虑决策主体与能力主体是否一致的问题。这让我们很自然地想到一个分析该问题的视角：委托—代理视角。

如表 2 - 4 所示，当我们要解读能力属性关系背后的能力建设含义时，我们可以从委托—代理的视角，分别探讨主体类型的代理关系、每一种代理关系下的代理内容、相应的能力建设含义，以及随之确定的能力建设属性优先序。

表 2 - 4　　　　　基于委托—代理视角的能力建设属性优先序

代理类型	无代理 （自己做主）	单一代理 （完全代理）	多重代理
主体类型	个体（人）	自然生命体（除人以外）；人类作品（静态）	群体 组织 人类活动承载场所、交易平台
代理内容	代表自己做出最优抉择	作为能力主体的占有者（产权人）做出符合自己利益的抉择，完全代理能力主体	代理能力主体、代表自己、被科层代理代理、代表利益相关者等，权衡能力主体、科层利益、自身利益、相关者利益抉择，复杂的委托 - 代理问题
能力建设含义	最大化能力主体利益的政策	最大化能力主体的占有者（产权人）利益的政策	复杂的治理难题，最小化委托 - 代理成本。
能力建设的属性优先序	经济属性优先	经济属性优先	瞄准代理人的经济属性优先；瞄准能力主体的社会属性、文化属性优先

　　资料来源：作者自制。

　　首先，从主体类型来看，可以将能力主体区分为三类：一是不存在代理关系的主体，即个人能力主体；二是单一代理关系的主体，包括自然生命体类和人类静态作品类的能力主体；三是多重代理关系的主体，包括群体、组织和平台类（区域场所）能力主体。很显然，第一种情形不存在委托—代理关系。第二种情形是一种完全代理，即"委托人"——在这里更确切的表达应该是"被代理方"——的利益完全被代理，没有自己的利益诉求。第三种情形存在多重的代理问题，其一是典型的委托—代理问题：即代理人既代表能力主体，又代表自己；其二是在存在科层结构和利益相关者时，代理人可能会被迫以高层级代理人意愿为意愿，出现"代理人被代理"的情形，或者被游说代理相关利益者的利益，出现"多重代理"与"多头代理"关系。

　　其次，从代理内容来看，也因代理关系不同，而存在差异。对于个人能力主体，因为不存在委托—代理关系，所以代理内容其实就是能力主体的自主选择，即代表自己做出符合自己利益的最优抉择。在单一代理关系中，实际上是代理方对被代理方的"代替"，因此，代理内容是完全基于代理人的判断做出，无须考虑被代理方的诉求。因此代理内容表现为作为能力主体的占有者（产权人），自然地成为代理人，根据自己利益最大化做出抉择。在多重代理关系中，代理人需要兼顾能力主体、科层机构、自身、利益相关者等多方利益，在复杂的权衡中做出抉择，构成了复杂的委托—代理问题。

再次，结合代理关系和代理内容，可以得到相应的政策含义。对于无代理的个人能力主体，提升其能力的政策含义，显然就是最大化利益的政策最为有效。对于单一代理的能力主体，要提升其能力，实际上也是要最大化其代理者的利益，因此，政策也是指向代理者的利益最大化。对于多重代理的能力主体，要提升其能力，则面临的是一个复杂的治理难题，其基本原则是最小化委托—代理成本。

最后，综合代理关系、代理内容、政策含义和表 2 - 3 的能力属性关系，可以得到各主体能力建设的属性优先序。对于个人能力主体而言，提升其能力，属性的优先序显然是经济属性优先。对于单一代理的能力主体而言，要提升其能力，实质上就是要提升其为占有者（产权人）增进经济利益的能力，因此，经济属性依然是优先考虑的属性。对于多重代理的能力主体，是否首先需要考虑代理人与能力主体的优先序问题呢？即为了加强能力主体的能力建设，应该优先满足代理人的诉求，还是优先满足能力主体的诉求？如果优先满足代理人的诉求，可能会因为代理成本过高导致能力主体的消亡；如果优先满足能力主体的需求，则可能会找不到合适的代理人。因此，综合来看，代理人与能力主体的诉求必须同时得到满足，否则，不是代理人拆台，就是能力主体直接"垮台"。这就使得问题变得更加清晰明了：因为代理人是自然人，所以满足代理人诉求的优先序自然是经济属性优先。对于能力主体，要提升其能力，则应该是社会属性和文化属性优先。因为当存在多方的经济利益关系需要协调时，确定各方经济利益优先序的规则就至关重要。而规则、制度安排等只能由能力的社会属性和文化属性提供。不过，考虑到所有的规则和制度安排实际上都服务于人的活动，能力主体的社会属性与文化属性都应瞄准个人能力的经济属性。概括起来说就是：在能力主体的社会和文化属性优先框架下，优先考虑指向个人能力经济属性的能力主体能力提升策略。

第二节　从个人能力到区域发展能力

一　能力研究的参照系：个人能力

思考任何问题，都需要参照系，能力研究也不例外。当前很多研究和思考，对同一个问题，运用不同的参照系进行思考，往往会得出不一致、甚至迥异的研究结论。比如研究贫困问题，目前我们使用的参照系主要是收入贫困，这使得我们将划定贫困线认为是理所当然的事。但是，当我们到黔东南那些被我们认为是贫困村的地区调研时，看到他们生活得那么轻松惬意，不由得开始反思：什么才是真正的贫困？研究贫困的最佳参照系应该是什么呢？对于能力问题，这个问题同样值得思考：研究能力问题的参照系有哪些？最合理的参照系是什么？联系到当前对区域自我发展能力的众多研究，都自成一体，尚未形成相对统一适用的分析框架，这一问题就显得尤为迫切。

根据本章第一节对能力主体、能力属性、能力属性关系的分析，容易发现：研究能力问题，最好的参照系是"个人能力"。换言之，当我们思考能力问题时，出发点是个人能力。为什么呢？

首先，符合认知规律。从人类对新生事物的认知规律来看，要经历从"具体→抽象→具体"的认知过程，其中从具体到抽象是理论化阶段，从抽象到具体则是运用理论指导实践的阶段。当我们思考"能力"问题时，"个人的能力"是一个非常具体的问题，让我们既可以从人的需要出发，发散性地思考"人的能力"到底包含哪些，也容易将这些对应人的需要列举出来的能力进行归纳，并根据归纳后的结论，提出"人的能力"提升建议。可见，针对"人的能力"这一具体问题，我们也经历了从"具体→抽象→具体"的过程。同样的道理，我们也可以按照"具体→抽象→具体"的认知过程，去认知其他主体的能力。正是从这样的意义上，我们说，以"个人能力"作为研究"能力"问题的参照系和出发点，是最为符合人类认知规律的选择，因而也是比较科学合理的选择。

其次，符合思维习惯。与"具体→抽象→具体"的认知规律一致，人类在长期的思想活动中，形成了从"特殊→一般→特殊"的思维习惯。相对于一般意义上的"能力"问题，"个人能力"显然是一个特殊问题；相对于"个人能力"问题，其他任何主体的能力问题也都是特殊问题。正因为如此，在研究能力问题时，对应"具体→抽象→具体"的思维习惯，我们可以按照"个人能力→能力的一般范畴→其他主体的能力"的逻辑进行思考。事实上，这也正是本研究所遵循的思维逻辑。在本章的第一节，对能力主体、能力属性与能力建设的探讨，即是首先从能力主体为"个人"入手，将一般范畴的"能力"问题"窄化"为具体的特殊问题，得到一个"能力"问题分析的一般范畴，然后再推而广之，将之应用到对其他主体的能力问题的思考上。之所以要遵循这样的思维习惯，主要是因为"能力"是一个抽象范畴，是一个难以通过直接观察并描述的范畴。相对于抽象范畴，具体范畴则可以通过经验观察，直接进行描述性的认知。比如对于"妈妈"的认知，即便之前对"妈妈"完全没有概念，只要进行一段时间的观察，智商正常的人都会知道什么样的人才是"妈妈"，基本不会出现将所有的女性都认为是"妈妈"的情形。但是"能力"则不同，如果不清晰地界定清楚什么是"能力"，我们甚至都不知道该怎么去观察。所以，先将抽象的"能力"这个一般范畴，转换成为具体的"个人能力"特殊范畴，从"个人能力"这个特殊范畴得到"能力"一般范畴的思考参照系，再将之运用到各能力主体的能力问题等特殊范畴上，不仅是符合思维习惯的必然选择，而且是正确地思考"能力"问题的必然选择。

最后，有利于建立经验研究框架。前文说过，因为"能力"是一个抽象范畴，因此要直接对之进行观察非常困难。但是，要说明"能力"问题，进行必要的经验刻画是必需的环节，这就涉及建立经验研究分析框架的问题。要相对可信地运用经验事实或者经验数据说明一个抽象的范畴，前提是这个范畴有清晰而合理的界定。因此，以"个人能力"为参照系，遵循"具体→抽象→具体"的认知过程和"特殊→一般→特殊"的思维习惯，并一步步接近其他主体能力范畴的核心问题，最终建立经验分析框架，不仅可能，而且更为合理可行、可靠、可信。

二　发展能力的提出：能力细分

以"个人能力"为参照系，按照能力细分与主体增加的路径，提出其他主体的能力问题，就成为自然而然的逻辑，区域发展能力也不例外。

从能力细分来看，在"能力"的前面加上"个人"，能力问题就从一般范畴缩小成为特殊范畴。这使得对在特定主体的约束下，对"能力"范畴进行细分成为可能。显然，当"能力"的主体是活生生的人时，我们就会想：人的能力到底有哪些呢？于是写作能力、表达能力、沟通能力、协调能力、组织能力、赚钱能力、政治能力等等，一系列特定的能力就被细分出来。当我们发现如此列举非常麻烦的时候，又可以对这些能力进行归纳总结，完成"总—分—总"的认知过程。这样的细分思维，使得在"能力"前面加上其他限定词成为可能。比如加上"发展"，形成"发展能力"概念；再加上"自我"，形成"自我发展能力"概念。可见，从"能力→发展能力→自我发展能力"都是抽象概念的演变，要研究抽象问题，按照思维逻辑，需要从具体和特殊入手，这就涉及主体的增加问题。

三 区域发展能力的提出：主体增加

要将"发展能力"这个一般范畴具体化为特殊范畴，需要加上主体限制。当我们在"能力"的前面加上"个人"时，缩小了研究范畴，具化了研究对象，使得对"能力"的细分成为可能。这意味着，如果我们在"能力"的前面加上其他主体，就将一般性的"能力"问题具体化为特定主体的能力问题，实现了从"一般"向"特殊"的转化。这种转化在现实生活中经常被观察到——因为用于说明人的术语和概念，很多时候同样适用于其他主体。比如，当我们提到生育能力时，我们会发现，这一概念同样适用于其他动物；但是对于植物，我们选择用"繁殖能力"或者"生长能力"来说明类似的问题。这种在抽象范畴前加上特定主体的思维和认知模式，依然是遵循"具体→抽象→具体"的认知过程和"特殊→一般→特殊"的思维习惯。按此思维逻辑，在"能力→发展能力→自我发展能力"这三个抽象概念演变的基础上，加上特定的主体，比如"人口发展能力"、"人口自我发展能力"、"区域自我发展能力"、"产业发展能力"等，就可以将抽象概念具体化，将一般范畴转化为特殊范畴，使得深入系统地研究某一特定范畴成为可能。

可见，"区域发展能力"的提出，正是对"能力"范畴进行细分和增加主体的结果。当然，"区域发展能力"和"自我发展能力"等范畴的提出，并不是为了提出新范畴而创造新概念，而是为了更好地说明发展中出现的现实问题。

四　发展能力的区域与人口主体：基于委托—代理的区分

给定"发展能力"这个范畴，可以在前面加上不同的主体，将"发展能力"从一般范畴具体化为特殊范畴。目前，学术界加诸于前的主体包括区域、人口、产业、政府等，至于各主体的关系，则又各执标准，鲜有一致者。我们认为，从各主体能力属性的委托—代理关系来看：区域与人口是发展能力（自我发展能力）两个并列的主体，而非区域主体包含人口主体。主要理由是：当以人口作为发展能力的主体时，其情形类似于"个人"作为"能力"的主体；当以"区域"作为发展能力的主体时，其情形类似于以活动场所或平台作为"能力"的主体。因此，对照表 2 - 4 的内容，不难发现：发展能力的人口与区域主体，从委托—代理的视角来看，其能力建设的属性优先序具有相同的特征：当我们要提高人口的自我发展能力时，主体是具有主观能动性的人，不存在委托—代理问题；当我们要提高区域的自我发展能力时，主体是不具备主观能动性的特定区域，所有的选择要么由代理人做出，要么由区域内人口做出。但是两者指向不一样。代理人是针对提高区域的自我发展能力做出，区域内的其他人口则是针对改进自己的福利做出。如果将改进福利视为自我发展能力提高的结果，那么，区域内人口的选择实际上属于人口发展能力范畴，而非区域发展能力范畴。这样的分类逻辑可以得到经验事实的验证：区域内的人口提高自我发展能力的过程，对于区域发展能力弱的地区，同时多表现为高素质人口流失的过程。反过来看，其政策含义和可能的结果是：如果一个区域内的人口主要依靠自身努力提高发展能力，特定区域没有为人口发展能力的提升提供良好的环境，则容易出现能力高的人"用脚投票"的情形。当然，这并不排除区域内依然有发展能力高的人口群体——这也正是从能力角度解释区域内贫困差距的重要例证。相反，如果一个区域作为整体其发展能力得到提升，考虑区域内人口发展能力的经济属性则是先行条件。

上面的分析表明，区域与人口发展能力的关系，并非此前大多数文献所认为的纯粹包含与被包含的关系。在厘清两者关系时，要把握以下三个重点：

第一，由于区域与人口是两种不同性质的能力主体，因此，在主体层面，区域发展能力与人口发展能力是两个并列的范畴。

第二，由于人口总是在特定区域从事生产生活实践活动，从发展能力建设的角度来看，旨在提升区域发展能力的制度安排必须优先服务于人。但是，对于区域发展能力而言，与提升区域内人口的发展能力同样重要的是：怎样留住和有效使用以及吸附具有高发展能力的人口。

第三，综上所述，从严格意义上讲，因为人口是具有主观能动性的发展能力主体，其发展能力建设优先考虑其经济属性；区域是被代理的发展能力主体，其发展能力建设需要平衡代理人发展能力的经济属性、区域发展能力的社会和文化属性以及区域内人口的经济属性，因此，区域与人口发展能力的内涵具有相互重合的部分——既满足区域发展能力社会和文化属性、同时也满足区域内人口发展能力经济属性的部分；就满足个人发展的需求而言，区域发展能力远未完全覆盖人口的发展能力。

区域发展能力与人口发展能力的关系可以用图 2 – 1 直观地描述。

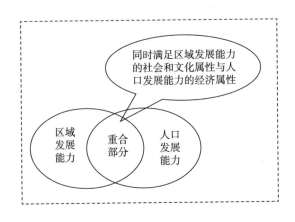

图 2 – 1   区域发展能力与人口发展能力关系

第三节   区域发展能力的经济学界定

一   界定区域发展能力的问题意识

要清晰界定"区域发展能力"概念，必须以问题为导向，突出问题意识，而这与区域发展能力的提出背景有关。

"区域发展能力"最先被表述为"西部地区自我发展能力"，是一个特定的范畴。为更好地研究西部地区自我发展能力，我们首先从区域发展能力这个一般范畴入手。这样的分析逻辑，不仅是遵循从"一般到特殊"的研究路径，而且也是尝试将西部地区面临的自我发展能力问题，扩展为普遍适用的欠发达地区发展能力分析框架，以期将特殊问题一般化，找出普遍适用的分析框架，提升本书的理论价值和应用价值。

但是，这并不意味着在对"区域发展能力"这个一般范畴展开系统研究时，要刻意回避西部地区这一特殊对象，相反，我们应该回到西部地区，观照这一问题提出的现实背景，也就是研究该范畴的问题意识和问题导向。关于这一点，我们在导论部分已经充分探讨：自我发展能力问题的提出，源于我国发展进程中的贫富差距和区域差距不断拉大，甚至在国家采用了相应措施以后，依然没有明显缩小的趋势。尤其是当国家的"政策红利"充分释放以后，贫困人口和贫困地区的外部援助一旦终止，就会立刻返贫或者发展停滞甚至倒退。这一点与东部地区完全不同。我国的东部地区在率先享有改革开放的"政策红利"之后，确实率先富了起来。即使像温州这样被认为是浙江最贫瘠的地区，也乘着改革开放的春风，发展形成了世人瞩目的"温州模式"，先富效果十分明显。而西部地区在经过了十多年的大开发以后，差距依然没有明显缩小；在一些极贫地区，更是几乎没有任何变化，甚至相对差距还在进一步拉大。

这种鲜明的对比——即东部率先开放、西部大开发都是区域发展的特殊政策，可是东西部在获得特殊发展政策支持以后取得的发展绩效却相差悬殊——使得西部地区的自我发展能力问题被提上日程。

很显然，该问题的提出，遵循了这样的现实观察和思维逻辑：一方面，从现实观察来看，在终止外部支持与援助以后，返贫现象与区域发展停滞甚至倒退被观察到；另一方面，针对贫困人口和欠发达地区这种严重依赖外部支持的发展模式，相关各方开始思考怎样才能保证贫困人口和欠发达地区在"断奶"以后，即外部援助与支持停止以后，当地的发展能够不停滞或者倒退？结论是在援助的过程中，重点应该帮助贫困人口或者欠发达地区形成自我发展能力。这种基于问题意识的思维逻辑，为我们科学地界定区域发展能力理清了思路，明确了问题的实质和核心内容。

二 界定区域发展能力的四个维度

从"区域发展能力"提出的问题意识来看，显然"发展"的含义与我们通常所理解的一致，亦即《现代汉语词典》对"发展"的释义：①事物由小到大、由简单到复杂、由低级到高级的变化；②扩大（组织、规模等）。同时，需要明确的是，虽然从本来意义上来讲，"发展"可以细分为经济发展、社会发展、文化发展、政治发展等等，但是在"自我发展能力"的语境中，很显然，"发展"主要是指"经济发展"。除了从"自我发展能力"提出的背景可以将"发展"限定为"经济发展"以外，根据本章第一节对能力主体的能力属性分析，以及从委托—代理视角对能力建设政策含义的解读来看，将"发展"的含义限定为"经济发展"也是合理的选择——毕竟，不管是对于具有主观能动性的发展能力主体而言，还是被代理的区域主体，都需要优先考虑发展能力的经济属性。

结合本章开篇所引的"能力"定义，以及经济发展的内涵①可知，"区域发展能力"从字面上来看，其含义可以被表述为：特定区域实现经济发展目标的资源和条件。

可是这样的表述，仍然过于笼统，对于针对性地提高特定区域的发展能力，益处并不明显。尤其是考虑到贫困地区大多为资源条件差、生存环境恶劣的区域时②，这样的表述更加显得缺乏建设性——如果能够低成本、无风险地③改变先天的资源环境条件，世界应该早就大同了！但我们知道，现实远非如此！因此，需要细化区域发展能力，并根据细

---

① 一般认为，经济发展不仅包括经济增长，而且还包括经济结构的变化，如投入结构、产出结构、产品构成的变化和质量的改进、居民生活水平的提高、分配状况的改善等（张培刚主编：《发展经济学教程》，经济科学出版社2001年版，第38页）。

② 比如《中国农村扶贫开发纲要（2011—2020年）》将14个集中连片特殊困难地区（简称"连片特困地区"）确定为新一轮扶贫开发的主战场。这14个连片特困地区包括六盘山片区、秦巴山片区、武陵山片区、乌蒙山片区、滇桂黔石漠化片区、滇西边境片区、大兴安岭南麓片区、燕山—太行山片区、吕梁山片区、大别山片区、罗霄山片区以及西藏、四川省藏区、新疆南疆三地州。很显然，这些区域都是生产生活条件相对恶劣的地区。

③ 风险主要来自在对地理环境进行颠覆性改造之后，在山区极易带来持续的次生灾害，而正如前一条注释所标注的那样——贫困地区或者欠发达地区恰恰又多为山区！

分找到影响"区域发展能力"的核心要素。

　　这样以来，"区域发展能力"的细分问题就转化为：当我们将"区域发展能力"中的"发展"界定为"经济发展"时，我们需要了解的是，影响特定区域实现经济发展目标的资源条件到底有哪些呢？或者说影响特定区域经济增长、投入结构变化、产出结构变化、产品构成优化、质量改进、居民生活水平提高和分配状况改善的资源条件主要有哪些呢？

　　显然，这样的细分使得我们有可能将问题按照经济学逻辑深入下去。因为无论是经济增长，还是结构变化、质量改进等，都是经济学范畴，都有现成的分析框架可以借鉴，这立刻让模糊的"区域发展能力"问题变得清晰起来。

　　根据这样的思路，我们认为，特定区域要实现经济发展，需要具备的资源和条件包括：要素、要素配置效率、产品竞争力和资源环境承载能力，并将它们看作定义区域发展能力的四个维度。

　　首先，要素是经济增长的必要条件。这包括要素的数量增加和质量改进。对于欠发达地区而言，要具有自我发展能力，必须聚集足够数量的优质要素，否则，发展犹如无源之水，无从谈起。在所有的要素中，土地要素不可移动，因此，欠发达地区只能通过聚集其他要素，实现发展目标。除了土地以外，其他要素包括劳动力、资金和技术。很显然，资金和技术都跟着"人"走，所以，对于欠发达地区而言，聚集要素的关键是"聚人"，也就是我们通常所说的"聚人气"。

　　其次，要素配置效率是激活存量的关键。由于欠发达地区各方面的条件都更差，所以，要在短期内聚集高素质的劳动力要素，已经被证明难度非常大。不少西部省份花大价钱引进人才，但是应者寥寥。相对比的是：在各种数据皆表明"北上广深"①的生活成本极高的情况下，北上广深依然热度不减，成为大多数优秀人才谋求未来发展的首选地。所以，对于欠发达地区而言，最容易实施、同时也是最经济的选择是激活存量要素，这意味着提高要素配置效率是关键。在纯粹的经济学分析中，经济人最大化利益的选择是必然的均衡结果；但是在现实的经济世界中，因为每一个人选择的现实约束不同，所以有的人可能一辈子也没

————————
　　①　即中国的一线大城市：北京、上海、广州和深圳。

有实现其利益最大化的均衡。以高素质的劳动力要素即人才为例，同样毕业于"985"大学，由于毕业时的就业约束不同①，当时选择（或者被确定）在西部地区工作的人才，不可能在市场化改革后都自由流动到发达地区。而若干个案都表明：这些人才只要到了更好的平台，都能发挥比在落后地区更大的作用，做出更大的成就。因此，对于欠发达地区而言，激活存量、解决"人才不兴"远比解决"人才不足"更为重要。所谓"人才不兴"，根据《后南柯·访旧》："淮南之裸将，刻舟求剑，按图索骥，是求材必视乎门荫，用人必限以资格，千古铨政之坏，人才不兴，大都由此！"可见，古人所说的"人才不兴"，有"涌现、兴旺"之意。但是，如果将之用以描述欠发达地区的人才情况，则主要指现有人才不活跃，埋没其才华的问题。当然，提高要素配置效率还包括企业对资源的开发利用效率。这不仅和技术有关，也和管理有关，而不管是技术还是管理，依然是以人为核心因素。

再次，产品竞争力是对区域发展结果认可程度的衡量。任何一个区域，其发展结果必然以提供产品和服务的形式显示出来。考虑到服务大多为即时消费，因为主要是区域内的市场主体提供，因此主要考察有形的产品，而不考虑服务②。如果该区域提供的产品竞争力强，则表明该区域具有自我发展能力；相反，则需要继续改进。

最后，资源环境承载能力反映了区域发展的潜力与可能性。如同人的工作时间有极限一样，特定区域的资源环境承载能力也有极值。当然，与每天24小时确定的极值相比，我们没有办法知道特定区域的资源环境承载能力的极值，但是，我们可以通过比较得到特定区域资源环境承载能力的相对位置，从而间接地了解其发展潜力与可能性。

以上我们定义了区域发展能力经济学界定的四个关键领域：要素、

---

① 包括制度约束和家庭约束。前者比如20世纪90年代以前大学毕业时，对于来自"边、老、少、穷"地区（即边远地区、革命老区、少数民族地区和贫困地区）的学子，在北京高校完成高等教育后，如果要留在北京，需要交一笔非常可观的"出省费"，这对于来自农民家庭的学子，是难以承受的费用，因此，大多会选择回到家乡就业。后者则与家庭有关：比如父母的要求、照顾家人的需要等等。

② 之所以这样取舍，不仅因为服务对象和半径的问题，还因为考虑到对区域发展能力测算的指标选取问题。比如，是否可以用金融服务或者旅游服务的数据，测算服务竞争能力？课题组在多次讨论以后，认为这样的选择可能会带来若干问题，因此决定暂时不考虑服务的影响。

要素配置效率、产品竞争力和资源环境承载能力。显然，四个维度遵循了"发展条件——条件应用效率——发展结果认可度——发展潜力评价"的思路，总体来看，这样的思路比较好地诠释了区域发展能力的内涵；而且，我们定义的区域发展能力四个维度，回应了目前该领域的大多数学术观照，涵盖了相关理论的核心内容，具有相当的代表性和概括性。

三　区域发展能力的经济学定义

在前述分析的基础之上，对区域发展能力的经济学定义可以完整地表述为：区域发展能力是指特定区域实现经济发展目标的资源和条件，由该区域内的要素聚集能力、要素配置效率、产品竞争力和资源环境承载能力共同决定。用公式表示就是：区域发展能力 = 要素聚集能力 + 要素配置效率 + 产品竞争力 + 资源环境承载能力。

很明显，上述界定借鉴了表1-3所列出的已有概念界定。具体来看，这里界定区域发展能力的四个维度，除了产品竞争力以外，其他都在已有的概念界定中出现过。可见，本书对区域发展能力的界定，是在已有概念界定的基础上进行综合性思考，提炼而成。

此外，之所以强调上述界定是基于经济学视角，原因在于：

第一，定义中的核心要素瞄准经济发展。比如要素聚集、要素配置效率以及产品竞争力，都直接与经济增长和经济发展相关，资源环境承载能力则与可持续发展有关，都是经济发展的范畴。

第二，可以用经济学的"选择"逻辑解释这一界定。经济学是一门研究选择的科学，从选择的角度看，区域发展能力的选择主体并不是"区域"本身，而是区域内的人口——就像宏观经济学的研究对象不是个人一样，但是这并不妨碍宏观经济学与主流经济学融合发展。从严格意义上来讲，区域发展能力是市场主体选择的结果以及影响市场主体选择的因素。前者与要素聚集有关，后者与要素配置效率、产品竞争力和资源环境承载能力有关，而影响所有四个方面的因素则是制度因素和市场因素。我们将制度因素看作决策层人为设计的激励机制，市场因素则是市场自发形成的激励机制。这些激励构成了区域内主体选择的约束条件，区域内的主体会在制度与市场激励的约束下，做出最大化选择，而这些选择，最终必然表现为区域的自我发展能力。

第三，借鉴了宏观经济学中国民收入恒等式的思路。本书对区域发展能力的定义，包含四个部分，并用等式列出了区域发展能力的表达式。这样的思路和表达方式，是受到宏观经济学中国民收入恒等式"$Y = C + I + G + NX$"的启发，具有相对合理性。综合第二点所说的选择分析，区域发展能力是一个经济学范畴的特点就更为突出：从微观来讲，考虑了市场主体（严格来说是"个人"，因为企业和政府作为市场主体，最终的选择依然是由其代理人做出）的选择问题；同时，因为"区域"是一个综合的概念，并不完全适用于微观分析，因此借鉴了宏观经济学的分析思路，列出了区域发展能力的表达式。

当然，本书对区域经济学的经济学界定仍然停留在思想的描述层面，就目前的研究深度看，尚不能像宏观经济学中的凯恩斯交叉图、IS－LM模型一样，对相关思想进行模型化表述。不过，就宏观经济学而言，不管多么复杂的模型，其出发点都是国民收入恒等式，就这个意义上来看，本书为后续的理论研究，尤其是模型化研究奠定了思想基础和思考的出发点。

从经济学视角定义了区域发展能力以后，另一个问题随之浮出水面：为什么在有了经济增长、经济发展、可持续发展这些概念以后，还要提出发展能力概念？这就涉及对相关概念的比较与甄别，这也构成了本章第四节的主要内容。

第四节　区域经济增长、经济发展与区域发展能力

一　经济增长与区域发展能力

经济增长主要是经济总量的扩大与人均收入的提高。正是因为经济增长仅仅聚焦"经济"，而忽略了其他部分，所以才有了经济发展概念的提出。所以，与经济发展相比，经济增长是内涵和外延都更小的范畴；或者说，经济增长是经济发展的一部分内容，后者包含了前者。既然如此，经济增长与区域发展能力的关系立刻变得容易识别起来。因为区域发展能力是指特定区域实现经济发展目标的资源和条件状况，所以，区域发展能力当然也是特定区域实现经济增长目标的资源和条件状况。换句话说，区域发展能力的范畴覆盖了经济增长所需的资源和条件

范畴。

　　具体来看，在区域发展能力的四个维度中，要素聚集能力与要素配置效率两项，与经济增长的关系最为密切。这从经典的经济增长模型可以得到验证。无论是索洛的外生增长模型，还是仍在不断丰富发展的内生增长理论，都强调要素投入的数量增加和质量改进，这正好对应于要素聚集和配置效率能力。因此，就经济增长与区域发展能力两个范畴的关系来看，从不严格的意义上讲，后者包含了前者；从严格意义上讲，后者作为支撑特定区域实现经济发展目标的资源和条件总和，包含了支持特定区域实现经济增长目标所需的资源和条件组合。

　　二　经济发展与区域发展能力

　　与其他概念相比，经济发展与区域发展能力这两个范畴关系最为紧密——因为区域发展能力中的"发展"主要取了"经济发展"的含义。而且两者的关系非常清楚：经济发展是区域发展能力的结果表现，区域发展能力是经济发展的资源和条件。

　　在不同作者和版本的发展经济学教材中，均对"经济发展"有明确定义，虽然表述上有差异，但是总体来看，一般可以概括为三层含义：

　　其一，是经济量的增长，即特定区域 GDP 总量以及人均收入的增加；

　　其二，是经济增长过程中各种结构的改进和优化，如投入结构、产业结构、收入分配结构、消费结构以及人口结构等经济结构；

　　其三，是经济质量的改善和提高，这部分包含的内容非常丰富，比如特定区域经济运行成本降低、公共服务的均等化程度提高、资源利用效率提高、环境压力减小以及政治文化社会环境的优化等，总之，只要是朝着"好"的方向的改进都被认为是"发展"。

　　对照区域发展能力的四个维度，覆盖了经济发展需要的主要条件。其中，对分配状况的说明，将整合到"要素配置效率"中体现。这是因为，从逻辑上来看，如果一个区域内部的收入差距太大，必然会影响要素配置效率的提高。所以，从指标衡量的角度来看，经济发展的相关指标是区域发展能力高低的结果显示；反过来，区域发展能力的相关指标可以说明要实现经济发展的目标，哪些是具有比较优势的"长板"，哪些是处于相对或者绝对劣势的"短板"。

此外，随着经济增长和经济发展中一些资源环境和社会问题的出现，学术界陆续提出了可持续增长、可持续发展、包容性发展、亲贫性增长等概念，将一般意义上的"经济增长"与"经济发展"概念，特殊化为某一视角，聚焦经济增长和发展问题。比如，可持续增长（发展）始于马尔萨斯对人口增长与食物关系的探讨。第二次世界大战以后，随着工业扩张和经济增长带来了越来越严重的环境污染，资源环境承载能力引起了越来越多学者的关注，"可持续"的概念也越来越深入人心，逐渐形成了系统的可持续发展理论。而包容性发展、亲贫性发展则不同，如果说可持续发展首先源于对资源环境压力的关注而产生的话，则包容性、亲贫性发展则源于对国家之间、地区之间、区域内部越来越明显甚至悬殊的差距的关注。尤其是对撒哈拉以南非洲贫困的关注，让国际社会认识到：尽管"二战"以后全球经济得到长足发展，但是贫困国家、贫困人口并没有被包容进来，他们被排斥在经济增长的进程之外。正是基于对贫困人口分享经济增长红利的关注，包容性发展、亲贫性发展被提了出来。可见，不管是可持续的概念，还是包容、亲贫的提法，都是从特定视角关注经济增长和发展问题，属于经济增长和发展的特殊范畴，因此，这些范畴与区域发展能力的关系，依然在经济增长和发展与区域发展能力关系的框架之内，自然也就无须再行探讨。

三　经济增长和发展与区域发展能力提升的关系

从经济增长、经济发展与区域发展能力的关系，可以进一步理清前两者与区域发展能力提升的关系。

首先，从目标和条件的关系来看，有这么几层含义：第一，明确了目标有利于为此提供或者创造条件；第二，有条件不一定能实现目标；第三，是先验地认为条件不完全具备时，不一定不能达成目标。将这三层含义套用到经济增长、经济发展和区域发展能力的关系中，也具有相应的三层含义：其一，明确了经济增长和发展的目标之后，提升区域发展能力的努力，就是为达成区域经济增长和发展的目标创造条件；其二，当特定区域具有了经济增长和发展的资源条件时，未必能实现相应的增长和发展目标；其三，当我们认为某特定区域不具备经济增长和发展的条件时，该区域在特定时期内未必不能实现经济的增长与发展。

其次，上述三层含义使得提升区域发展能力问题这一复杂的论题，变得清晰起来。那就是，所谓提升特定区域的自我发展能力问题，实际上就是要改善当地实现经济增长和发展目标的条件。

最后，具体来看，改善经济增长的条件，主要对应区域发展能力四个维度中的要素聚集和要素配置效率能力；改善经济发展的条件，则对应着区域发展能力四个维度的全部内容。

第三章 区域发展能力形成的"双激励—四维度"理论框架

区域发展能力与区域发展能力的形成，是两个不同的范畴；相应地，西部地区自我发展能力与其形成也是两个不同的范畴。显然，在清晰界定了区域发展能力之后，对该问题的关注，焦点是怎样增强区域发展能力。而从一般意义解构其形成过程，无疑是为从特定视角探讨西部地区自我发展能力的增强提供基本的理论分析框架。因此，本章的任务是基于经济学视角，分析制度与市场作为区域发展能力形成的两大激励，根据第二章定义的区域发展能力的四个维度的作用机制，构建区域发展能力形成的"双激励—四维度"理论分析框架，为后续研究提供理论支撑。

第一节 区域发展能力与区域发展能力形成

一 区域发展能力与区域发展能力形成的关系

清晰地界定区域发展能力，为探讨区域发展能力的形成奠定了概念基石。正如第二章所言，对区域发展能力这个概念的界定，必须以问题意识为导向。因此，如果说界定区域发展能力是从问题意识出发的话，那么，探讨区域发展能力的形成，则是向问题意识回归，并提供解决方案。具体来讲，区域发展能力作为一个概念工具，有其产生的现实、政策和学术土壤，而在其现实土壤中，最显著的成分就是"问题"——如果不存在区域发展的能力问题，区域发展能力概念就不会提出来。因此，界定区域发展能力，不能离开现实土壤，亦即必须从问题出发；而区域发展能力形成则直指问题的答案，即为孕育了"区域发展能力"这一概念工具的问题提供答案，即向问题回归。

从现实来看，相对区域发展能力这个静态的描述概念，区域发展能力形成无疑是一个动态的过程，是指区域发展能力从弱到强的发展变化过程。这也是我们提出区域发展能力问题的初衷。当我们关注这一问题时，我们关注的不是区域发展能力问题本身，而是关注怎么形成一个地区的自我发展能力？在这个形成过程中，最为核心和关键的内容是什么？这些内容发展变化的动力机制是什么？从实践工作层面来看，则可以表述为：要培育形成一个地区的自我发展能力，抓手是什么？明确了"抓手"以后，该怎么抓才能"一抓就灵"？

可见，区域发展能力是概念工具，区域发展能力形成则是动态过程。我们要了解区域发展能力形成的动态变化过程，不仅需要明确定义四个维度在区域发展能力形成过程的"抓手"地位，而且需要知道四个维度发展变化的动力机制，即"怎么抓"的问题。

二 区域发展能力形成是四维度的改善过程

根据区域发展能力的界定，可以将区域发展能力形成的过程表述为特定区域经济发展中资源和条件不断改善的过程，表现为该区域内的要素聚集能力、要素配置效率、产品竞争力和资源环境承载能力的普遍提高。可见，特定区域发展能力的形成过程，就是其经济发展资源和条件不断改善的过程。而如果只是笼统地说资源和条件，不清楚区域发展能力形成的核心范畴，就难以为实践工作提供指导，因此，有必要根据定义区域发展能力的四个维度，阐明区域发展能力形成的过程。显然，根据区域发展能力的概念界定，以及区域发展能力形成的含义，区域发展能力形成的过程，就是要素聚集、要素配置效率提高、产品竞争力提升和资源环境承载状况改善的过程。

在现实中，区域发展能力的四个维度很难保持同步改善，相反，现实中更多的情形是非均衡性改善，甚至是此消彼长，以至于最终结果极有可能是互相抵消——这也是为什么欠发达地区的自我发展能力一直是一个难题的重要原因之一。

对于欠发达地区而言，要素聚集度一般都比较低。这是因为，除了土地不可移动以外，其他所有要素的流动都与人的流向保持更高的同向性。一般而言，人走到哪里，钱就走到哪里，技术和管理者才能更是如此。自古以来，繁华之地经常会用"人才荟萃之地"加以表述，即是说明，高素质的劳动力要素聚集对于形成区域发展能力的重要性。

要素配置效率则和知识与技术有关。经济学中的内生增长理论认为，一般性的知识进展对于提高要素配置效率至关重要，而针对性的R&D才真正是经济增长的引擎。因此，提升特定区域的发展能力，在改变要素聚集状况难度较大的情况下，最为可行且有效的措施就是全力推动当地的知识进展与技能提升。

产品竞争力需要放在开放的交易环境中进行考虑。影响产品竞争力的因素很多，形成了另一个独立的论题，这里我们仅从区域发展能力形成的视角关注其核心内容。对于一个特定区域而言，在开放的交易环境中，如果交易半径越长，交易范围越广，则交易能力越强。而拓展交易半径，与产品的竞争力有关。如果产品具有竞争力，则交易容易拓展，反之则难。作为具有悠久传统的文明古国，我国有数不胜数的传统产品，在封闭经济状态下，具有明显的竞争力；但是一旦开放以后，不少传统产品都在外来商品的冲击下，完全退出市场。随着全球化和网络交易平台的广泛应用，这种冲击将会更加明显。因此，提升一个区域的产品竞争力，不仅仅是一个产品竞争力如何提升的问题，更是探讨在开放的交易环境中，特定区域所提供产品的交易半径拓展问题。

资源与环境的承载能力除了考察先天的资源环境条件以外，也会考察经济发展对资源环境新产生的压力。因此，提升区域发展能力的过程，在资源与环境的承载方面，主要是核心指标的改善。这一维度实际上回应了经济增长理论中的悲观预期①——也就是关注了资源环境的可持续性问题。无论是从逻辑上来讲，还是从现实中来看，只有当能力是可持续的时候，其形成才有可能进入上升通道。区域发展能力形成的过程，即是一个区域发展能力不断上升的过程，因此，要求该过程是可持续的。事实上，区域的可持续发展能力，是我国学术界关注较早的一个核心论题。从时间段来看，2010年以前对区域自我发展能力的研究，大多以"区域可持续能力"为题，这也从另外一个角度说明了资源环

---

① 对经济增长的悲观预期，代表人物比如托马斯·马尔萨斯、德内拉·梅多斯等。前者在《人口原理》中提出的"人口在没有限制的情况下，呈几何级数增长；而供给人类生存的能力仅为算术增长趋势"，从而提出了人口增长带来的资源环境承载能力问题；而后者与乔根·兰德斯、丹尼斯·梅多斯等合作出版的《增长的极限》一书，因通过测算预言了人类文明将在21世纪的某一时刻崩溃，被认为是"末日悲观理论"的典型代表。虽然无论是马尔萨斯还是梅多斯等，其预言和判断都没有完全成为现实，但是他们却影响和改变了我们的思维方式，使得可持续发展思想从20世纪90年代以来，成为主流的发展思想。

境的可持续性对于一个区域能力形成的绝对重要性。

综上，根据区域发展能力定义的四个维度，可以明确区域发展能力形成的过程，必然是要素聚集能力、要素配置效率、产品竞争力和资源环境承载能力四个维度提升和改善的过程。

三 区域发展能力形成的两大激励

明确了区域发展能力形成的四大"抓手"，接下来需要探讨的问题是：四大抓手该怎么"抓"？换句话说，怎样才能帮助四大"抓手"形成自我强化机制呢？

在探讨这个问题的时候，有一个前提或者出发点是：特定区域的自我发展能力不足。对于自我发展能力强的区域，因为已经形成了四大"抓手"的自我强化机制，所以即使"放手"也无碍——这也正是自我发展能力已经形成的标志。那么，对于缺乏自我发展能力的区域，有哪些因素会影响四大"抓手"自我强化机制的形成呢？具体来看，就是哪些因素会影响要素聚集能力、要素配置效率、产品竞争力和资源环境承载能力呢？

这个问题看起来似乎有些漫无边际，让人不知道从何处着手。但是如果从经济学的视角来看，思路却非常清楚。不管是在微观经济学范畴内的"十大原则之一"——"人们会对激励做出反应"，还是宏观经济学里讨论功能财政时对"自动稳定器"的说明，都可以提供思考该问题的参照系。前者让我们联想到选择的激励问题，后者让我们联想到激励的方式——是来自制度安排的"人为秩序"激励，还是来自市场的"自发秩序"激励①？而从经济学视角来看，区域发展能力则既是选择的结果，又是选择的约束条件。这就使得四大"抓手"的自我强化机制问题转变为：什么样的激励可以帮助形成区域发展能力的自我强化机制？结合我们对现实的观察，答案非常明确：来自制度安排的"人为激励"和来自市场内在的"自发激励"。因为制度激励主要来自政府制定的各种正式文件，因此，制度激励也可以理解为来自"政府之手"的激励。这样一来，区域发展能力形成过程中的制度激励与市场激励问

---

① "人为秩序"与"自发秩序"是哈耶克对人类秩序的区分，在哈耶克看来，前者是指"组织"或者"人造的秩序"（Hayek，1973），后者则基于"两种规则"：第一种是先天的、遗传继承的关于人的行为的普遍规则，他们形成于人种的生物进化的过程；第二种是习得的、文化传承的关于人的行为的规则（Hayek，1973）。

题，实质上就是区域发展能力形成过程中的政府与市场的作用问题。

从制度激励来看，可以在特定时期内强化行为主体对特定区域的选择激励，甚至是强制性的替代选择；从市场激励来看，是指行为主体在市场环境中的自主选择。需要说明的是，即使是在制度激励非常强的背景下，行为主体依然可以对自己的行为做出边际调整，也就是说依然存在"自主选择"。比如在人民公社这样的制度安排下，农民不能选择农业生产经营的具体方式，但是可以选择在"大呼隆"式的农业生产中"偷懒"，而这样的选择所带来的结果是我们都已经知道的历史事实。

不过，还是有必要对制度激励与市场激励做一个规定性的说明。

本书所说的制度激励是指正式制度激励，不含非正式制度。之所以对制度激励有此规定性，主要是因为在一些比较封闭的少数民族贫困地区，传统文化和风俗习惯的约束力很大，对于当地的民众而言，事实上起到了正式制度的作用。与正式制度提供的激励不同，这些传统文化与风俗习惯的激励大多具有封闭性，是内循环导向的激励，而非开放性循环的激励导向。这种差异必然会影响区内存量要素的聚集方式，同时也会影响区外要素向区内的聚集。对于这种固守传统文化习俗的特殊区域，从要素聚集的角度来看，实际上是提供了一个拒绝外部要素流入的制度激励框架。但是，古今中外所有由政府提供的开发欠发达地区的制度激励，对于被开发地区而言，都是开放导向，而非封闭导向。因此，将非正式制度排除在本书探讨的"制度激励"之外，并不是说这部分不重要，而是因为本书是在"开放"的大背景下讨论欠发达地区的能力形成问题——这也正是绝大多数欠发达地区目前的现实情形。排除了非正式制度的激励以后，制度激励具体到西部地区的自我发展能力形成，则是指针对西部地区经济社会发展出台的正式规定与政策。制度激励的本意是改变市场激励，从而改变行为主体选择的约束条件和选择集，最终通过行为主体的选择发挥激励作用。因为本书只探讨正式制度激励，所以，这里的制度激励是一种显性激励——任何人都可以根据政府白纸黑字发布的政策文件，了解制度激励的具体规定，做到信息基本对称和充分。当然，这里没有考虑因为对政策文件的理解不同导致的信息不对称和不充分。

本书所说的市场激励是指市场为所有行为主体提供的激励，没有明确的规定性和指向性，这种激励支持行为主体根据自己的偏好做出最大化选择。这里的市场指竞争性的市场,不考虑垄断、寡头等特殊情形。但是,本着关注中国经济现实的研究精神,在后文的讨论,会特别区分企业的所有制,将之放在我国经济体制改革的大背景下进行探讨。因此,这里所说的市场激励,与制度激励相比,不具有特殊性——因为市场激励本身并不会识别行为主体,而是行为主体主动去识别市场激励。这与制度激励完全不同,制度激励是制度主动识别激励对象——对于适用某一规章制度的行为主体,每一个特定的政策文件,都有清晰的适用对象。因此,行为主体的偏好、认知或者判断差异,对市场激励的反应差别很大。正是这种差别化的反应导致了选择的差异,最终对区域发展能力的形成产生影响。

因此,本书在分析区域发展能力形成的制度与市场激励时,需要给定两个假设:一是假定不管是市场经济国家还是转型国家,都实施了特殊的政策推动区域均衡发展;二是都不同程度存在市场经济,行为主体有自主选择的权利和能力。这两个假设前提实际上不仅仅是为了契合我国西部地区的现实,更重要的是,本书可以不用再花篇幅去追溯制度与市场的起源,探讨其生发机制,而是明确给定和当前我国西部大开发一致的假设条件,以便相关的讨论可以直奔主题。

同时,从两种激励的形成机制来看,制度激励是政府基于区域均衡发展的初衷而形成,因此,本质上是一种区域均衡发展机制,是一种来自外部的非内生激励机制;市场激励则是市场主体基于市场机会的逐利机制,是一种受利益驱动的内在激励机制。

四 一个补充说明:从"制度激励·要素聚集"到"双激励—四维度"

前面已经阐明,本章的研究任务是建立区域发展能力形成的"双激励—四维度"理论分析框架。在这里,有必要加以补充说明的是:缘何本书的分析框架从"制度激励·要素聚集"变成了"双激励—四维度"?

本课题在撰写申请书时,关于激励,主要从制度激励的视角切入;关于区域发展能力形成的"四个维度",主要聚焦"要素聚集",因此,课题名称为"制度激励·要素聚集与西部地区增强自我发展能力研究——兼论特殊困难地区的要素贫困"。但是,在课题研究过程中,我们发现,之前初构的分析框架,过于简单,不利于对该问题展开深入系统的研究。比如，在课题设计中，因为主要侧重探讨"制度激励"，因此将西部地区自我发展能力不足的市场激励定义为"负激励"。随着研究的进展，我们发现不能采用"正制度激励"、"负市场激励"的简单二分法。比如，背离初衷的制度激励，是一种制度的负激励，如果根据之前的分析框架，显然不能进入研究视野；同样，在相同的制度激励环境中，要素聚集度的差异，必然有来自市场正激励的作用，但是在之前的分析框架中，欠发达地区的市场正激励也不能进入研究视野。因此，有必要将"制度激励"拓展为"制度与市场的双激励"，并考虑其正、负向的不同组合所产生的激励作用。

关于"四个维度"的提出，是对"要素聚集"一个维度的拓展和补充。原因在于：虽然"要素聚集"与自我发展能力提升的关系最为直接和密切，但是，系统地探讨区域自我发展能力的提升问题，要素配置效率、产品竞争力和资源环境承载能力都是不能省略的范畴。虽然理论分析需要高度抽象，但是过于简单化的分析框架，同样不利于将问题探讨清楚，所以，我们将区域发展能力形成的"要素聚集"维度丰富为"四个维度"。

综上，在本章中，区域自我发展能力形成的分析框架从课题设计时的"制度激励·要素聚集"修正为"双激励—四维度"。

第二节　区域发展能力形成的制度激励

一　要素聚集的制度激励分析

首先，从要素的构成来看，通常认为包括劳动、资金、土地、技术和企业家才能。对于区域而言，土地是不可移动的，所以从"聚集"的角度来看，可以排除在外。也就是说，从聚集的角度看，只有劳动、资金、技术和企业家才能是需要探讨的要素。

其次，从聚集的主动性来看，无论是劳动、资金、技术还是企业家才能，核心都是"人"。这样以来，要素聚集的问题，可以简化为"人"的聚集问题，或者说以人为载体的要素流动意愿的聚集。具体来看，比如资金的聚集，相对于引人，无论是发展中国家还是落后地区，只要实施开放政策，引资规模都要大于引人规模——以引入资金与引进人才的相对数量来看。但是，在资金聚集的背后，是资金所有者，也就是产权主体的流动意愿的引导。技术与资金类似，企业家才能则以企业家本人为载体，两者高度统一。

明确了以上两点以后，再来看要素聚集的制度激励问题，就可以简要地概括为通过制定针对性的特殊政策，提供指向明确的制度激励，引导特定区域外的要素向区域内聚集，或者引导特定区域内的要素向区内的某一更小的特定区域聚集。就我国的西部大开发而言，上述两种情形都存在。前者比如为投资西部提供优惠政策，这就是引导西部地区以外的要素向西部地区聚集。后者比如批准西部地区建设国家级的综合改革示范区、经济技术开发区、高新区和现代农业园区等，通过在这些园区实施特殊政策，引导要素聚集，以期形成区域性的新增长极，并通过极化效应辐射带动周边地区发展。

制度对行为主体的激励，包括几种典型的激励方向。其一是降低行为主体在区域内从事生产性活动的成本。比如对在西部地区投资实施税收减免的制度激励，就是直接减少投资者的税收负担，以降低投资者的生产经营成本，以及当前西部地区对于引导当地要素向各类园区聚集时实施的各种减免措施，都是为了降低经营者的成本。其二是影响行为主体的预期。通过相关政策的颁布，引导行为主体形成特定区域发展的积极预期，从而诱发投资者"抢占先机"的投资心理，积极投资"未来的投资热土"，充分发挥心理预期的"杠杆作用"，引导要素向特定区域聚集。其三是直接补贴。比如对于援疆援藏人员的特殊津贴。还有一种极端的情形是替代选择，即通过计划手段将有关要素调动直接向特定区域聚集。比如中华人民共和国成立以后的"三线"建设、新疆建设兵团以及知识青年"上山下乡"活动等，都是典型的替代选择例子。这种极端的例子在现在不会普遍存在，但是在计划经济时代，却是比较常见的情形。所以，"我是党的一块砖，哪里需要往哪里搬"是那个时代流行度颇高的说法，这也是对当时替代选择为大众所普遍接受的生动写照。

自从实施西部大开发战略、东北老工业基地振兴计划、中部崛起等区域均衡发展战略以来，国家对各个区域均实施了针对性的政策，引导要素向欠发达地区聚集。但是效果的差异性很大，可以称得上是非常"不均衡"。国家统计局 2017 年 2 月 28 日发布的《中华人民共和国

2016 年国民经济和社会发展统计公报》（后文简称《统计公报》）表明，2016 年，全社会固定资产投资比上年实际增长 8.6%。其中，东部地区增长 9.1%；中部地区增长 12.0%；西部地区增长 12.2%；东北地区下降 23.5%[①]。与 2015 年相比，西部地区上升趋势明显，东北地区下降幅度大。这些差距，有的是因为制度激励，有的是因为市场激励。但是，对于没有市场优势的欠发达地区，通过制度激励，引导要素聚集至关重要。

除了通过制度激励区外要素向区内聚集，对于欠发达地区而言，区域内部的存量要素在空间上的收敛过程，也是要素在区域内部的聚集过程。这个过程与区域内的产业政策、城镇化政策等有关，在我国，相当长时间内还与户籍制度有关。目前，对我国的西部地区而言，要吸引区外的大量要素向区内聚集，难度比较大。因此，更为重要的要素聚集过程是区域内部存量要素的空间收敛过程。西部地区在当前的工业化、城镇化进程中，必然会在空间收敛形成新的小城镇。而政府在这个过程中所扮演的角色，无疑正是制度对区内要素聚集的激励作用。

二 要素配置效率的制度激励分析

对经济增长的研究已经表明，要素生产率的提高，来源于技术改进和制度效应。技术改进可以直接提高单位要素投入的产出率，制度对要素生产率的提高作用则用全要素生产率来表示。目前对全要素生产率的界定、测算和分解依然存在若干有争议的探索，但也形成了一些基本共识。比如对于全要素生产率的界定，是扣除了各种生产要素的增长率以后，产出增长率的剩余。假定资本、劳动力和其他生产要素投入的增长率都是 3%，而 GDP 的增长率是 5%，那么，全要素生产率就是 2%。当然，这个例子过于简单，实际上，对于全要素生产率的计算与分解是一个难题。这也是到目前为止，对全要素生产率的认识只是形成了一些基本共识，而非相对统一的共同知识的根本原因。不过，尽管尚不能完全揭开全要素生产率的"神秘面纱"，但是，根据已有的知识进展，认为研发投入是开启全要素生产率上升通道的开关，同样，组织创新、专

---

① 新华网，http://news.xinhuanet.com/fortune/2017 - 03/01/c_ 1120546295.htm，《中华人民共和国 2016 年国民经济和社会发展统计公报》（中华人民共和国国家统计局），2017 年 2 月 28 日。

业化和生产创新等，都有可能提高全要素生产率。

可见，要素配置效率的制度激励作用，可以归结为探讨激励全要素生产率提高的制度安排。关于这个问题，国内学者也久有关注。比如蔡昉（2015）认为，提高全要素生产率主要有两种途径：其一是通过技术进步，提高生产效率；其二是通过改变生产要素的组合方式提高配置效率，即在不改变生产要素投入的前提之下，以技术进步、体制优化、组织管理改善等无形要素实现全要素生产率的提高。可见，制度对要素配置效率的激励作用，包括微观和宏观两个层面。微观层面的激励主要来自市场激励，留待后文讨论。从宏观层面上讲，则有一般意义上的提高要素配置效率的制度激励问题，以及我国全面深化改革背景下的提高要素配置效率的制度激励问题。

从一般意义来讲，在宏观层面，要提高要素配置的效率，其核心就是要充分激发微观主体的积极性，亦即为微观主体提供良好的制度环境。而从我国全面深化改革的背景来看，提高要素配置的制度激励，主要表现为各个领域改革的全面深化。尤其是在企业层面，要真正解决国企和民企的发展条件和环境差异问题。我国国企和民企发展环境和条件的差距，可谓从出生到破产的全过程都有表现，这种差异不仅不利于民营企业的发展，也难以解决国企缺乏活力的老问题。对于民营企业而言，发展中备受关注的"玻璃门"、"弹簧门"、"旋转门"现象，表明了民营企业在诸多方面与国有企业的差距。对于国有企业而言，虽然身为"共和国长子"，在融资、用地、用人、技术等配置要素方面，具有天生的优势，但是，社会负担过重、企业自身发展与国家战略的平衡、因产权国有产生的特殊的委托—代理问题等，都严重制约了国企内部要素配置效率的提高。根据2016年7月27日中国人民大学聂辉华教授等发布的国内第一份僵尸企业报告①，从所有制来看，国有和集体企业中僵尸企业的比例最高，民营企业和港澳台及外商企业中僵尸企业的比例相近，且远低于国有和集体企业中僵尸企业的比例（聂辉华等，2016）。而2017年年初发布的2016年《统计公报》上的两组数据，与

---

① 《中国僵尸企业研究报告——现状、原因和对策》是中国人民大学国家发展与战略研究院于2016年7月27日发布的年度报告，作者是人大国发院副院长聂辉华、国发院研究员江艇、经济学院张雨潇和首都经贸大学经济学院副教授方明月。聂辉华代表课题组发布报告。

上述结论可以相互验证、相互支撑。一组是规模以上工业增加值增长率数据。2016 年，全国规模以上工业增加值增长 6.0%，其中，国有控股企业增长 2.0%；集体企业下降 1.3%，股份制企业增长 6.9%，外商及港澳台商投资企业增长 4.5%；私营企业增长 7.5%。另一组是利润率，全年规模以上工业企业实现利润比上年增长 8.5%。其中，国有控股企业实现利润比上年上升 6.7%；集体企业下降 4.2%，股份制企业增长 8.3%，外商及港澳台商投资企业上升 12.1%；私营企业增长 4.8%。[①] 这几组数据都表明：与其他所有制的企业相比，国有企业（以及集体企业）的要素配置效率更低。而国有企业的产生、发展和持续进行的改革，都是经济体制问题。加之国有经济在我国经济中占据主体地位，这就使得我国的要素配置效率问题，在很大程度上是国有企业的改革问题——因为企业是要素配置最重要的生产性组织单位。

而从区域发展能力的角度来看，西部地区的要素配置效率更是一个突出的制度激励问题。根据聂辉华等（2016）的"僵尸企业"报告，分地区来看，经济发展水平较高的东部、南部地区僵尸企业比例比较低，而经济发展水平较低的西南、西北和东北地区僵尸企业比例较高。这些研究结论无疑从另一个角度为西部提高区域发展能力，必须提高要素配置效率提供了研究支撑。从我国的经济现实来看，要提高要素配置效率，关键的问题是要提高国有企业的要素配置效率，也就是全面深化国有企业改革，为提高要素配置效率提供制度激励。而深化国企改革的另一个方面，就是如何为民营企业发展提供制度激励。

考虑到我国的经济体制改革背景，以上论述强调了要素配置效率在不同所有制企业之间的差异。而无论是国企改革，还是民企发展，都构成了当前我国全面深化改革的重要内容[②]，因而可以理解为宏观层面提高要素配置效率的制度激励。

除了从宏观视角分析要素配置效率的制度激励以外，还有一个有启

---

① 新华网，http：//news. xinhuanet. com/fortune/2017 - 03/01/c_ 1120546295. htm，《中华人民共和国 2016 年国民经济和社会发展统计公报》（中华人民共和国国家统计局），2017 年 2 月 28 日。

② 参见 2013 年 11 月 12 日中国共产党第十八届中央委员会第三次全体会议通过的《中共中央关于全面深化改革若干重大问题的决定》。在《决定》的第二部分"坚持和完善基本经济制度"中，分别从完善产权保护制度、积极发展混合所有制经济、推动国有企业完善现代企业制度和支持非公有制经济健康发展四个方面，阐述了国企改革和民企发展的改革方向。

发性的视角可能是：要素是配置到生产性部门还是非生产性部门？根据
亚当·斯密对生产性劳动与非生产性劳动的区分，可以将经济中的部门
区分为生产性部门与非生产性部门。[①] 生产性部门就是生产物质产品的
部门，非生产性部门指不提供物质产品的部门。很显然，从财富增长的
角度看，要素配置到生产性部门的效率显然要高于非生产性部门。为了
避免当前对生产性劳动与非生产性劳动的争议，我们可以用一个更为简
单的标准来区分生产性与非生产性劳动，即用是否以生产和服务收入自
负盈亏作为标准。如果是，则视为生产性部门；反之则为非生产性部
门。如果制度激励要素资源流入非生产性部门，那么要素配置效率必然
较低；反之，则高。一个典型的例子，就是我国大学毕业生就业选择时
的"公务员偏好"和"央企偏好"。根据是否以生产和服务收入自负盈
亏的标准，政府部门显然是非生产性部门；而前面关于僵尸企业的数据
也表明，与民企相比，更多的国企即使已经成为"僵尸"，仍然不能破
产"死去"，因此，即使是作为斯密定义的生产性部门，其要素配置效
率也低于其他所有制企业。从经济学逻辑来看，无论是按劳动分配，还
是按要素分配，都应该是生产性部门的收入更高，因此，劳动者在就业
时应该具有"生产性部门偏好"和更倾向于选择要素配置效率高的生
产性部门，可是，我国的现实恰恰又成为一个典型的悖论。之所以会出
现这种偏离，就是因为制度激励的作用。当制度激励发生变化时，行为
就会随之变化。作为例证，在党的十八大加大反腐力度、规范非工资性
收入发放以后，2014 年"公务员热"开始退烧，报考人数明显下降。[②]

　　此外，从要素配置与要素聚集的关系来看，两者是一种相互促进的
关系。对于特定地区而言，如果一定时期内，向区内聚集的要素越多，
意味着异质性资源的增加。从政府平衡区域发展的初衷来看，这些异质
性资源一般代表着更为先进的生产力，因此，异质性资源的流入，有利
于提高区域内部的要素配置效率。反过来，如果区域内部的要素配置效
率提高，有利于吸引区外要素流入，也有利于区域要素向特定空间的

　　[①] 斯密认为"有一种劳动，加在物上，能增加物的价值；另一种劳动，却不能够。前者
因可生产价值，可称为生产性劳动，后者可称为非生产性劳动。"在斯密看来，劳动是否"随
生随灭"、是否可以"保留起来供日后同等取用"是区分生产性和非生产性的重要标准（亚
当·斯密，1972）。

　　[②] 参见王晓慧《公务员热开始退烧》，《华夏时报》2014 年 3 月 27 日。

收敛。

三 产品竞争力的制度激励分析

与要素聚集和要素配置效率不同，产品竞争力是一个更为微观的范畴，因此，对于提高产品竞争力，主要是市场激励发挥作用。但是，当我们从区域发展能力形成这个视角来探讨该问题时，显然不是要去关注微观层面的产品竞争力问题。在定义区域发展能力时，已经说明了产品竞争力对于区域发展能力的重要性和指示性特征，这里需要重点关注的问题是：区域均衡发展政策如何为区域内产品竞争力的提高提供制度激励？换言之，什么样的区域均衡政策，才能为特定区域内产品竞争力的提升提供制度激励？

对于一个特定区域而言，区域内产品竞争力的提高，集中表现在区域内知名品牌产品的数量、产品的市场占有量以及成功推出新产品的数量。而这些都是区域产业政策的产出。林毅夫（2012）在探讨"发展战略、制度与经济绩效"问题时，将政府的产业发展政策分为两大类：一是违背比较优势的发展战略，该战略试图鼓励企业在选择其产业和技术时，忽视现有的比较优势；二是遵循比较优势的发展战略，该战略尝试促使企业按照经济中的现存比较优势选择产业和技术。并通过案例比较分析，得出结论：后一种战略是发展中国家实现与发达国家经济发展水平差距缩小的关键。

虽然对于是否应该实施产业政策，国内学术界存在完全对立的意见。但是现实中，各国都在不同程度上实施产业政策，这就必然涉及产业政策的选择问题。从经验现象来看，林毅夫的比较优势战略具有相当多的经验证据。就以贵州来看，远的不说，从20世纪80年代以来，贵州先后大力支持发展白酒产业、卷烟业、茶产业、煤磷铝化工产业和高端装备制造业等，从"十二五"中后期以来则将大数据、大旅游、大健康作为支柱产业来抓。但是现在回过头来看，能够在一轮又一轮的产业政策下，留下几个比较有影响的企业和产品的产业，依然是贵州具有传统比较优势的产业领域。比如白酒，虽然目前白酒行业整体不景气，但是贵州白酒产业无论是对贵州工业经济增长的贡献率，还是在全国白酒市场的份额，都呈明显的增长态势。贵州省统计局提供的数据显示，2015年，酒类行业已经发展成为贵州第一大工业行业。全省规模以上酒类行业工业增加值比上年增长9.8%，继续位居工业行业首位。全省规模以上白酒产量 42.79 万千升，比上年增长 11.1%，产量保持在全国第 11 位。规模以上酒类企业数占全国规模以上酒类企业数的比重为 5.0%，企业数在全国排第 5 位；规模以上酒类行业实现利税占规模以上工业利税总额的 26.6%，利润总额占规模以上工业利润总额的 39%。与白酒大省的差距继续缩小。作为全国规模以上酒类行业资产规模超千亿元的两个省份，贵州省与四川省的差距继续缩小：资产规模差距由 2014 年的 780 亿元，缩小为 600 亿元。① 规模以上酒类行业实现主营业务收入排全国第 5 位，与山东省、河南省的差距由 2014 年的 517 亿元、211 亿元，缩小为 496 亿元、152 亿元。规模以上酒类行业利润总额排全国第 1 位，为 240.44 亿元，分别比四川省、山东省、湖北省、河南省多 46 亿元、149 亿元、179 亿元和 202 亿元（姚东，2016）。贵州的白酒产业之所以在整个行业背景不景气的情况下，逆市增长，主要是因为贵州白酒产品具有独特的竞争力。但是，这并不意味着贵州所有的白酒厂出产的白酒产品都具有竞争力。贵州省内白酒企业的分布格局表明：虽然贵州的白酒整体具有很强竞争力，但是主要是遵义的白酒有竞争力。事实上，在 20 世纪 80 年代，贵州为白酒产业发展提供了强制度激励，所有地级市（州）都在产业政策的支持下，大力发展白酒产业，以致一度有"要做好县长，先办好酒厂"的说法。但是，激励结果并非贵州的 9 个市（州）齐头并进，均衡发展。截至 2015 年年末，遵义市酒类企业数占全省 49.7%，而遵义的酒类企业又主要集中在茅台酒的产地仁怀市（姚东，2016）。可见，在同样的制度强激励情况下，并没有使得白酒产业在贵州的每个市（州）都开花结果，而仅有遵义市的白酒产业在制度强激励停止以后，经受住了市场的"大浪淘沙"，形成了竞争力，并构成遵义市区域自我发展能力的重要一极。

各个国家和地区的产业发展均表明：既有成功的产业政策，也有失败的产业政策。从产品竞争力的角度看，可以认为所谓成功的产业政策，就是通过提供产业发展的制度激励，能够培育出具有竞争力的产品，反之则是失败的产业政策。在聂辉华等（2016）发布的国内首个僵尸企业报告中，认为要减少僵尸企业，应该减少政府干预，"尤其是

---

① 中商情报网、中商产业研究院：《贵州酒业大数据：2015 年贵州白酒企业 1053 户》，http：//www.askci.com/news/chanye/20160524/10035319818.shtml，2016 年 5 月 24 日。

慎用产业政策"。认为"以扶持新兴、幼稚、战略性产业为目的的产业政策，一定程度上为这些行业的企业提供了一层保护伞，使这些行业的企业减少了面临的市场压力，也使得这样企业的发展偏离了市场的轨道，可能导致它们盲目生产、盲目做大，最终可能变成僵尸企业。而且，通过各类补贴实行的产业政策，如果缺乏透明、公开的程序，很容易留下寻租空间。当前，新能源汽车、机器人产业的骗取补贴行为比较普遍，必须引起足够重视"。这个建议非常有启发性，从企业活力的角度，说明了本部分的主题：制度安排对于产品竞争力确实具有显著的激励作用，只不过，这个激励的方向不一定是我们期望的正向，有时候可能会形成反向激励。而要通过制度激励提升区域内的产品竞争力，显然只能是正向的制度激励①。

四 资源环境承载力的制度激励分析

资源环境承载力与先天禀赋条件、资源开发利用方式、技术水平以及直接指向资源环境的政策规定等有关。其中，先天的禀赋条件与制度激励弱相关，而资源开发利用方式和技术水平则与制度激励紧密相关，至于指向资源环境的政策规定，则直接形成了制度激励。

从资源的开发利用方式来看，主要是区域内资源开发的组织方式和治理结构。比如，在煤炭资源丰富的地区，当地民众以小煤窑的方式开采煤炭资源，相比现代化的设备开采，完全是不同的组织方式。而这两种迥异的资源开发利用方式，在资源的利用效率、环境的压力、资源开发的社会效益等各方面都有不同的影响。小煤窑开采的资源利用效率低、容易引发次生灾害、容易导致安全事故，但是有利于当地的税收和当地民众分享资源开发收益；大规模现代化开采资源利用效率更高、更安全，但是对环境的污染和破坏更大，不利于当地民众分享资源开发收益，所以，孰优孰劣，关键在于我们更重视哪一个目标。比如，在2016年7月22日召开的中共中央全面深化改革小组第26次会议上，审议通过了《贫困地区水电矿产资源开发资产收益扶贫改革试点方案》，表明党中央、国务院对于资源富集地区的贫困问题非常关注，希

---

① 关于政府是否应该提供产业发展的制度激励，最近北京大学两位知名教授张维迎和林毅夫的辩论再次引发了各界关注。概要地说，张维迎教授认为政府不应该提供产业政策激励；林毅夫教授认为政府应该提供合适的产业政策激励。

望通过改革试点，提供制度激励，解决资源开发利用中的贫困人口"承载"问题。而同时在会议上审议通过的《关于省以下环保机构监测监察执法垂直管理制度改革试点工作的指导意见》，则是旨在为环境保护提供制度激励——不过，这是一种强约束性质的制度激励，即颁布规定不是为了激励行为主体从事某些活动，而是限制行为主体从事某些活动，并明确规定一旦发现，将处以相应的惩罚。

技术水平与资源开发利用的效率有关。在不存在负外部性的情况下，环境污染问题本质上是一个技术问题。但是因为技术的研究是有成本的，而污染如果不受处罚的话，会降低生产成本，正是这样的负外部性使得污染治理成为难题——可能会导致监督成本很高。比如，大江大河的治理，由于水是流动的，排放在河里的污水一定只会让下游遭殃，所以都有排放的冲动，同时都不希望自己的上游有排放。这就产生了治理难题：下游如何去监督上游？如果不可能，那就自己监督自己？显然没有人会相信。就像一个人被指证为犯罪嫌疑人，要证明指证不成立，必须有其他人作证，而不能自己给自己作证。因此，尽管技术水平与资源环境的承载力有关，但是，最重要的依然是消除负外部性的环境治理和监督政策提供的强约束性质的制度激励。这就将问题引入第四个领域：指向资源环境的政策规定。

随着可持续发展思想被广泛接受，指向资源环境的政策规定也越来越多。在涉及全球气候变暖等需要协同治理的环境问题时，更是亟须形成有效的全球治理模式。具体到各个国家，相关政策指向性更为明确具体，具有极强的规定性和约束性。比如我国 2011 年 6 月 8 日发布的《全国主体功能区规划》，就是希望通过将国土空间划分为优化开发、重点开发、限制开发和禁止开发四类，以相关开发政策的制度激励，引导各区域不同功能区形成合理的资源环境承载能力。另一个典型的例子就是我国目前已经逐渐放开的计划生育政策，实施的初衷就是为了缓解资源环境承载压力。虽然实施成本很高，但是政策效果确实非常显著。

因此，对于资源环境的承载力而言，制度的激励作用非常显著。仅从我国已经实施的相关政策来看，随着我们对人与自然互动领域的知识进展，指向资源环境的政策规定也在不断调整和进展当中。在少数情况下，有些调整是方向性的调整，比如我国从严格的计划生育政策转向全面放开二孩政策，是方向完全不同的政策；另一个典型的例子是 20 世纪五六十年代，在"人定胜天"思想的指引下，我国不少地方将天然湿地填平造田，而今天全国各地都在积极恢复湿地等等，诸如此类。总之，改善资源环境承载力，制度规定在引导人们的发展理念和行为方式方面，发挥着重要的激励作用。在某种意义上，甚至可以说，制度激励在改善资源环境承载力方面的激励作用，要优于其他三个领域，作用更为必需和显著。

第三节　区域发展能力形成的市场激励

一　要素聚集的市场激励分析

在制度激励下，要素根据政府的意愿聚集；在市场激励下，要素在利益驱动下，根据要素主体的意愿聚集。

在制度激励既定的情况下，只有当不同区域的市场提供的获利机会存在差异时，才可能引起要素的流动，当各种要素的流动在某一个特定区域收敛时，就形成了要素的聚集。与东部发达地区相比，我国的西部地区市场发育程度低，能够提供的潜在获利机会较少，所以，从20世纪80年代中期以来，就出现了以高素质人才为代表的劳动力要素"一江春水向东流"的外流现象。

除了特定区域市场提供的潜在获利机会以外，将潜在获利机会"变现"的难易程度也是影响要素聚集的重要方面。影响要素主体实现获利机会的因素，通常被归结为市场环境或者交易条件。这些交易的条件与环境，有些是因制度安排而形成，有些则是市场内生提供，还有一些由先天的禀赋条件决定。比如交通基础设施、交易平台等，是政府斥资修建而成；而因市场深化而形成的分工，则是由市场内生提供——如果分工是由政府确定，那就是典型的计划经济，而非市场经济；至于先天的禀赋条件，迄今为止，依然是影响人类的经济活动在空间收敛的决定性因素。比如，人类文明的摇篮多在河谷地带的平原和盆地，而山区多为人迹罕至的落后地区。在人类进入工业文明时代以后，工业也多在土壤肥沃、农业发达、交通便利的空间聚集，形成经济增长的极点。所有这些条件，不管是先天的禀赋条件，还是后天的建设形成，抑或是市场内生形成，都会影响市场主体的选择。

在市场机制的作用下，影响要素聚集的各个方面，从另一个角度看，正好为提供要素聚集的制度安排明确了激励的方向和领域。

二 要素配置效率和产品竞争力的市场激励分析

如果说要素聚集的市场激励，主要是要素主体的逐利机制在发挥作用的话，那么，要素配置效率的市场激励，则主要是市场的竞争机制在发挥作用。与要素配置效率的制度激励不同，要素配置效率的市场激励是一个微观层面的问题。既然是微观层面的问题，就可以从市场主体的视角来分析这一问题。

首先，对于个人而言，存在两个方面的要素配置效率问题：其一，是自身作为劳动力要素，如何提高自己的生产效率？这主要涉及在劳动力市场上，将自己配置到什么样的劳动岗位上的选择，以及给定了劳动岗位以后，怎么配置自己的劳动时间。其二，是作为配置各种要素的企业家才能拥有者，怎样提高自己可以支配的要素生产效率？这个问题实际上是企业主体的要素配置效率问题。因此，对于大多数劳动者而言，要素配置效率的问题，主要是就业选择与劳动时间的分配问题。

其次，企业的要素配置效率问题。企业作为最重要的要素配置经济组织，其要素配置效率的高低，决定了整个社会生产力水平的高低。从一般意义上来看，企业作为市场中自负盈亏的经营主体，为了自身的生存和发展，在竞争压力和逐利动力下，提高要素配置效率不仅必需，更多的时候几乎成为一种本能。为此，企业会通过管理改进、技术提升、企业文化建设、客户管理等等内外部治理手段，提升企业的要素配置效率。而从我国的经济体制背景出发，则又有其特殊性。对于国有企业，在提高要素配置效率时，除了受到市场竞争压力和逐利动力作用以外，还受到行政指令和考核压力的作用。因此，与民营企业等其他所有制企业相比，国有企业提高要素配置效率的市场激励更弱；就国企自身而言，要素配置效率提升的制度激励也更强。正是因为国有企业在微观层面的市场激励不足，因此，当前我国宏观层面的要素配置效率问题，突出地表现为全面深化国企改革的问题。这意味着该问题的另一面是：深化国企改革的重要方向是强化国企内部要素配置效率的市场激励问题。当国企提升要素配置效率的激励主要来自市场时，国企就成为一般意义上的企业，不再具有特殊性。

在市场经济活动中，另一个重要的主体是政府。政府机构内要素配置效率的激励来自组织内部的竞争，而非市场竞争，因此，不涉及市场激励问题。虽然政府机构在雇佣劳动要素时，现在也从劳动力市场进行配置，但是，其新雇人员的效率评价也是非市场性的，因此，该过程的激励主要来自政府部门特定的组织激励，而非市场激励。

另一个特殊的主体是第三方组织，也被称为非营利性组织。这类组织虽然不以营利为目的，但是为了扩大组织自身的影响力，同类组织之间也存在着竞争，尤其是在争取资源时。不过，这些资源当用于生产性用途时，被称为要素；在用于非营利用途时，一般不用"要素"一词。但是，正因为这些资源对于生产性部门属于要素范畴，对于非营利性组织就存在一个资源配置效率问题。这种配置效率也表现在两个方面：一个是非营利性组织在要素市场上与其他市场主体争夺资源的效率，二是对组织内资源进行配置的效率。很显然，与政府机构一样，非营利性组织提高要素配置效率的激励，主要不是来自市场激励。首先，在要素市场上与生产性市场主体争夺要素时，非营利性组织主要通过文化或者理念认同机制而非利益机制胜出；在与同类组织竞争时，也是一样。其次，对内部资源配置效率的评价指标，也与成本最小化或者利润最大化的评价机制不同，是组织宗旨的实现程度和社会影响力等指标。

综上，要素配置效率的市场激励，主要是针对个人和企业主体而言。

产品竞争力作为企业和个体生产者的产出，在一般意义上，也主要是受竞争压力和逐利动力的市场激励驱动；在特殊意义上来看，为了国家的特殊利益，比如国防战略安全、开拓海外市场等，则激励主要来自制度安排。由于产品竞争力与要素配置效率的市场激励类似，因此不再展开探讨。

三 资源环境承载力的市场激励分析

资源环境承载力是资源承载力与环境承载力的简称。资源承载力是指一个国家或者一个地区资源的数量和质量，对该空间内人口的基本生存和发展的支撑力，是可持续发展的重要体现。环境承载力是指在一定时期内，在维持相对稳定的前提下，环境资源所能容纳的人口规模和经济规模的大小。

在主流经济学中，环境问题因为具有外部性，是市场失灵领域。因此，对于环境承载力的改善而言，来自市场的激励是典型的负激励——

行为主体在经济人假设下，必然会牺牲环境以换取自身利益的最大化。这一主流观点已经成为各国治理和保护环境、改善环境承载压力的重要理论依据。这也是改善环境的激励主要来自制度安排的原因。

再来看资源承载力，从市场激励的角度来看，资源开发的成本－收益衡量是行为主体选择的依据。当资源开发利用的成本低收益高时，会有大量的开发主体进入，形成激烈的竞争，并在既定的制度框架下，按照竞争规则"优胜劣汰"。这里之所以将"优胜劣汰"加上引号，是因为在现实社会中，如果存在成本低收益高的资源可供开发，并不是想要进入的市场主体都可以进入，往往是在政府垄断或者市场垄断的情形下，才会出现这种情形。相反，当资源开发利用的成本高收益低时，则资源会被放弃——哪怕这种资源是稀缺的。比如农地资源，作为不可再生、不可移动的要素资源，农地资源十分稀缺，但是由于当前种地成本高，收益低，所以农地撂荒的情形并不少见。

可见，对于环境承载力而言，如果没有制度激励的作用，纯粹依靠市场激励，环境极有可能出现恶化的趋势。对于资源承载力而言，优质资源会在激烈的竞争中得到高效率的开发利用，不能带来高收益的资源则会被放弃。

第四节 区域发展能力形成的"双激励—四维度"理论框架

一 理论假设和前提

前面的分析表明，对于任何区域，其自我发展能力的形成，主要是在制度和市场的双重激励下，要素聚集、要素配置效率、产品竞争力和资源环境承载力提升和改善的综合反映。为了理清这些综合的反映，本书尝试构建区域发展能力形成的"双激励—四维度"理论框架加以说明。

任何理论的构建，都有其理论假设和前提，"双激励—四维度"框架也不例外。

理论假设一：开放性假设。包括两层含义，一是区域市场是开放性的，没有准入壁垒；二是制度激励的导向是开放性的，不是封闭导向的，即制度激励的目的是为了培育一个更大、更开放的区域市场，而不是为了让区域封闭发展①。与开放性假设相关的界定是激励的方向，我们定义正向激励有利于开放性提升，负向激励不利于开放性提升。即正向市场激励是有利于特定区域市场的发育壮大，负向市场激励是不利于特定区域市场的发育壮大；正向制度激励客观上促进了特定区域的发展，负向制度激励不利于促进特定区域的发展。

理论假设二：当区域发展不均衡时，对于发达地区而言，市场激励是正向强激励；对于欠发达地区而言，市场激励是正向弱激励甚至是负向强激励。很显然，这一假设只有在"假设一"成立的前提下才能成立——如果是封闭性假设，则区域之间不存在市场流动，市场激励的正、负方向也就无从显示。

除理论假设以外，构建"双激励—四维度"框架需要明确两个重要的理论前提。

理论前提一：界定区域发展能力的四个维度分别为要素聚集、要素配置效率、产品竞争力和资源环境承载力。对此前面已经充分论述。

理论前提二：制度和市场激励会影响四个维度的发展方向，即既可能使要素聚集、要素配置效率、产品竞争力和资源环境承载力向好的方向改善，也有可能使其向不好的方向变化。

二 "双激励—四维度"理论框架的主要内容与逻辑

根据前述理论假设和前提，区域发展能力形成的"双激励—四维度"理论框架的主要内容可以表述为：在开放和区域发展非均衡条件下，市场将形成对欠发达地区发展能力形成的负激励；旨在支持欠发达地区加快形成自我发展能力的制度激励，激励效果同时受到市场激励的影响。

为了更加清晰地说明上述内容，我们尝试使用四象限图加以阐释。

在图 3-1 中，横轴表示市场激励，纵轴表示制度激励。与象限的符号一致，"正"表示制度或者市场激励是正激励，即有利于区域发展能力形成的激励；"负"表示制度或者市场激励是负激励，即不利于区域发展能力形成的激励。

---

① 制度激励特定区域封闭发展的典型例子比如"大三线"建设，因为内迁的都是军工企业，而迁入的动机是战略安全，同时，发展又需要高度保密，所以"大三线"建设虽然是制度激励要素向西部聚集，但是初衷不是为了均衡区域发展差距，因而制度激励是封闭导向的。而从均衡区域发展的初衷出发形成的制度激励，必然应该是开放而非封闭导向。

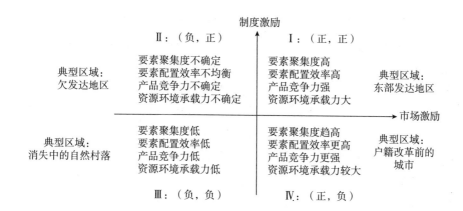

图 3 - 1　"双激励—四维度"象限

如图 3 - 1 所示，制度与市场激励的组合有四种情形：

情形一：市场与制度激励皆为正，即图中的第 I 象限。在这种情况下，由于无论是制度激励还是市场激励，都有利于要素的聚集，因此，要素聚集度高；而市场激励为正向激励，则意味着要素配置效率和产品竞争力必然比较强，否则不可能形成正向的市场激励；同时，由于要素聚集度高，所以资源环境的承载压力比较大。可见，在市场与制度均为正向激励的情况下，要素聚集、要素配置效率和产品竞争力都朝着有利于区域发展能力提升的方向改进，但是资源环境承载压力过大，会影响区域发展能力的可持续性，因此，资源环境承载力成为影响区域发展能力是否持续提升的关键。当资源环境因承载压力过大而产生的资源环境问题非常突出时，就会改变市场激励的方向，从而改变区域发展能力变化的方向。我国东部发达地区就是比较典型的这种情形。在 1992 年市场化改革以后，由于前期的开放政策率先在东部发达地区实施，所以制度激励对于东部发达地区是正向激励；同时，东部发达地区自古以来就是我国富庶之地，市场发育好，因此，相对于其他地区，市场激励是典型的正向强激励。在制度与市场的正向强激励下，我国东部发达地区的自我发展能力迅速提升。但是同时我们也观察到，资源环境问题也更为突出。尤其是北京，近年来已经出现因雾霾而选择离开北京的高层次人才，呈现高质量劳动力要素负聚集的苗头。

情形二：市场激励为负，制度激励为正，即图中的第 II 象限。在这种情况下，一方面，各级政府会积极出台相关政策措施，支持所辖区域形成自我发展能力；另一方面，市场激励是不利于特定区域自我发展能力形成的负向激励。在制度与市场一正一负两种相反方向的激励作用下，该区域的自我发展能力的形成具有很强的不确定性。从逻辑上来讲，当制度激励的正向作用大于市场激励的负向作用时，区域发展能力才能得以提升；相反，则难以提升，甚至不升反降。因此，只有当制度的正向激励与市场的负向激励力量相等时，这类区域的自我发展能力形成才实现了激励的"盈亏平衡"，来到提升的拐点。我国西部地区、东北老工业基地是这类区域的典型代表。自从实施相关的区域发展战略以来，国家层面对这些地区发展能力形成的正向制度激励力度越来越大，加上各地出台的优惠政策，形成了典型的正向制度激励，但是激励效果却参差不齐。之所以会出现这样的情形，就是因为市场激励的差异所致。

情形三：制度与市场激励均为负，即图中的第Ⅲ象限。在这种情形下，由于制度与市场激励均为负，所以构成区域发展能力的四大核心领域：要素聚集、要素配置效率、产品竞争力和资源环境承载力都比较低，属于被现代文明放弃和遗忘的特定区域。最典型的代表就是当前大量消失的自然村落。这些村落因为住户少，达不到扶贫资金投入的最低限度50户的规模，因此，大多采用易地扶贫搬迁的方式，解决贫困人口的脱贫与发展问题。随着村里人口全部迁出，这些村落已经成为除了土地以外（而且土地多具有坡度大、土层薄、地块小等不适合耕作的特征），没有其他要素的"赤贫"区域，区域内的自我发展能力自然无从谈起。

情形四：市场激励为正，制度激励为负，即图中的第Ⅳ象限。在这种情形下，负向的制度激励成为市场主体自主选择的强约束，不过，尽管如此，由于存在正向的市场强激励，市场主体会为了自己的利益，对自己的行为做出边际调整，想方设法抓住机会分享市场激励提供的发展红利，因此，正向市场强激励会推动要素聚集度、要素配置效率以及产品竞争力朝着有利于区域发展能力形成的方向变化，相应地，由于要素聚集度走高，区域内的资源环境承载压力也比较大。不过，与第一种情形相比，由于有制度的负向激励，一般情况下，资源环境承载压力要小一些。这种类型区域的典型代表是户籍制度改革前的城市。在工业化和城镇化进程中，相对于农村，城市是市场正向强激励区域。正是在市场激励的作用下，我国从 20 世纪 80 年代中后期，就开始出现了农民向城市流动的大潮，但是当时的制度安排，不仅不鼓励，反而是禁止、排斥和限制农民工在城市定居，因此，农民工为了获得在城市打工的机会，将流动模式调整为往返于城乡之间的候鸟式迁移。农民工作为一个庞大的群体，这种行为的共同调整，结果是形成了世界上规模最大的"春运"。不仅农民工如此，在户籍制度改革之前，要流入大城市的外地户籍人口，为了获得进入许可，向流入城市交一笔"城市增容费"一度成为各地普遍采用的做法。而无论是我国的农民工问题，还是大城市的发展，都因为发展中提供了和市场激励相反的负向制度强激励，产生了诸多遗留问题。显然，要从根本上解决这些问题，需要解决制度激励与市场激励的相容性问题，化解"市场激励城市导向、制度激励农村导向"的激励拉锯战。

综上，只有当区域内部的制度与市场对四维度的激励进入第 I 象限时，该区域的自我发展能力才能启动良性循环。那么，从其他象限转向第 I 象限，路径与机制是什么呢？

三　区域发展能力形成的路径：基于"双激励—四维度"理论逻辑

对图 3 – 1 内容的分析表明：要可靠地提升区域发展能力，最优路径是其他象限向第 I 象限改进；次优路径是第 II、III 象限向第 IV 象限改进。而无论是第 I 象限还是第 IV 象限，其共同特征是市场的正向激励。这意味着：如果要形成区域发展能力，最可靠的路径是形成区域内的市场正激励。

可以看到，从其他象限向第 I 象限改进，对于第 IV 象限而言，涉及将负向的制度激励改进为正向制度激励，这实际上是制度供给对制度需求的响应问题。对于第 II 象限，则涉及正向的制度激励如何激励形成正向的市场激励问题，这也正是我国西部地区等欠发达区域面临的发展难题。第 III 象限向第 I 象限的改进，从理论逻辑来看，是要给予正向的制度激励，并培育形成正向的市场激励。但是从现实来看，因为市场激励的形成需要时间，只有正向的制度激励可以及时建立。而一旦具有了正向的制度激励，该象限的问题即刻便转化为第 II 象限的问题。可见，对于培育欠发达地区的自我发展能力而言，根据理论假设一"开放性假设"和理论假设二"发达地区市场强激励，欠发达地区市场正向弱激励或者负向强激励"，最典型的情形是第 II 象限。换言之，通过制度激励培育欠发达地区的自我发展能力，当且仅当负向的市场激励转化为正向的市场激励时，区域发展能力才真正开始形成，否则，正向的制度激励对区域发展能力形成的影响是不确定的。而通过正向的制度激励，最终实现区域内负向的市场激励改进为正向的市场激励，显然，这一过程涉及制度激励与市场激励的转化机制。这其实是制度的演化生成机制问题，或者说秩序的生成机制。对此，我们用图3-2来说明制度与市场激励的这种转化。

如图3-2所示，制度激励与市场激励作用于要素聚集、要素配置效率、产品竞争力和资源环境承载力，这四个维度的综合结果就表现一个区域的发展能力。在这个过程中，要形成区域发展能力，根据图3-1以及本章第二节、第三节的分析，在政府提供制度的正激励情况下，要形成欠发达地区的自我发展能力，需要形成欠发达地区的市场正向激励。

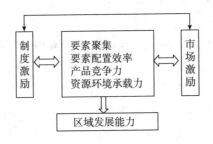

图3-2 区域发展能力形成过程中制度与市场激励的转化

从图3-2也可以得到提升欠发达地区自我发展能力的四条路径：

路径A：通过正向制度激励，以四个维度的改进实现区域发展能力的形成，即"制度激励—四维度改进—区域发展能力形成"路径；

路径B：通过正向市场激励，以四个维度的改进实现区域发展能力的形成，即"市场激励—四维度改进—区域发展能力形成"路径；

路径C：通过正向制度激励，形成正向的市场激励，并经市场激励四个维度的改进实现区域发展能力的形成，即"制度激励—市场激励—四维度改进—区域发展能力形成"路径；

路径D：通过正向市场激励，以发展的制度需求催生新的制度供给，形成正向的制度激励，并经制度激励四个维度的改进实现区域发展能力的形成，即"市场激励—制度激励—四维度改进—区域发展能力形成"路径。

　　其中，后两条路径在更多的情况下，会以区域发展能力四个维度的改进过程作为发酵过程，而不是直接转化。这样一来，后两条路径就会相应地变动，分别用"路径 C′"、"路径 D′"来表示：

　　路径 C′："制度激励—四维度改进—市场激励—区域发展能力形成"路径；

　　路径 D′："市场激励—四维度改进—制度激励—区域发展能力形成"路径。

　　若将上述路径依然可以放到"双激励—四维度"象限图中来考量，可以发现：

　　路径 A 就是第Ⅲ、Ⅳ象限向第Ⅰ、Ⅱ象限的改进，其中，第Ⅲ象限的改进路径为"第Ⅲ象限→第Ⅱ象限"；第Ⅳ象限的改进路径为"第Ⅳ象限→第Ⅰ象限"。

　　路径 B 就是第Ⅱ、Ⅲ象限向第Ⅰ、Ⅳ象限的改进，其中，第Ⅱ象限的改进路径是"第Ⅱ象限→第Ⅰ象限"；第Ⅲ象限的改进路径是"第Ⅲ象限→第Ⅳ象限"。

　　路径 C 和路径 C′是第Ⅱ、Ⅲ象限向第Ⅰ象限的改进，其中，路径 C 的改进路径是"第Ⅱ象限→第Ⅰ象限"；路径 C′的改进路径是"第Ⅲ象限→第Ⅱ象限→第Ⅰ象限"。

　　路径 D 和路径 D′就是第Ⅲ、Ⅳ象限向第Ⅰ象限的改进，其中，路径 D 的改进路径是"第Ⅳ象限→第Ⅰ象限"；路径 D′的改进路径是"第Ⅲ象限→第Ⅳ象限→第Ⅰ象限"。

　　综合以上逻辑，提升区域发展能力最有效的路径分别是：

　　路径 A 中第Ⅳ象限的改进路径，即"第Ⅳ象限→第Ⅰ象限"；

　　路径 B 中第Ⅱ象限的改进路径，即"第Ⅱ象限→第Ⅰ象限"；

　　路径 C 和路径 C′中第Ⅱ象限的改进路径，即"第Ⅱ象限→第Ⅰ象限"；

　　路径 D 和路径 D′中第Ⅳ象限的改进路径，即"第Ⅳ象限→第Ⅰ象限"。

　　可见，综合来看，有效提升区域发展能力的路径只有两条，即要么是"第Ⅳ象限→第Ⅰ象限"，也就是市场与制度激励的（正，负）组合向（正，正）组合改进；要么是"第Ⅱ象限→第Ⅰ象限"，也就是市场与制度激励的（负，正）组合向（正，正）组合改进。

同时根据理论假设二"当区域发展不均衡时，对于发达地区而言，市场激励是正向激励；对于欠发达地区而言，市场激励是正向弱激励甚至是负向强激励"，并且由于市场激励弱，甚至是负激励，所以可行的路径只有一条，即"第Ⅱ象限→第Ⅰ象限"的改进。

可见，对根据图3-2得到的路径展开的象限分析，得到了与前面分析一致的结论。

四　区域发展能力形成中制度与市场激励的转化

根据区域发展能力形成路径的演进路线，可以分析区域发展能力形成过程中制度与市场激励的转化机制。

如表3-1所示，总结下来，在区域发展能力形成过程中，制度激励与市场激励的转化机制有四种方向：制度与市场激励之间相互的直接转换，以及制度与市场激励经由某一特定过程的实施，从而建立起相互促进的培育或者生发机制，实现制度与市场激励相互促进的融合成长。

表3-1　　　区域发展能力形成路径中的制度—市场激励转化方向

路径名	路径描述	激励转化方向
路径A	制度激励—四维度改进—区域发展能力形成	制度激励—过程—市场激励—结果
路径B	市场激励—四维度改进—区域发展能力形成	市场激励—过程—制度激励—结果
路径C	制度激励—市场激励—四维度改进—区域发展能力形成	制度激励—市场激励—过程—结果
路径D	市场激励—制度激励—四维度改进—区域发展能力形成	市场激励—制度激励—过程—结果
路径C′	制度激励—四维度改进—市场激励—区域发展能力形成	制度激励—过程—市场激励—结果
路径D′	市场激励—四维度改进—制度激励—区域发展能力形成	市场激励—过程—制度激励—结果

首先来看两种激励的直接转化机制。

一方面，从制度激励直接转化为市场激励，就是旨在提高区域发展能力的制度安排，并非直接瞄准区域发展能力的四个维度制定，而是瞄准改善市场环境制定。比如 2015 年 10 月 2 日，国务院发布的《关于实行市场准入负面清单制度的意见》中，决定从 2015 年 12 月 1 日至 2017 年 12 月 31 日，在我国部分地区试行市场准入负面清单制度，并于 2018 年起正式实行全国统一的市场准入负面清单制度。文件中对"市场准入负面清单制度"的定位是："（是指）国务院以清单方式明确列出在中华人民共和国境内禁止和限制投资经营的行业、领域、业务等，各级政府依法采取相应管理措施的一系列制度安排。市场准入负面清单以外的行业、领域、业务等，各类市场主体皆可依法平等进入"；强调实行市场准入负面清单制度的重大意义之一是"发挥市场在资源配置中的决定性作用的重要基础"，因为"通过实行市场准入负面清单制度，赋予市场主体更多的主动权，有利于落实市场主体自主权和激发市场活力，有利于形成各类市场主体依法平等使用生产要素，公开公平公正参与竞争的市场环境，有利于形成统一开放、竞争有序的现代市场体系，将为发挥市场在资源配置中的决定性作用提供更大空间"（国务院，2015）。该文件作为国家层面的正式制度安排，虽然瞄准的不仅仅是西部地区的自我发展能力问题，但是，却是将制度激励直接转化成市场激励的典型例子。

相反，另一方面，在区域发展能力形成的过程中，市场激励直接转化为制度激励的情形，主要是指市场主体在经济活动中，随着交易的扩展，必然会出现的对新的规则的需求。当这些制度需求被政府部门或者立法机构采纳，以政府文件或者法律规定的形式正式颁发实施，就是市场激励转化成为制度激励。比如，随着网络办公的广泛应用，对于交易活动电子证据的采信问题，一开始并没有统一的界定，比如哪些电子信息可以作为电子证据？怎么采信等等？但是，在现实交易中，电子证据确确实实在发挥着作用，在不断的摸索中，人们通过实践总结了电子证据的若干规定，一直到 2013 年 1 月 1 日起正式施行的新修订《民事诉讼法》，才明确规定电子数据也可作为证据。之后最高人民法院又通过司法解释补充关于电子证据的若干规定。这些对于电子证据的法律条文和司法解释，是对电子交易的制度激励，但是其生成机制，却是起源于自发的市场激励。

　　其次，来看看对于制度与市场激励经由某一特定过程相互转化的机制。这与直接转化的区别在于：激励的出发点。尤其是制度激励转化为市场激励。具体到区域发展能力形成的过程，即制度激励并非一开始就瞄准生成市场激励，而是瞄准四个维度的具体领域，通过这个领域的变化过程内生出市场激励。例如，就制度激励瞄准要素聚集来看，中华人民共和国成立以后通过建设兵团的方式，屯守开发新疆，就是一种典型的通过制度激励引导要素向西部地区聚集的路径。经过这么多年的建设发展，新疆建设兵团在当地的产业发展中，吸引了大批的外地农民工去采摘棉花、从事农产品贸易等。很显然，新疆建设兵团向新疆的聚集，是制度激励所致；而当前新疆建设兵团发展的产业，吸引外地农民工自发到新疆从事生产经营活动，则是典型的市场激励所致。

　　而反方向来看，市场激励通过瞄准某一特定领域，并通过该领域的变化过程内生出制度需求，当这些制度需求最终上升为正式制度时，就完成了从市场激励到制度激励的转化。这一过程与市场激励向制度激励的直接转化完全一致。因为市场激励是分散的、自发的激励，不同于制度激励，是统一制定的指向明确的激励，时间节点和完成形态都非常清晰。从这个意义上来看，市场激励向制度激励的转化，是否经由一个特定过程的发酵的区分，意义并不如制度激励向市场激励转化是直接还是经由过程那么明显。如果非要说两者有所区别的话，时间的滞后性是否勉强能算得上是一种区分标准？比如，关于我国户籍制度改革的呼声，自从第一代农民工进城打工以后，就形成了对该项制度激励的强烈需求。但是，相关机构对这项制度需求的响应速度很慢，一直到 2014 年 7 月 24 日印发的《国务院关于进一步推进户籍制度改革的意见》，才明确宣布"全面放开建制镇和小城市落户限制"。结果这项规定出来以后，应者寥寥——因为滞后太久。城镇化发展到今天，各地早就通过买房上户口等"土"政策，解决了民众落户城镇的需求。相反，比如相关部门对互联网金融发展的制度需求，相关部门的回应堪称快速。从被称为"互联网金融元年"的 2013 年，到 2015 年 7 月 18 日《关于促进互联网金融健康发展的指导意见》的印发，中国人民银行、工业和信息化部、公安部、财政部、国家工商总局、国务院法制办、中国银行业监督管理委员会、中国证券监督管理委员会、中国保险监督管理委员会、国家互联网信息办公室等部门在两年多的时间里，共同形成了对互联网金融发展的制度激励。相比于户籍制度改革滞后二十多年的制度激励回应，这样快速地形成制度供给，将市场激励转化为制度激励，几乎可以视为是从市场激励到制度激励的直接转化；而户籍制度改革，因为经历更长时间的孕育和观望，可以视为是市场激励经由特定过程的发酵，最终完成了向制度激励的转化。

对制度与市场激励相互转化的探讨，是想强调这样的观点：当我们关注区域发展能力形成问题时，对制度激励和市场激励的区分，是在特定阶段的静态判断；从长期的演进视角看，两者是相互转化的——制度激励一方面提供了市场激励的框架和约束条件，另一方面通过制度激励得以实施的经济活动，会在实施过程中产生新的市场激励；而市场激励总是在现有制度框架的约束下，通过交易的扩展，不断内生出新的制度需求，并最终转化为制度激励。而且，无论是制度激励还是市场激励，只有当它们最终转化为对方时，才获得了真正的成功。因为如果在特定制度激励下进行的经济活动，在实施的过程中没有催生新的市场需求，则意味着市场主体对该项制度激励缺乏反应，激励失败。同样，如果市场激励内生出的制度需求，迟迟得不到正式制度响应，转化为制度激励，则市场必然在既定制度框架约束下，扭曲发展——当制度框架规定的约束条件不能改变时，市场主体唯有选择对自己的行为进行边际调整，以达到自己想要的目的。而这些边际调整，本身是因为那些突破现有制度框架约束的制度需求没有被响应，从而不得不进行的行为调整和选择，因此，大多数会扭曲资源配置，或者带来社会问题。比如因为户籍制度改革滞后，农民工子女在城镇上学困难而产生的留守儿童现象，既是农民工向城市聚集过程中，市场激励没有能够成功转化为制度激励而被迫进行的行为调整，又是因此而产生的突出社会问题。因此，制度与市场激励能否顺畅地互相转化，既是判断激励本身是否有效的依据；从区域发展能力形成的视角来看，更是特定区域能否形成自我发展能力的关键。

五　基于"双激励—四维度"理论逻辑的重要结论及推论

综合上述分析，基于"双激励—四维度"的理论逻辑，可以得到区域发展能力形成的四个重要结论。

第一，只有当制度激励和市场激励形成良性互动时，区域发展能力才能可靠地提高；

第二，对于发达地区，通常是市场激励优于制度激励，因此，制度供给对市场内生的制度需求的响应速度和力度，是发达地区进一步提升发展能力的关键；

第三，对于欠发达地区，往往是制度激励优于市场激励，因此，提升区域发展能力的关键是通过制度激励培育形成正向的市场激励；

第四，在制度激励与市场激励均很弱甚至是负向激励的特殊类型地区，其发展能力提升的不确定性非常高、难度很大。

同时，根据理论假设和上述结论，还可以得到以下推论：

第一，当市场激励优于制度激励时，如果制度供给对市场内生的制度需求响应慢，则市场主体为了抓住市场中的获利机会，会对行为进行边际调整。这些调整极有可能扭曲发展，带来突出的社会问题和发展后遗症，前者比如腐败，后者比如我国进城农民工的市民化问题、留守儿童问题等。

第二，当制度激励优于市场激励时，意味着特定区域对于市场主体缺乏市场吸引力，而制度激励不可能无上限地加大，因为任何制度的实施都是有成本的，因此，要形成该区域的发展能力，除了通过制度激励内生出市场激励以外，还存在第三种激励：情感激励。显然，这一推论已经超越了"双激励—四维度"理论框架的范畴，是对该理论框架的拓展。对此，第四章将专门进行探讨。

第三，在制度激励和市场激励都极低的特殊类型地区，一方面，意味着当地市场缺乏吸引力，是被市场主体自动放弃的区域；另一方面，因为制度激励存在实施成本，因此，这类地区是被政府从"区域"层面放弃激励的特殊地区。但是，这并不意味着政府从所有层面都放弃对该地区进行制度激励，比如从人口层面、生态环境层面、战略安全层面等，因此，这类地区的发展能力问题，是特殊类型的问题，或者是单一目标的发展能力问题。比如，是如何提高生态涵养能力的单一问题以及搬迁人口的长远生计问题等。

第四，对欠发达地区的普遍正向制度激励，必然导致制度激励趋同，因此，各地要形成自我发展能力，最为关键的依然是市场正激励的大小。目前，为了加快西部地区与发达地区发展差距的收敛，国家相继出台了若干针对性的特殊政策，以期通过大力度的制度激励，实现欠发达地区自我发展能力的迅速提升。但是，这种针对性的制度激励，基本上也是很"公平"的激励，本质上也是各地争取优惠政策的竞争。不管是组织内的竞争，还是市场竞争，其结果必然是实现竞争均衡。而制度竞争的均衡就是各地享受差不多的优惠政策，因此，特殊的制度激励失去了其优势，各地的竞争再次回到原点：拼的依然是市场激励。

第四章 "双激励—四维度"框架的
理论与应用拓展

在第三章我们探讨了区域发展能力形成的"双激励—四维度"理论框架，并根据该框架的理论逻辑，得到若干结论和推论。本章将继续探讨影响制度与市场激励的因素，分析其对区域发展能力形成的影响；同时探讨在封闭性假设条件下，运用"双激励—四维度"框架的理论逻辑解释发展差距的变化方向；并综合"双激励－四维度"框架的基本逻辑与拓展分析结论，得出基于该理论框架的制度逻辑；最后综合运用"双激励—四维度"框架及其制度逻辑，探讨要素贫困地区的减贫思路。其中，第一到第三节的内容是对"双激励—四维度"框架的理论分析拓展；第四节是对该框架的应用拓展。

第一节 影响激励的因素与差距变化

第三章的分析表明：决定特定区域自我发展能力的四个维度，其变化发展主要受到制度与市场激励的影响，因此，制度与市场激励的强弱，不仅成为判断特定区域能否形成自我发展能力的重要依据，而且成为制定区域发展政策，尤其是制定区域发展能力提升政策的重要参照系和出发点。在探讨制度—市场激励与区域发展能力形成的关系时，第三章运用象限图对其方向性做了总体判断，尚没有具体探讨特定激励下，四维度变化方向的非同一性以及冲突，以及其他因素对这些变化的影响。因此，本节将对这些可能影响激励方向的因素选择性地进行分析。

一 改变市场激励方向的因素与差距收敛

在第三章的分析中，我们假定在区域不均衡的情况下，发达地区的市场激励，对于该区域进一步提升自我发展能力，是一种正向激励，即有利于该区域内要素聚集、要素配置效率和产品竞争力的提升，从而会引起区域内自我发展能力的总体提升。但是，在四个维度中，随着市场正激励的加强，资源环境承载压力也随之加大，形成不利于区域发展能力持续提升的变化。当资源环境承载压力达到阈值时，就极有可能产生严重的环境问题，从而在一定程度上改变市场激励的方向——从有利于区域发展能力提升的正激励，转向成为不利于区域发展能力增强的负激励。

这方面最典型的例子，当属我国北方重工业城市的雾霾问题，已然成为影响高层次人才去留的重要因素。虽然目前没有总体数据表明这一点，但是个案已经被观察到。比如，北京作为我国的政治、文化和经济中心，堪称高端人才的工作首选地，这从"北上广"的说法可以得到不严格意义上的验证。但是，近年来，随着北京雾霾的不断加重，高端人才离京发展、外部人才因雾霾放弃选择在京发展、外籍高管申请回国等个案，不时见诸报端，身边亦时有所闻，雾霾成为影响北京高端人才"去聚集"选择的重要原因。

比如，根据中国青年报记者王聪聪等的采访，中国科学院遗传与发育生物学研究所研究员、"中国青年五四奖章"获得者王秀杰在被问及"在招聘科研人员时，您感觉哪些社会环境因素阻碍了一些高层次人才回国"时，王秀杰直言："尤其今年北京雾霾严重，我们所原想引进的一位优秀留学人员就因为空气问题最后选择了留在美国"（王聪聪等，2013）。虽然这只是一个个案，但是，作为中国科学院引进而最终留在美国的高层次人才，他在哪里，可能就意味着他所在的专业领域，将会成为世界领先的领域；当然，也有可能他只是一片绿叶，是为站在巨人肩膀上的后来者提供肩膀的奠基者。不管怎样，该个案释放了这样的信号：因为雾霾，行为主体愿意退而求其次，选择其他区域发展。

我国大城市的雾霾，甚至引起了《纽约时报》的关注。2015 年 12 月 23 日，《纽约时报》中文网以《雾霾是否会导致北京人才流失？》为题，列举了南方的公司利用空气优势，到北京招徕人才的例子。事实上，《纽约时报》的这篇报道，反映了大多数人的担忧和选择意向。因为雾霾，不少外籍高层次人才改变了他们在中国生活的意愿。土豆网的联合创始人方德思移居加拿大的时候说，"主要原因是因为空气污染，我觉得不能再让我的孩子继续这样了。他们常常无法在户外玩耍，就算在学校里也不行"。而日本电器巨头松下公司已经开始给员工提供雾霾补贴。据统计，上海的日本人数量，从 2012 年 10 月的 57458 人下降到 2016 年的 47700 人，绝大多数人是因为污染问题而离去。与过去十年不同，中国的高管职位不再是香饽饽，德勤亚洲区全球招聘服务部门的领导唐·里格尔说："现在越来越难说服那些高管，尤其是成了家的，接受一个长期在中国工作的职位。因为他们担心在中国生活质量不好。像上海和北京这样最关键的工作地点，因为高管们对污染和教育体系的担忧而让中国变得缺乏吸引力。"（雷小山，2016）

除了市场激励内生的环境问题因素会改变市场激励的方向以外，其他因素也有可能改变市场激励的方向。比如外部市场冲击，2008 年我国沿海城市受到美国金融危机冲击，据官方估算，1.3 亿农民工中，大约有 2000 万人失业返乡。这种要素聚集方向的改变，不管是对流入地还是流出地，都是改变了市场激励的方向。

而不管是市场激励内生的环境问题，还是外部的市场冲击，既然这些因素改变了市场激励的方向，使其向不利于形成区域发展能力的方向变化，说明市场对于这些因素的影响是一种防御性的被动机制。因此，对于这些因素，需要通过制度激励，主动应对，尽量控制和缩小其对市场激励造成负向变化的程度。

不过，从区域之间的差距来看，以上引起发达地区市场正激励向反方向变化的因素，客观上有利于缩小发达地区与欠发达地区的差距，使得发展中的差距逐渐收敛。

二 影响制度激励效果的因素与差距扩大

对于形成区域发展能力而言，如果市场激励力量很弱，单一的制度激励必然具有极大的不确定性——因为必须要通过制度激励最终形成正向的市场激励，区域发展能力才能可靠地提升。但是，制度激励是否能够成功地转化、或者孵化培育形成市场激励，存在很多影响因素。这些因素的综合影响，往往使得制度激励倾向于难以培育形成市场激励，处于制度激励低效甚至无效状态。

影响制度激励效果的因素有很多，比如实施成本、实施能力、实施时机等等。但是，从根本上来讲，对制度激励效果影响最大的主要有两种情形：一是制度之间的相容性，二是制度对市场激励的包容性。

首先来看制度之间的相容性。各项制度相互冲突，互相拆台，产生制度激励的"内耗",必然大大减弱制度激励的作用。

比如,当前我国推动的人口城镇化,一方面,为了切切实实激励要素向城镇聚集,国家连续出台政策,各地采取了大量政策措施;另一方面,非片区户籍小孩上学难的问题,却一直没有得到解决。这种案例每个城市都有。就以笔者所在地来看,因为笔者所在大学 GZ 大学为省直高校,不属于市属单位,所以,学校员工的小孩不能上所在市区的区立小学。区里的理由是:GZ 大学有附属子弟学校,GZ 大学职工的小孩当然是上子弟学校,不能上区立小学。可现实情况是:GZ 大学经过多轮合并,在全市有 9 个校区,员工大多分别居住在以前的校区,但是上班已经相对集中到主校区所在地的三个校区。如果所有员工的小孩都集中到子弟学校上学的话,有些家庭每天在路上往返的时间可能需要 4 个小时;堵车的话,所需要的时间更是不可预知。正是因为这样,不少家长为了小孩上学,甚至打算到主校区附近租房,以便大人就近上班、小孩就近上学。但是目前来看,依然是"八仙过海,各显神通",制度层面完全没有松口子——上班交通自己克服,因为大学老师不需要坐班,而且是大人;小孩上学的事,自己解决,因为区立小学不同意接收。在这种情况下,不少家庭只有两头跑:小孩在家附近上学,大人上班跑到主校区或者相邻的另两个校区。有意思的是,与这种拒绝要素资源向区域聚集的制度负激励相反,GZ 大学所在区提出要建成全市的文化旅游创新区,因此,出台了不少激励要素聚集的政策规定。而且,从实际情况来看,该区建设文化旅游创新区,GZ 大学是最重要的智力资源和载体,所以这种直接拒绝 GZ 大学老师举家向区内聚集的规定,实在是令人不知所谓!由此反观我国大量支持农民工子女就近入学的制度规定,其效力之大小可见一斑!大学老师在这件事情上尚且属于弱势群体,何况农民工!

另一个比较典型的例子是支持农村发展的政策。党和国家对我国"三农"问题的重视,进入 21 世纪以后,被提升到一个新的战略高度。从 2004 年起,到 2017 年,已经连续 14 年发布 1 号文件,都是"三农"文件。这种制度激励力度不可谓不大,但是"三农"问题依然严峻。原因当然是多方面的,不过,其中政策文件相互"拆台",导致制度低效甚至无效,是一个很重要的原因。比如,历年的 1 号文件均强调要继续加大对"三农"的支持力度,提出"工业反哺农业"、"城市反哺农村"等发展理念和措施时，我们却发现，依然是农村在支持城市！比如，据统计，地方政府现在的财政预算收入中，来自卖地的钱估计占到60%，这些钱是卖地来的，地过去都是农地。既然是农地，那么，卖了地以后，到底有多少可以用到农村和农民身上呢？对此，地方上对卖地卖了多少钱，一清二楚；但是问及卖地的钱用到哪里了？问不出来。根据一项研究成果，估计卖地钱真正用于农业和农村的只有5%左右。剩下的钱主要用来搞城市的基础设施建设、开发区的建设，总之，可谓"取之于地，用之于城"，也是变相的取之于农民，用之于市民。因此，在这个问题上，实际上是农业、农村、农民来贴补工业、城市和市民（韩俊，2011）。

以上两个例子分别涉及对城市空间和农村空间发展的制度激励。相对于农村，城市是具有发展能力的区域，但是由于存在相互冲突的制度激励，所以导致城市发展的过程中，产生诸多梗阻和问题。对于农村而言，则更为艰难：在与城市的竞争中，本就处于劣势，产生了市场的负激励，加之冲突政策对支持政策"釜底抽薪"，支持政策的制度激励效应必然大打折扣。

判断相互冲突的制度激励对差距变化的影响，要区分主体的相对位置。以前述两个例子来看，城市区域的制度激励被削弱，虽然不利于城市发展能力的提升，但是对于缩小城乡差距有利；而农村区域的制度激励低效甚至无效，则必然进一步拉大城乡差距。因此，这种变化方向可以总结为：对于发达地区而言，制度激励低效有利于发展差距的收敛；对于欠发达地区而言，制度激励低效则会导致发展差距进一步扩大。所以，最终的影响是不确定的。

其次是制度对市场激励的包容性。依然遵循第三章的理论假设：假定制度激励是开放性的，也就是对于形成区域发展能力而言，是正向的制度激励。那么，在正向的制度激励下，如果出现了市场正向激励的萌芽，制度激励可以选择包容，也可以选择排斥。如果是前者，则有利于制度激励作用的发挥；如果是后者，则必然影响制度激励效果。

还是以对农村区域发展的正向制度激励为例。近年来，虽然农村发展仍然困难，但是由于城市经济也不景气，加之国家对农村发展的支持力度很大，所以，出现了要素资源从城市向农村回流的现象。这种回流，很难说是制度激励的效应更大，还是市场激励的效应更大。以农民工返乡来看,应该是两者的共同作用。一方面,目前在外打工的收益,并不明显高于就近打工的收益,这是来自市场的激励;另一方面,农民工之所以现在可以选择就近打工,很大程度上是因为政府大力支持当地产业发展,返乡农民工才有机会就近打工;至于返乡农民工创业,更是堪称在当地政府"无微不至"的"呵护"下成长——各地返乡农民工创业园区的设立,是这种制度激励的集中表现。与之相对比的是工商资本下乡,主要是基于市场激励。这些基于逐利动机的工商资本,在进入农村以后,以营利为目的,因此,必然追求成本的最小化。工商资本成本最小化的过程,必然是农村要素收益减少的过程。因此,各地惊呼"工商资本下乡,农民利益受损"。这种担忧和呼声如此之高,以至于2015年4月14日,农业部、中央农办、国土资源部、国家工商总局等四部委联合颁发《关于加强对工商资本租赁农地监管和风险防范的意见》(后文简称"《意见》"),明确将"农民利益不受损"列为三条底线之一。这样的制度激励从保护农民利益的角度来讲,完全正确。但是,从提升农村区域的发展能力来看,却未必正确。既然工商资本有下乡的需求,制度激励也应该保护这种需求——只要工商资本在与农村要素的交易中不违法,就应该被保护,而不是仅仅只保护交易的一方利益不受损。与之类似的一个情形是:国家支持人口城镇化,因此鼓励农民到城镇落户,而且三令五申不允许各地以退出承包地为条件,理由是保护农民的利益;相反,国家支持社会资本投资现代农业,但是,对于城市居民落户农村的需求,完全不提供制度正激励。这种情形,其实也就是前文所说的制度供给对制度需求的响应问题,当市场内生的制度需求得不到响应时,市场主体就会对行为进行边际调整,以达到自己的目的。比如,对宅基地的交易限制,交易双方的边际调整就是建设小产权房。目前小产权房依然是违法的,但是这些违法的建筑,在全国各地都堪称是"野火烧不尽,春风吹又生"。小产权房就是制度需求得不到响应,而产生的一种扭曲发展现象。但是,这种现象之所以在不被正式制度许可的情形下,依然存在,是因为可以满足交易双方的诉求。

因此,当制度激励对市场激励的包容度不够时,一方面,市场激励的顽强力量在一定程度上缩小了发展差距,实现了发展中的差距收敛;但是,另一方面,由于制度激励对市场激励的抑制,实际上抑制了差距收敛的速度,因此,可以看作另一种意义上的差距扩大。

三 影响制度与市场激励的第三种激励：情感激励与差距收敛

第三章在探讨第Ⅲ象限的区域发展能力形成的路径时，提到了两种可能性：一是先形成市场激励，经由第Ⅳ象限，最终演进到第Ⅰ象限；二是先形成制度激励，经由第Ⅱ象限，最终演进到第Ⅰ象限。这是从理论逻辑得到的提升路径。但是，其实施的可能性却非常低。一方面，对这类区域实施支持政策，成本太高，所以制度激励较低；另一方面，这类区域大多地处偏远，所以市场激励极弱，要自发形成市场激励，难度也很大。

那么，现实中这样的区域是否存在呢？从严格意义上讲，这类区域的典型代表是生存环境恶劣的区域，即"一方水土养不活一方人"的特殊贫困地区。国家对这类区域主要采取"通过易地扶贫搬迁"脱贫一批的措施。从区域发展能力的四个维度来看，这类区域只涉及资源环境承载力一个维度，其他三个维度都不再涉及，因此探讨该类区域不具有代表性。但是，从宽泛的意义来看，贫困地区的广大农村区域具有这样的特点。为了说明这一点，让我们先来看看一组数据。

根据国家统计局发布的《2016 年国民经济和社会发展统计公报》，2016 年年末，我国 13.8 亿人中，农村常住人口为 42.97%，约为 5.9亿人；2.8 亿人农民工，外出农民工 1.7 亿，增长 0.3%，本地农民工1.2 亿人左右，增长 3.4%；按照每人每年 2300 元（2010 年不变价）的农村扶贫标准计算，农村贫困人口 4335 万人。城镇居民人均可支配收入 33616 元，农村居民人均纯收入为 12363 元，城乡差距依然达到2.72；贫困程度最高、贫困面最广的贵州为 3.31，依然高于 2010 年的全国平均城乡差距（见表 4-1）。

表 4-1　　　　　　2010—2016 年全国与贵州城乡差距对比

地区 年份	全国	贵州省
2010	3.23 : 1	4.07 : 1
2011	3.13 : 1	3.98 : 1
2012	3.10 : 1	3.93 : 1
2013	3.03 : 1	3.80 : 1

续表

年份＼地区	全国	贵州省
2014	2.92：1	3.38：1
2015	2.73：1	3.33：1
2016	2.72：1	3.31：1

资料来源：2010—2015 年根据历年《中国统计年鉴》、2016 年根据国家和贵州省国民经济和社会发展统计公报数据计算。

从以上数据可以得到以下判断：

第一，我国常住农村的人口依然是一个非常庞大的群体；

第二，城乡差距没有明显收敛；

第三，农民工回流趋势明显；

第四，贫困标准低，低收入群体陷入贫困的脆弱性高。

综合以上判断，很明显，相对于城市区域，农村区域的发展明显滞后，市场激励不足。加之前文的分析表明，虽然目前国家不断出台政策支持农村发展，但是由于一些冲突政策以及对市场激励的不包容，削弱了制度激励的作用，因此，广大的农村区域与城市相比，尤其是欠发达地区的农村，属于制度激励和市场激励的双低地区。

与不适宜居住和生产的生态脆弱地区相比，广大的农村地区现在仍然居住着将近 6 亿人口，是必须大力发展的重要区域。但是尽管连续 14 年出台 1 号文件，"谁来种地"的问题依然困扰着农村的发展，制度激励的低效显而易见。继续加大制度激励力度，必然导致实施成本上升，甚至会形成长期的负激励。这方面最典型的例子就是面向农村的脱贫攻坚工作，为了确保在 2020 年同步建成小康社会，西部地区各级政府"挂图作战"，以精准举措帮助贫困人口实现精准脱贫。但是，这种大强度、高密度的制度激励，不仅本身实施成本极高，而且对于贫困地区的人口而言，并非完全是福音。在调研中，课题组发现最低保障已经被当作一种"福利"，由村民轮流"享受"——除了残疾和老人以外。村民对政府扶贫的"当然性"认知，让一些村民成为脱贫项目中的受益者而非实施者。比如，为了发展扶贫产业，政府倡议种植果树或者中药材，村民的反应是："我不（想、愿意）种，要种你去种"。当然，这种反应有多方面的原因，比如政府之前搞了太多硬性推广、最终却失败的产业项目，而另一方面，却凸显了当前村民对以产业发展脱贫的漠然，认为反正我没吃的政府会给我，建档立卡户甚至小孩上大学都不用操心学费，何必那么操心呢？而政府官员却被头顶上悬着的"考核之剑"所迫，很多时候，只能自己亲自去做本该农户做的种植等工作。在一些地方，甚至由政府出钱，雇人统一种植。在这种情况下，继续加大制度激励力度，个人认为实不可取①。那么，怎么激发广大农村地区的活力呢？

与发达国家普遍高达90%左右的城市化相比，我国的城镇化道路还很长。很显然，未来提高的30%—40%的城镇化率，不可能都聚集在现有的城市中，随着城镇化率的提高，必然会形成新的城镇。新城镇的形成，实际上就是经济发展在当前广大农村以县城、重要集镇为聚集点的空间收敛过程。为加快这一个进程而出台的政策文件，构成了当前我国统筹城乡发展的重要内容。但是，效果正如前文所言，制度激励低效、实施成本高，市场激励弱，城乡差距没有明显收窄。

与此同时，另一个现象最近引发了主流媒体的强烈关注。2015年9月30日，《人民日报》刊发了两篇文章，分别是张颐武的文章《重视现代乡贤》和黄海的论文《重视"软约束""软治理"：用新乡贤文化推动乡村治理现代化》，呼吁"乡贤回归"与"乡贤治乡"。"乡贤"一时成为关注度颇高的话题。这让笔者不由记起2002年写的一篇名为《告老还乡》的小文章②，文中，作者倡议政府提供制度安排，为出生在农村、在外工作的"乡贤"提供告老还乡的制度通道，指出这对于改善落后地区的人文环境，对下一代的人力资本投资，具有非常重要而深远的影响。一转眼，14年的时间过去了，"乡贤回归"不仅回到公众视野，而且成为主流媒体重点推介的观点。而反观现实，乡贤们确实有此需求！这就给广大农村以第三种激励，即情感激励影响制度与市场激励，提供了生根发芽的需求土壤。

---

① 进入"十三五"以后，为了确保贫困地区与其他地区同步建成全面小康社会，我国进一步加大了扶贫攻坚力度，更加凸显了这一问题的普遍性和典型性。对此，2016年10月13日《人民日报》刊载了余祖欣的文章《莫让扶贫扶出"懒汉心态"》，再次强调"扶贫先扶志，扶勤不扶懒"的绝对重要性。

② 见书后附录。

首先，这是一种传统的、已经内化的情感归属的稳定认知。叶落归根、衣锦还乡、桑梓之情等，若干词汇表明了中国传统文化中，对这种"返乡"行为背后的情感激励的描述。虽然在全球化、信息化背景下，现代人的生活已经和传统社会大相径庭，但是传统文化中的情感归属认知在短期内很难改变。这一点也有若干的例子可以验证，不管是正面还是反面。正面比如当自己的家乡受灾时，当地出来的能人、贤人总是积极为之鼓与呼，不仅自己出钱出力，而且积极为家乡争取社会大众的帮助；反面例子比如腐败窝案现象等，很多都是基于亲缘和地缘关系。

其次，有广泛的群众基础。我国出生于20世纪五六十年代的人，几乎都有农村生活经历——要么出生于农村，要么有上山下乡经历，对农村的记忆，就是对青春的记忆，因此，很多功成名就的精英人士都有着非常浓厚的乡土情结。而这两个年代出生的人，大多已经退休，有回乡置业养老想法的也不乏其人，但是因为现在对农村宅基地、农地产权的相关规定，绝大多数人选择了放弃。这对于个人来讲，不过是人生暮年的生活愿望而已，越是成就高的人，越可以通过其他方式满足自己的愿望，换言之，个人总是可以通过行为的边际调整达到效用最大化；但是，对于广大的农村而言，则失去了一笔非常宝贵的人力资源财富；而对于国家而言，无疑是对智慧老人的极大浪费，对于想要回乡但是因为产权原因不能回乡的老人而言，只能将这些智慧圈在城市里的麻将桌上、垂钓塘边，以一种对社会无害的方式延续生命。这些智慧老人，因为年老，所以他们的人力资本在城市里已经没有稀缺性，很难在社会领域发挥作用；但是在农村，他们就是非常稀缺而宝贵的人力资源，从对当地发展的指导到对小孩成长的影响，他们的作用都会被数倍放大。而这恰恰是农村非常短缺且需要的。尤其是当前我国留守儿童的社会化问题。想象一下，如果有一位在大城市工作了几十年的前辈，回到老家，在乡镇或村里，以他喜欢的方式影响着留守儿童们，留守儿童的社会化程度必然会有所改善。而且，从现实中来看，在京城工作的人，比在省城工作的人更珍惜回乡的机会；在省城工作的人，比在市州、县城工作的人，更愿意返乡。总之，愿意回乡的老人，对于农村而言，是异质性极高的稀缺性人力资源，而且群体庞大。

最后，实施成本低。虽然与市场激励的逐利动机不同，但是情感激励也是分散、自发的激励，因此实施成本低。不像制度激励，是特定的、指向明确的激励，所以实施成本更高。

因此，情感激励不仅存在，而且实实在在地在发挥着作用。目前，对于制度与市场激励双低的特殊区域，可以通过情感激励，影响制度与市场激励，最终激发当地的发展潜力，形成自我发展能力。

情感激励对制度与市场激励的影响路径与机制是相互的。以"乡贤回归"、或者"智慧老人"回归来看，正式制度需要做的是：为智慧老人回归提供制度通道，满足回归过程中的制度需求，形成制度供给；随后，市场激励会在智慧老人回归的过程中自然产生。正如亚当·斯密所说："若想从最低级的野蛮状态过渡到最高程度的丰饶，所需要的仅仅是和平、轻松的税收和可以容忍的公正原则的执行，其他一切都可以从事物的自然进程中产生。"

可见，情感激励会使差距收敛。一方面，激活情感激励，需要辅之以必需的制度激励，这意味着制度激励的增加；另一方面，随着情感激励的激活，制度激励的增加，市场激励会在这个发展过程中被内生出来。就以智慧老人回归乡村来看，在制度通道开启以后，智慧老人会选择适合自己的方式回归，必然会出现长期回归、短期回归、偶然回归、定期回归等多种形式，而为了满足智慧老人们各种各样的回归需求，市场必定会行动起来，市场激励自然而然出现。很显然，特定区域的制度激励和市场激励增加的过程，同时也就是该区域发展能力形成的过程。由于出发点是制度与市场激励双低区域，所以，这个变化过程必然是一个推动差距收敛的过程。

以上对影响激励的因素与差距变化的分析，都是在给定的条件下，根据"双激励—四维度"模型的逻辑，分析可能的变化影响。这些分析表明，在资源配置的过程中，除了刻意为之的制度激励，以及自发生成的市场激励，还有很多因素会影响到制度激励和市场激励本身，对于这些因素的影响和冲击，需要通过相应的制度回应加以应对。而其中最特殊的就是情感激励的激活。情感激励与市场激励的区别在于经济逐利性，与市场激励的相同之处在于都是自发的，因此，从制度供给的角度来讲，就是要为情感激励发挥作用提供通道，激活其激励机制。

第二节　封闭性假设、差距变化及经验事实

一　从开放性假设到封闭性假设

这一节我们要探讨当理论假设变化时，根据"双激励—四维度"框架的理论逻辑，我们会得到怎样的结论？

在第三章中，"理论假设一"的内容是制度激励与市场激励的开放性和正向假设。现在我们将理论假设从双开放假设改变为封闭性假设，并在封闭性假设下探讨"双激励—四维度"框架的理论逻辑。

之所以要做这样的封闭性假设，是希望考察在不同的情形下，"双激励—四维度"框架理论逻辑的解释力。在经济学的均衡模型中，常常通过外生变量的变化，进行比较静态分析，从而考察均衡的变化。本书构建的"双激励—四维度"理论框架并不是一个均衡模型，因此，当假设改变时，不能说是规范意义上的外生变量变化引起的比较静态分析，但是从思路上讲，却是同样的道理。

因此，将制度与市场的开放性假设调整为封闭性假设，就有三种情形，即：

封闭性假设 A："封闭市场 + 制度激励开放性"假设；

封闭性假设 B："封闭制度 + 市场激励开放性"假设；

封闭性假设 C："封闭市场 + 封闭制度"假设。

但本部分主要探讨封闭性假设 A 和 B，之所以不讨论封闭性假设 C，是因为这种情形实际上就是本章第一节第三部分探讨的内容，即"影响制度与市场激励的第三种激励：情感激励"的情形。后者探讨了当制度激励和市场激励都很低的情况下，怎样通过情感激励启动特定区域的发展能力形成进程；而"封闭市场 + 封闭制度"激励的假设，实际上就是制度与市场激励双低的情形。

二　封闭性假设下"双激励—四维度"的区域发展能力形成逻辑

首先来看封闭性假设 A（后文简称"封闭 A"），即"封闭市场 + 制度激励开放性"假设。

在这种情况下，看起来似乎与象限图中第 Ⅱ 象限的情形没有区别，但是显然，我们这里专门探讨这一情形，并不是想要简单地重复前面已

经讨论过的内容。在封闭 A 假设下，假设市场是封闭性激励，即市场低激励甚至负激励。在象限图中，第 Ⅱ 象限、第 Ⅲ 象限都属于市场负激励，但是，与封闭 A 假设不同的是：无论是第 Ⅱ 象限还是第 Ⅲ 象限的市场低激励，都是在开放性假设下的市场低激励；而在封闭 A 假设下，是在封闭性假设下的市场低激励。因此，封闭 A 假设与第 Ⅱ 象限、第 Ⅲ 象限的共同点是：市场低激励甚至负激励；区别是前者是封闭市场假设，后者是开放市场假设。类似的，封闭 A 假设与第 Ⅱ 象限的共同点是：市场低激励甚至负激励，制度正激励；区别是前者是封闭市场假设，后者是开放市场假设。

封闭 A 假设非常契合我国计划经济时代的区域发展情形。在计划经济体制下，完全没有市场，所有的经济活动都是按照计划指令实施，实质上就是所有的经济活动都是按照计划规则，在组织内部和组织之间实施。在这样的经济体制背景下，区域发展能力的形成完全依赖于制度激励。而制度激励的强度很大程度上取决于国家的财力和特定区域对国家战略的重要性，当然，还有一个非常重要的影响因素——实施计划经济体制时各区域的初始状态，即特定区域前期发展的基础。

很显然，制度激励与初始状态之间也存在相互强化机制。比如，初始状态好的区域，对于国家战略的重要性显然更大，因此，国家会加大制度激励。在好的发展基础和高制度激励的共同作用下，特定区域的发展能力必然比其他区域提升更快，这就进一步夯实了发展基础，制度激励必然进一步加强，如此进入良性循环。而根据制度变迁的路径依赖理论，一旦初始的制度激励开始，后续的制度激励便会产生"惯性"，对初始路径产生依赖。其实路径依赖本质上是一种选择成本：如果放弃初始路径，则意味着之前的路径选择所耗费的一切均会成为沉没成本，这些耗费包括选择费用和选择以后实施的费用。如果不放弃初始路径，则意味着如果初始路径是一条"坏"的路径的话，后续的选择就是为前期的"坏"选择埋单，所谓的"将错就错"。

因此，在这种状况下，制度激励的均等性倾向于使发展中的差距收敛，但是初始条件的差异则会使发展中的差距加大。

其次来看封闭性假设 B（后文简称"封闭 B"），即"封闭制度 + 市场激励开放性"假设。

在这种情况下，看起来似乎与象限图中第 Ⅳ 象限的情形没有区别，但是，与封闭 A 假设下的情形一样：在象限图中，第Ⅲ、第Ⅳ象限都属于制度负激励，但是，与封闭 B 假设不同的是：无论是第Ⅲ象限还是第Ⅳ象限的制度低激励，都是在开放性假设下的制度低激励，而不是像在封闭 B 假设下，在封闭性假设下的制度低激励。因此，封闭 B 假设与第Ⅲ、第Ⅳ象限的共同点是：制度低激励甚至负激励；区别是前者是封闭制度假设，后者是开放性制度激励假设。类似的，封闭 B 假设与第Ⅳ象限的共同点是：制度低激励甚至负激励，市场正激励；区别是前者是封闭制度假设，后者是开放性制度激励假设。

与封闭 A 假设高度契合我国计划经济体制下的区域发展不同，在现实生活中，从区域发展能力形成的视角来看，很难说有哪一类相对独立的空间区域与封闭 B 假设高度契合。因为按照假设，这类区域内市场活动很活跃，但是正式制度激励不足甚至为负。从制度构建的角度说，就是缺乏正式制度，或者即使有正式制度，也是指向打压和抑制该区域内的市场活动。因此，从区域的视角来看，很难找到一个相对清晰的空间范围，是处在这样的市场和制度激励状态下。不过，如果不严格划定区域范围的话，在一个相对集中的空间范围内，这种情形确实存在。最典型的便是贩毒、走私等违法活动活跃的区域。这些市场交易一直存在，各国根据本国政策，也一直致力于这类违法经济行为的惩处。而且，各个国家都有走私和贩毒的重灾区，一般都是在边境、海关出入境城市的海岸线等特定区域，这类违法经济活动比在内地要猖獗得多。由于从事违法活动的区域大多是"天高皇帝远"的边境地区，虽然市场激励强，但是制度激励弱，所以，总体来看，这些区域发展相对更为滞后。

在这种区域，区域发展能力的形成可能有三种状态：其一是在正式制度的高压下，即高强度的制度负激励下，把市场正向强激励通过打击压制转化为市场低激励甚至负激励——即通过严打让走私和贩毒分子望风而逃。其二是制度激励与市场激励达到一种此消彼长的动态均衡，即"严打—萧条—放松—复苏"的循环发展轨迹。事实上好多违法经营场所都是如此。也正因如此，才会有"严打"。其三是治理成功，黑道洗白。当然，这种情形只适用于走私，而贩毒、赌博、性交易等被我国法律明令禁止的经济活动，除非修改法律，否则不可能合法化。这些活动的"合法性"由各国的法律决定，比如赌博，在一些特定的地区是合法的，最典型的例子是我国的澳门地区，以及美国的拉斯维加斯；性交易在荷兰、美国的一些州也是合法的经济活动；唯有贩毒，除了对毒品的界定存在差异以外，是所有国家都严厉打击的交易活动。对于能够从违法转向合法经营的区域，实际上是在市场正激励的基础上，负向制度激励转为正向制度激励，从而实现了向第 I 象限的最佳状态演进，成功地形成了区域发展能力。如果这种情形发生在走私口岸，在之前走私猖獗的地区，有可能成长为重要的进出口口岸。

因此，综合来看，在封闭 B 假设下，能否形成区域发展能力，完全依赖于制度激励的强度和方向。以该区域为能力主体来看，如果正式制度打击违法活动不力，那么当地走私等违法活动有利于当地经济发展，缩小与发达地区的差距，使发展差距趋向于收敛。同时，从另一个角度来看，就以走私为例，会导致国内同类商品的合法生产经营者成本更高，盈利更少，严重时可能发展难以为继。此时，这些走私商品冲击的生产经营企业是在区外还是区内就成为关键问题。如果是在区域内，则不利于当地区域发展能力的提升；如果对区外企业形成冲击，则从客观上看，有利于走私区域缩小与其他区域的发展差距。当然，副作用是对更大范围内的经济秩序造成了不利影响，而且长期来看，不利于总体发展能力的形成。

三 封闭性假设下区域发展能力形成的经验事实

本部分拟用两个例子加以说明。一个是知识青年上山下乡的例子，另一个就是走私的例子。

知识青年上山下乡是典型的封闭 A 假设下的情形。国家政策激励城市里的知识青年到农村去，但是对于知识青年返城有严格限制；而且在当时的户籍制度和配给制度下，知识青年想要自发返城几乎没有可能——除非你选择成为一个没有身份的边缘人。所以，知识青年上山下乡对于农村地区而言，是典型的封闭 A 假设：市场封闭＋制度开放性假设。

我国这场始于 1955 年，终于 1976 年，波及 1700 万人的知青上山下乡运动，造成的深刻影响至今仍在继续。有人说，这场运动被社会上大部分人归纳为"四个不满意"，即知青不满意，家长不满意，农民不满意，国家不满意（叶辛，2006）。确实，大量反映知青生活的文学作品，因为对这些"不满意"用细致入微的现实题材加以反映，以至知青文学有"伤痕文学"之称。其实,所谓的"四个不满意",恰恰是因为选择不是由个人自由做出,而是被动选择、被迫选择或者没有选择。

不过,也许正如通过战争捍卫和平一样——个人的悲剧往往成就民族的幸运。知青们个人的不幸遭遇,对于广大农村来讲,却撒下了城乡互动发展的种子,而且,直到现在,半个世纪过去了,这些当时播下的种子依然在不断地发芽成长。

总体来看,在当时那种特殊的制度环境下,知青不通过组织程序,不能离开农村,这种将知青"锁定"在农村的制度约束,对于农村区域发展来讲,却是一种强制聚集高素质劳动力要素的制度正激励。在这种管制下,知青对农村发展的主要贡献包括:

①教科文卫知识传播,缩小城乡社会文化差距。包括直接从事教育工作,传播科学文化知识;做赤脚医生,传播医疗卫生知识,提供医疗卫生服务,为当地培养医疗卫生人才;推动民间艺术的改造与创新等。比如山东平度知青高铭,将知青艺术创作与本土艺术融合,在1975年全国年画展中,提交年画作品《上阵之前》参展,这成为平度历史上第一次参加国家级美术展览。可见,知青作为都市文化的承载者插队于乡村,本身就是一种特殊的媒介;通过知青,都市文化以隐性状态而活跃于身处农村的都市个体,从而产生都市文化的溢出效应,融合农村文化共同发展(周怡,2011;闫晶,2014)。

②物资的双向交流。在当时的票证制度下,城市里的生活用品,尤其是粮食、棉花等必需品非常短缺,因此,这成为知青回家探亲带的最典型的物品。比较而言,从城市流向农村的物资主要是资金和设备。比如,1974年6月3日,黑龙江省委知青办接收上海市革委会知青办的函件。函件中计划在当年再向黑龙江省提供拖拉机30台(闫晶,2014);而林升宝(2013)对上海知青运动中的安置经费问题研究表明,不少省份的相关部门反映,知青安置经费的贪污、盗窃和任意挪用的现象相当严重。例如,"有个公社21个生产队,竟有16个挪用安置经费。陕西省有个大队干部动用400元安置费娶了儿媳妇;有个生产队干部把下乡青年的建房私分后,唆使青年去偷国家木材,砍伐国有林木……还有的把安置费用用于修建社队的礼堂、俱乐部、办公室和购置办公室用具等",这些档案资料表明,当时国家配给知青的安置费用,通过两种渠道流向农村:一是发放给在农村的知青;二是在发放给知青

之前，由村社进行违规的再分配，克扣以后再不足额发放给知青。不管是哪一种渠道，安置费都是从城市流向农村；而在第二种渠道中，直接把应该给知青的安置费违规分配给了当地的农村人口。

③城乡人口的频繁往来，以及生产生活互动中思想观念上的相互影响。城乡人口的往来，是后续的社会性互动。比如农村小孩考上大学，到城里去找当年插队的知青叔叔阿姨，像走亲戚一样；知青返城工作，退休以后，也会定期组团回当年插队的地方看看，等等。这些往来的影响，虽然是分散而个体的，但是正因为这样，才是深刻和鲜明的。尤其是一些看起来不起眼的卫生习惯、育儿习惯等，甚至会成为村民的口头禅：谁谁谁说了，不能这么做。这里的"谁谁谁"，当然是当时在村里插队的知青。

④后续的经济合作。一个典型例子是黑龙江省逊克县山河村知青贾爱春和徐桔桔。贾爱春 1975 年在山河村插队，1979 年返城；2009 年 9 月，以 60 岁高龄再回山河村，自费出资给村民建活动室，被村民们命名为"知青会馆"。建房时，老乡问："我们致富缺个带头人，能不能找个上海知青来当村干部，带领大家过好日子？"2011 年，应老乡的一再邀请，徐桔桔把组织关系转到了逊克县，被县里委任为山河村党支部书记，由此开始了带领山河村致富的历程。到 2013 年，山河村面貌一新：六七米宽的水泥路，安装着塑钢窗的房屋显得格外亮堂，每户人家用蓝白相间的铁栅栏隔开，整齐而美观，舞蹈队、秧歌队、农家书屋、健身广场，乡亲们的生活变得丰富多彩起来（孙明泉等，2013）。虽然不一定亲自挂帅做村支部书记，但是，欠发达地区在招商引资等方面，大打"知青牌"已经成为一种现象；而知青们也非常乐意地"接招"，积极投资当年插队的农村；至于市场上以知青题材开发的系列产品，则更是不胜枚举。

因此，知识青年上山下乡，对于个人而言，是一种被迫的选择，只要是被迫就会有伤害；但是从缩小城乡发展差距来看，知识青年上山下乡对农村的发展带来了即时的诸多冲击和后续的深远影响。与个人对插队的观感不同，在社会整体层面，就对农村的发展而言，知青插队的积极影响远远大于消极影响。当然，这里仅仅是从区域发展能力形成的视角，客观地分析知青插队的影响，并不代表赞成以这样的方式提升欠发达地区的自我发展能力。事实上，对于个体选择权利的尊重和保护，随着我国市场化改革和法治进程的推进,一直在不断地得到改善,因此,类似知识青年上山下乡这样的动员方式,自然会淡出公众的视野。

再来看第二个例子,即契合封闭 B 假设下的走私案例。这里以我国广西壮族自治区东兴市为例。①

关键点一:东兴的地理环境为走私提供了便利。东兴沿边、沿江又沿海,既是中国陆地边境线起点、海岸线终点的交汇城市,又与越南北部最大、最开放的芒街口岸经济特区隔北仑河相望,还是中国与东盟唯一海陆相连的口岸城市。北仑河沿线一直是全国的反走私重点地区。东兴与越南的北仑河边境线长为 28 公里,其中 18 公里适合通航与"上下货",沿线点多、线长、面广,作为走私上货的"口子"多达几百处;连接的内地公路、乡村道路纵横交错、四通八达,便于快速"散货"。

关键点二:东兴走私之繁忙盛况。2012 年以前,每天行驶在北仑河面的中越船只达到 2000 多艘,其中大多以装运走私物品或与其相关联的货物为主。走私最盛之时,据说 18 公里北仑河上千帆竞发,不分昼夜都有搬运工人上下货;而在越南的绿林码头,常常直接用大车整柜运送走私货。

关键点三:东兴走私之规模盛况。走私货品从废轮胎等洋垃圾,烟酒等高附加值产品,冻牛冻鸡爪、大米等农产品,甚至小汽车等,应有尽有。数据显示,仅 2013 年一年,除破获一起走私 1000 多辆小汽车、走私烟酒案值 15 亿元的大案外,全年以平均每天 4—5 件案件、平均每天抓捕近 2 人、平均每天查处案值 155 万元的频率,一年内共查办各类走私、违规案件 1725 件,721 人涉嫌走私被抓,总案值为 5.7 亿元。

关键点四:形成产业链和生态圈。形成"全球贸易商 + 进口商 + 保货人 + 散货人"走私产业链和生态圈。在每一个环节,又衍生出多个工种:"看水仔"、装卸工、船夫、货车司机等。

关键点五:吸引外地人聚集。走私像黑洞一样吸引着掘金者,来自全国各地的"散货人"笃信,北仑河流淌着他们触手可及的发财之梦。北仑河边,在边防武警与公安民警以 5—10 分钟一辆车的巡逻间隙,在距离河水约 5 米之高的河堤围栏一角,会忽然被街边摆摊卖椰子的老板

---

① 本案例内容主要来自《每日经济新闻》记者戴西南的系列专题报道,引用中有修改,特此致谢!

快速打开，一手收 5 元钱，一手放人下河堤。这是一个由原先的河堤围栏改造伪装的"暗门"，在短短半小时内，三拨人越"门"而出。与国人去越南一样，在东兴从事"装卸工"的多数是渡河而来的越南人。

关键点六：打击走私，建设重点开放试验区。东兴 20 世纪 90 年代后期中越恢复通关后，东兴地方经济一度因走私而兴。2010 年 6 月 29 日，国家提出建设广西壮族自治区东兴重点开发开放试验区；2012 年 7 月，国家发改委印发《广西东兴重点开发开放试验区建设实施方案》；2012 年 8 月 17 日，重点开发开放试验区建设工作会议在东兴市召开，全面启动重点开发开放试验区建设。自 2012 年以后，国家进一步加大了严厉"打私"力度，东兴正从"走私福地"变为广西重要的边海门户和开放前沿。

东兴的案例可以说完美地诠释了封闭 B 假设下，特定区域发展能力形成的路径：东兴适合走私，于是在市场激励的作用下，走私一度泛滥，甚至东兴也因此而"兴"；但是在正式制度的强力打击下，走私活动趋于减少；同时，国家辅之以强力的制度正激励——东兴与云南瑞丽、内蒙古满洲里同时被列为重点开发开放试验区，与市场逐利动机形成的激励一起，合力促进东兴形成区域发展能力，打造边境重要开放城市。

第三节　激励要素聚集：增强区域发展能力的制度供给优先序

通过第三章对"双激励—四维度"框架的一般分析，以及本章前两节从激励变化、假设改变两个视角对该框架的拓展分析，我们发现依据该框架的理论逻辑，对政策制定的含义越来越聚焦，清晰的制度供给内在逻辑呼之欲出。因此，本节将基于"双激励—四维度"框架的基本逻辑和扩展分析，得出增强区域发展能力的制度供给逻辑，为制定区域发展能力形成的制度安排提供方向性的指引。

一　制度发动与市场起飞："双激励—四维度"基本逻辑的激励结论

在第三章的最后一节，我们得到了基于"双激励—四维度"理论逻辑若干重要结论和推论。① 综合这些内容，给定欠发达地区自我发展能力形成的市场负激励假定，对于区域发展能力形成的制度与市场激励，可以形成以下结论：对于欠发达地区，制度激励是形成区域发展能力的发动因素，市场激励是区域发展能力形成的起飞、加速和转折因素。

之所以说制度激励是欠发达地区能力形成的发动因素，是因为在开放性假设下，发达地区必然是市场激励更强的区域。在市场机制的作用下，要素从欠发达地区向发达地区聚集，是符合经济人假设的必然选择；从经验事实来看，也是经常被观察到的客观现象。在这种背景下，欠发达地区要改变要素的流向，如果没有正确且强有力的制度激励，而寄希望于"三十年河东，三十年河西"的市场作用，上演"风水轮流转"的发展逆转，不确定性非常大。因为在更多的时候，没有"有形之手"的制度干预，市场机制作用下的"马太效应"非常突出。因此，对于在市场竞争中处于劣势地位的欠发达地区而言，要形成自我发展能力，必须借助"有形之手"的力量，通过正式制度的激励，实现要素聚集、要素配置效率提高、提升产品竞争力和改善资源环境承载状况，正是从这样一个意义上来讲，制度激励是欠发达地区能力形成的发动因素。

比较而言，市场激励则是欠发达地区发展能力形成的起飞、加速和转折因素。之所以是起飞因素，是因为从经验事实来看，我们看到了太多支持欠发达地区发展的政策失败案例。在总结这些失败的案例时，结论最终都会归于一点：没有形成该地区的自我发展能力。政策失败最直观的表现是：完全的援助依赖。只要政府停止援助或支持，特定区域的发展马上与其他地区拉开差距。之所以如此，就是因为在失去了"有形之手"的扶助之后，该区域的"无形之手"也不能发挥作用，无益于要素向当地聚集、无益于要素配置效率提高、无益于产品竞争力提升，也无益于改进资源环境承载状况。但是，相反，如果在"有形之手"扶助发展的阶段，对当地的市场培育卓有成效，内生出市场激励，即使撤走"扶助之手"，该区域也能在市场激励的作用下，推进区域发展能力形成的进程。而在现实中，对欠发达地区的制度激励，往往是

---

① 见第三章第四节的第五部分：基于"双激励—四维度"理论逻辑的重要结论及推论。

"扶上马，再送一程"，而不是在市场激励一旦形成以后就"釜底抽薪"。所以，对于欠发达地区而言，在制度激励的作用下，一旦内生出市场激励，就进入了区域发展能力的起飞阶段。

而之所以说市场激励是欠发达地区能力形成的加速因素，就是因为一旦特定区域的自我发展能力形成进入起飞阶段，如果制度激励与市场激励相得益彰，必然进入加速发展的通道。在我国西部的 12 个省（市、区）中，自 2012 年以来的重庆，颇有这样的势头。

市场激励作为转折因素，则是把双刃剑。一方面，在市场激励作用下，加上欠发达地区已有的制度正激励的共同作用，当地可能进入发展的快车道，缩小与发达地区的发展差距，直至跻身发达区域阵营。另一方面，对资源富集的欠发达地区，却有可能因为制度供给跟不上市场内生的制度需求，出现发展中的市场投机行为过度，从而伤害区域发展能力的可持续性。这方面最典型的例子是我国内蒙古的鄂尔多斯。2004年，随着煤价上涨，有着全国 1/6 煤炭储量的鄂尔多斯一夜暴富，来自全国各地的"淘金客"纷纷涌入。随着外客的涌入，当地政府认为老城东胜区承载力不够，决定建造康巴什新城区。这一引导要素聚集的制度正激励，几乎马上转化为正向的市场强激励——来自煤炭资源的财富大量涌入房地产行业，康巴什这个大漠小城的房价飙到两万元一平方米，物价也跟着水涨船高。鼎盛时期，鄂尔多斯增长指标在内蒙古名列前茅：经济增长速度全区第一，2007 年地区生产总值超过 1000 亿元、财政收入超过 200 亿元，成为内蒙古第一经济强市。一时间，鄂尔多斯被认为是西部大开发最成功的典范，媒体甚至将"鄂尔多斯模式"与"深圳模式"、"苏南模式"和"温州模式"等相提并论。但是这一切都在 2011 年民间借贷链条雪崩之后，戛然而止。2011 年以前，康巴什一个装修工人一个月能赚一两万块钱；之后，装修工人每个月工钱降至四五千元。房地产去库存成为当地政府的心头之患，"切实加大房地产去库存力度"之类的字眼屡屡出现在政府工作报告中（李雅娟，2016）；媒体上，"鄂尔多斯模式"让位于"鄂尔多斯鬼城"的提法……鄂尔多斯的例子，可以说是欠发达地区市场激励对区域发展能力形成发挥转折作用的经典案例。

综上，对于欠发达地区而言，要形成自我发展能力，首先要以制度激励启动这一进程；一旦制度激励转化生成为市场激励，则该区域发展能力形成进程进入起飞和加速阶段；而在这一阶段，如果不能很好地控制市场投资冲动带来的风险，市场激励有可能成为转折因素，阻滞甚至中断欠发达地区自我发展能力的提升进程。

二 要素聚集优先：来自"双激励—四维度"拓展分析的结论

根据"双激励—四维度"的基本逻辑，制度激励是启动欠发达地区自我发展能力形成的激励因素，那么，在区域发展能力的四个维度中，是不是也存在制度激励的优先序呢？毫无疑问，根据"事情有轻重缓急"的一般逻辑，激励形成欠发达地区的自我发展能力，也有优先序。事实上，这个优先序就"隐藏"在前面对"双激励－四维度"框架的拓展分析之中。

首先，对改变市场激励的分析表明，要素从聚集态势转向外流趋势时，就有可能成为该区域发展能力提升过程的转折点，换言之，在这种情况下，要素聚集态势是风向标。

其次，对影响制度激励效果的分析表明：要素的聚集程度是衡量制度激励效果的显性指标。如果在制度激励下，要素向特定区域聚集，则表明制度激励效果显著；反之则低效甚至无效。

再次，对情感激励的分析表明：当制度激励的实施成本很高，市场激励又没有基础和优势时，情感激励是引导要素自发向特定区域流动和聚集的重要因素。这些非功利性的聚集，孕育了特定区域发展能力形成的未来，影响深远。

最后，对封闭性假设的分析，无论是市场封闭下的知识青年上山下乡案例，还是制度压制下的东兴走私案例，都表明一点：不管是哪一种激励在发挥作用，驱动要素向区域聚集，关键是要有要素向区域聚集，尤其是人的聚集。因为人是社会性产物，只要聚集在一起，必然有互动。这些互动，既有破坏性互动，也有创造性互动。从人类社会一直在向前发展这一重要事实来看，显然是创造性互动多于破坏性互动。而区域发展能力的形成，正是聚集在区域之内的人们，长期创造性互动的结果呈现。

可见，不管"双激励—四维度"框架怎样拓展和变动，要素聚集是其核心逻辑。综合其基本逻辑的结论——制度激励是欠发达地区自我发展能力形成的发动因素，则制度激励的优先序必然是：要素聚集优先。

　　要素聚集优先，意味着在影响区域发展能力四个维度的变化时，制度激励应该优先考虑对要素聚集的影响。这一理论逻辑并不违背常识。虽然就整个区域的发展而言，资源环境承载力是终极载体，但是，在临界点之内，要素却是其他维度的载体。如果没有要素，要素的配置效率就无从谈起；同样，如果没有要素，产品竞争力也无从谈起。虽然要素聚集与资源环境承载力的关系，与前两者的因果关系不同，但是，当我们针对特定区域探讨其自我发展能力的形成这一问题时，显然是在资源环境承载力许可的范围之内，因此，对于特定区域形成自我发展能力而言，资源环境承载力是规定了要素聚集的最高上限，而要素向特定区域的聚集，是该区域发展能力形成的起点。可见，不管是从"双激励－四维度"拓展分析来看，还是从区域发展能力四个维度的内在联系来看，要素聚集都是制度激励应该优先考虑的领域。

　　这种关系如图4－1所示，对于形成区域发展能力的四个维度，制度都具有激励作用。为了尽快提升区域自我发展能力，如果要确定制度供给的优先序，则是激励要素聚集的制度应该优先供给。理由是要素聚集是提升要素配置效率、产品竞争力的前提；而资源环境承载力作为要素聚集的上限，可以视为给定的发展环境。所以，提升特定区域的自我发展能力，制度供给的优先序是激励要素聚集。

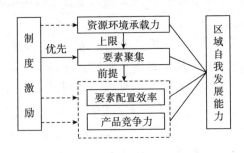

图4－1　制度激励优先序关系

三　以制度激励要素聚集：区域发展能力形成的政策重心

　　至此，从制度供给的角度来看，可以将前述研究总结为一句话：帮助欠发达地区形成自我发展能力，重点应以正式制度激励要素聚集。

　　其实这一结论从政府与市场配置资源的角度来看，也是符合逻辑的选择。因为构成区域发展能力的四个维度中，要素配置效率和产品竞争力虽然也涉及宏观层面的改革问题，但是，其核心内容仍然是微观主体的行为范畴，尤其是企业作为配置要素的重要载体和主体，内部的要素配置效率，主要与企业有关。从这个意义上来看，制度激励聚焦于要素聚集，也是"有形之手"干预经济的题中之义。

行文至此，也许会被质疑：这不与第三章的说法不一致吗？前文在分析要素配置效率的制度激励时，强调国有企业改革、要素配置到生产性部门还是非生产性部门，是宏观层面影响要素配置效率的两个突出问题。这里，强调的却是要素配置效率更多涉及微观层面。这两个结论是否相互冲突呢？

其实这两种看起来不一致的观点并不冲突。两者的区别其实是一般分析和特殊分析的区别。第三章是在一般意义上，或者说面向我国所有的区域，探讨区域发展能力形成的制度与市场激励问题；而这里，却是限定在欠发达地区范围内探讨制度激励问题，因此，区别就非常明显而清楚。对于欠发达地区，比如西部地区，当我们强调要素配置问题的宏观层面激励时，需要考虑到这样一个问题：西部地区的国有企业改革有无单兵突进的可能？显然，国企改革是一个全国范围内的重大命题，西部地区更多的是在改革的顶层设计下，在微观层面即国企内部探索具有自己特色的路径。可见，国企改革作为要素配置效率的宏观层面问题，主要是全国范围内的共同命题，而不是西部地区的特殊命题。同样，在宏观层面探讨要素是配置到生产性部门还是非生产性部门，更多的时候也是依赖国家层面的制度安排，当然，这并不排斥地方政府在这方面可以有所作为。

至于产品竞争力的提升，虽然在宏观层面与产业政策有关，而这也正好是各个区域地方政府大有可为的领域。但是，提升产品竞争力同样也必须首先解决要素聚集的问题——如果都没有要素投入到产品的生产中，何来竞争力的提高呢？因此，首要问题依然是要素的聚集。

虽然资源环境承载力的改善主要是制度激励发挥作用，因为这是市场失灵的领域。但是，与其他三个维度相比，资源环境承载力是区域发展能力形成的保障因素，而不是发动因素；而且本章对改变市场激励方向的分析虽然表明，随着市场激励的加强，资源环境承载力临近阈值有可能导致转折性改变，但是其前提是"市场正激励强"的发达地区，而不是欠发达地区。虽然西部地区也有生态环境非常脆弱甚至十分恶劣的区域，对于这些区域，扶助措施主要是易地移民搬迁，即纯粹作为生态屏障或者保护区域存在，而不是作为经济活动区域存在，因而自然也就不涉及对其发展能力的培育与评价。这些区域生态的改善，是为本地区乃至全国的发展提供生态保障。至于说到资源开发利用方式这一宏观问题，前提依然是有要素来开发利用当地的资源。

可见，虽然区域发展能力形成的其他三个维度也需要制度提供激励，但是要么是全国层面的一般性问题，要么是以要素的聚集为前提，因此，综合来看，对于欠发达地区自我发展能力的形成而言，制度层面最首要的任务是激励要素向区域内聚集。事实上，这也是西部大开发政策的主要取向，具体的措施比如招商引资、实施大学生村官等政策，都是通过制度激励为欠发达地区引入要素，推动要素聚集。

以制度激励要素向特定区域聚集，早期非常重视"招商引资"，而且相对于"商"，地方政府更看重"资"，即资金要素的引入。近年来，在激励区外要素向区内聚集的思路上，"重人"胜于"重资"的取向越来越清晰。比如武汉市，2017年4月10日，成立了国内第一家"招才局"，可以说是抓住了以制度激励要素聚集的"牛鼻子"，是制度供给优先序的现实诠释。相对于传统的"招商局"，武汉市招才局将招才引智列为该市"一把手工程"。作为该市招才引智工作领导小组的日常办事机构，实行"虚拟机构、实体运行"，即不单设组织机构、不增加行政编制，而是整合各部门人才工作力量，强化牵头抓总、综合协调和督促检查职能。招才局的职能包括：建立人才政策体系，统筹人才支持政策，形成招才引智的"一张政策清单"、"一张政策导图"；设立招才项目库，统筹全市9亿元左右的人才专项资金，实行"一个系统报、一套班子审、一个口子出"；摸清人才需求行情，绘制"招才地图"，落实"城市合伙人"、"百万大学生留汉创业就业计划"、"百万校友资智回汉工程"等人才项目（程远洲，2017）。

四　制度供给优先序凸显西部地区增强自我发展能力的"制度激励·要素聚集"逻辑

在第三章建立"双激励—四维度"理论框架时，我们将区域自我发展能力形成的"制度激励·要素聚集"逻辑拓展为"两大激励"和"四个维度"；在本章得出的制度供给优先序，实际上是又回到了"制度激励·要素聚集"的思考起点。正是从这样一个意义上来看，根据"双激励—四维度"理论框架的基本逻辑和扩展分析得出的制度供给优先序，凸显了西部地区自我发展能力形成的"制度激励·要素聚集"这个核心逻辑，而不是因为将"制度激励·要素聚集"拓展为"双激励—四维度"而稀释了核心逻辑。

一方面，从"制度激励·要素聚集"向"双激励—四维度"的拓展，有利于构建更具说服力的理论分析框架。对于西部地区自我发展能力的提升这一论题而言，从经验观察来看，最直观的现象是：在市场机制的作用下，西部地区的要素向东部地区流动，因此，要增强西部地区的自我发展能力，最可靠的路径是各级政府提供强有力的制度激励，引导要素向西部地区聚集，从而逐步增强自我发展能力。这也是本课题在设计之初，以"制度激励·要素聚集与西部地区增强自我发展能力研究"问题的理论初构。但是，正如第三章所言，当我们尝试构建区域发展能力形成的理论分析框架时，却发现要从一般意义上探讨其形成机制，省略"市场激励"不可能将问题阐述清楚，简单将市场激励定义为"负激励"也不利于构建一个一般性的分析框架。同时，经验事实也表明：对于西部地区甚至所有的区域而言，制度激励也未必一定是"正激励"——如果是的话，就不存在"失败的制度"这一说法了。因此，要从一般意义上探讨区域自我发展能力的形成机制，必须考虑"制度"与"市场"两种激励的各种可能组合。按照这样的逻辑，"制度激励"扩展为"双激励"是理论思维的必然呈现。同样，如果仅仅只考虑"要素聚集"，就很难解释资源密集地区的贫困问题，也很难解释国有企业占较大比重的东北地区近年来的下行趋势，以及同样的制度激励下不同的发展结果等等，所以将"要素聚集"扩展为"四个维度"是一个更为完整的逻辑链条，有利于更为完整、全面地对区域自我发展能力的形成机制进行理论分析和逻辑推演。

另一方面，从"双激励—四维度"向"制度激励·要素聚集"回归，是理论逻辑向核心问题的聚焦，恰恰是对理论逻辑正确性的检验。在对"制度—市场"激励的各种可能性演进机制进行周延的理论逻辑推演之后，无论是"双激励—四维度"分析框架的基本逻辑，还是该框架的扩展分析，都指向了"制度激励·要素聚集"这一核心逻辑，得到区域发展能力形成的制度供给优先序，这表明理论逻辑与经验现象的一致性，是对理论逻辑正确性的验证，表明该分析框架得出具有启发性结论的可能性，是一个颇具洞察力的分析工具。

因此，本书理论分析路径从"制度激励·要素聚集"向"双激励—四维度"的拓展，以及从"双激励—四维度"再向"制度激励·要素聚集"的回归，比较完整地呈现了聚焦核心问题引发理论思考（"制度激励·要素聚集"思路的提出）、围绕核心问题展开系统研究（向"双激励—四维度"理论分析框架的拓展）、理论逻辑再向核心问题回归（根据"双激励—四维度"基本逻辑和扩展分析得出制度优先供给要素聚集激励的结论）的分析过程，清晰地表现出"理论思考初构—理论框架构建—逻辑结论回应"的理论分析逻辑思路，是"从问题出发—一般性理论思考—向问题回归"的理论研究范式的具体运用。具体到本书，则是根据"双激励—四维度"基本逻辑和扩展分析得出的制度供给优先序，是对"制度激励·要素聚集"核心逻辑的回归和凸显，而不是稀释。

第四节 要素贫困地区的减贫思路："双激励—四维度"框架及其制度逻辑的综合应用

以制度激励要素向特定区域聚集，是形成该区域自我发展能力的起点。但是，在我国的欠发达地区中，有一类地区却很特殊。对于这类地区，国家政策不可能激励要素向当地聚集，相反，因为这些地区"一方水土养不活一方人"，因此，主要采用易地移民搬迁的发展救济政策。从"制度激励·要素聚集"的视角来看，实际上是通过制度供给提供"去要素聚集"的激励，以期获得整个区域自我发展能力的提升。对于这类地区，本书将之界定为"要素贫困地区"。本节内容主要是根据"双激励—四维度"框架及其制度逻辑，探讨要素贫困地区的减贫思路。

一 要素贫困地区的界定

对贫困的定义，通常是以"人"为主体。根据定义的核心内容，可以将之区分为收入贫困、权利贫困、能力贫困和文化贫困范式。收入贫困主要通过划定贫困线，贫困线以下的人口则为贫困人口。权利贫困、能力贫困和文化贫困是在收入贫困范式的基础上演进而来，主要针对贫困治理提出。权利贫困理论认为，贫困人口之所以贫困，是因为初始权利或者交换权利失败（Sen，1997），因此，要治理贫困，需要解决权利失败问题。能力贫困则认为贫困人口之所以贫困，是因为缺乏融入现代社会谋求生计的能力，因此，消除贫困的治本之策应该是形成贫困人口的能力。文化贫困则主要关注代际贫困，认为在贫困家庭中，由于家庭文化的影响，使得贫困家庭子女与其他家庭孩子相比，在认知和行为选择等方面，存在先天不足，从而造成贫困的代际传递。很显然，收入贫困范式主要是贫困标准问题，其他贫困范式则主要是贫困致因问题。

但是，本书将要界定的"要素贫困"，却是以"区域"为主体，不是以"人"为主体。以往对贫困的区域界定就是贫困地区，即贫困人口聚居的区域，或者整体经济发展严重滞后于其他区域的地区，比如贫困县、一类贫困村、集中连片特殊困难地区等。本研究所定义的"要素贫困"，至少包括两层含义：一是传统意义上的贫困地区，即特定区域内土地、资本、劳动力、技术和企业家才能等要素禀赋都处于十分匮乏的状态；二是各级政府向该地区提供的减贫政策，主要是指向提供"去要素聚集"激励的贫困地区。因此，这里讨论的要素贫困是针对贫困地区中的特殊区域而言，而非家庭或者个人。

要素贫困地区在我国确实存在。放大来看，新一轮扶贫攻坚的主战场"11＋3"个集中连片特殊困难地区，都可以看作要素贫困地区。但是这个标准看起来过于宽泛，因此，我国的集中连片特殊困难地区不能说是严格意义上的要素贫困地区。根据本书对要素贫困的定义，比较典型的要素贫困地区是当前我国实施易地扶贫搬迁的贫困地区。根据发改委、扶贫办会同财政部、国土资源部、人民银行联合印发的《"十三五"时期易地扶贫搬迁工作方案》（以下简称《易地扶贫搬迁方案》），"十三五"时期，易地扶贫搬迁对象主要是"居住在深山、石山、高寒、荒漠化、地方病多发等生存环境差、不具备基本发展条件，以及生态环境脆弱、限制或禁止开发地区的农村建档立卡贫困人口，优先安排位于地震活跃带及受泥石流、滑坡等地质灾害威胁的建档立卡贫困人口"；用"5年时间对'一方水土养不起一方人'地方建档立卡贫困人口实施易地扶贫搬迁，力争‘十三五’期间完成1000万人口搬迁任务，与全国人民一道同步进入全面小康社会”。在《贵州省2016年易地扶贫搬迁工程实施方案》中，明确“易地扶贫搬迁对象主要是居住在生存环境差、人地矛盾突出、不具备基本生产生活条件，生态环境脆弱、限制或不宜开发，距城镇和交通干道较远、基础设施和公共服务设施难以延伸，村寨人口规模较小（50户以下）、贫困发生率高（50%以上）、扶贫成本大，地震活跃带和地质灾害多发、安全隐患较大等‘一方水土养不起一方人’地方的建档立卡贫困人口。2016年以自然村寨整体搬迁为主”。可见，我国目前大约还有1000万人生活在“一方水土养不活一方人”的极贫地区，这些地区，就是本书所说的“要素贫困”地区。

之所以说易地移民搬迁地区是比较典型的要素贫困地区，是因为：

第一，这些区域都是“一方水土养不活一方人”的地区，因此，土地禀赋条件差。

第二，这些区域都是多轮扶贫攻坚剩下来的“硬骨头”，贫困程度深，贫困发生率高，因此居住在该区域的人口人力资本存量普遍更低；在一些地方病高发区域，残疾人口比例很高。因此，劳动力要素不足。

第三，因为生产条件差，劳动力素质低，所以资本形成和资本深化几乎没有，又没有吸引外部投资的资源，资本要素匮乏。

第四，长期以传统生产方式谋生，与现代科学技术几乎绝缘，技术要素匮乏。

第五，缺少现代企业作为载体，即使有具有企业家才能的人才，也会外流，因此当地的企业家严重匮乏。

第六，对于这些地区，各级政府提供的制度激励是“易地移民搬迁”，是典型的“去要素聚集”激励。

综上，我国的易地扶贫搬迁区域是典型的要素贫困地区。

除了以上述方法识别要素贫困区域以外，还有一个判断标准就是主体功能区标准。根据主体功能区的划分标准，我国的国土被划分为优化开发区域、重点开发区域、限制开发区域和禁止开发区域。其中，禁止开发区域可以近似地理解为要素贫困地区。当然，两者划分的标准不同。主体功能区是主要从合理优化国土空间开发格局的视角进行划分，而要素贫困地区则从人类生存发展的角度划分。前者强调以生态的总体可持续确保人类生存发展的可持续；后者以现实存在为出发点，关注如何改善当下的生存发展状态。

二　要素贫困地区的"去要素聚集"激励特征

根据"双激励—四维度"框架的基本逻辑和扩展分析，要素贫困地区的制度与市场激励具有典型的"去要素聚集"特征。

首先，这类地区是制度激励低效甚至失效的区域，成为历次发展中的"漏出"区域。

与成为重点开放试验区之前的东兴不同，与知识青年上山下乡时广大的农村也不同，要素贫困地区是多次发展机会中的漏出区域。对于依靠走私发展的东兴而言，在没有被列为重点开放试验区之前，是被"制度漏出"，但是有强大的市场需求基础；对于20世纪50—70年代的农村而言，是不允许进入市场，不是不存在市场，是一种"市场排斥"。因此，这两类区域，一旦解决了制度的漏出问题和市场准入问题，就会迅速发展起来。在很大程度上，我国的改革开放进程，就是一轮轮的制度补漏和不断放开市场准入的过程，但是，要素贫困地区在一次又一次的历史性发展机遇前，都没有能够发展起来，这充分说明在这些特殊区域，无论是市场激励还是制度补漏，效果都难尽人意。

特别的，对于这类贫困程度特别深、贫困面特别广的极贫地区，这些年以来，一直是各级政府扶贫开发的重点，实施了多项扶贫开发政策。但是，在市场激励的作用下，这些区域人口的特点是：有能力的在扶贫政策的帮助下，离开当地，到城镇发展；没能力的留在当地，但是因为生产条件实在恶劣，所以，除非直接发钱，舍此别无他途。因为这些人，是在无数次产业脱贫的发展中被"漏出"的。对于他们而言，已经被证明很难抓住任何发展生产的机会，来脱贫致富。即使外出打工，也可能因为语言不通、缺乏技能①，而找不到工作。

其次，这类地区的市场提供的是"去要素聚集"的负激励，强化了当地成为发展"漏出"区域的特征。

----

① 在很多少数民族聚居地区，语言不通是非常突出的问题。甚至一些乡镇干部，也不会说普通话，只会说方言，在交流时存在很大的语言障碍；至于边缘山区的村民，很多妇女只会说少数民族语言。关于技能问题，虽然现在我国有从中专到专项培训等完整的培训体系，但是，除了中专技校确实能在较大程度上解决贫困家庭初中生的技能习得问题以外，在其他各项专门技能培训中，受益最大的是能力更强的农村人口，而不是最贫困的农村人口。

典型的表现是这些区域正在经历着本土人口的净流出。比如 2016 年1月，本研究课题负责人就编制《对口帮扶贵州工作"十三五"总体规划》在贵州进行调研，所到村寨外迁人口最少的也在 50% 以上，其中铜仁市德江县桶井乡的一个村，全村 700 多人，在家的仅有 200 人左右，都是老人和小孩。搬出去的农户，除了解决生存问题以外，主要为了方便小孩上学。现在农村集中办学以后，边远山区的小孩上学是一个十分突出的问题。为了解决这个问题，虽然政府做了大量工作，但是因为农户居住分散，修路、安排交通车接送等都成本太高，因此更多的是农户自己解决。在这种情况下，只要稍微有点能力的家庭，都搬到镇上、县城居住；而留居山区、让小孩成为留守儿童的，恰恰是最困难的农户。能力强的劳动力选择离开这些区域，表明这些地区市场提供的是"去要素聚集"的负激励。

最后，当前在这类地区实施的易地扶贫搬迁政策，是典型的"去要素聚集"制度激励。

前面的分析表明，对于要素贫困地区，一方面，提供同样的制度激励，却不能获得同样的发展效果；另一方面，因此不断拉大的发展差距，市场提供了"去要素聚集"的负激励，在制度激励低效甚至无效、市场负激励的交互作用机制下，使得要素贫困地区不仅成为当地人用脚投票、对外部要素极度缺乏吸引力的地区，而且成为"屡扶不起"的制度激励失灵地区，扶贫成本节节攀升。扶持发展低效与自我发展区域的相互增强机制，使得这类地区的扶贫问题成为区别于其他贫困地区的特殊困难问题。

综合考虑这些地区的发展可能性，最终基于"一方水土养不活一方人"的经验观察，各级政府提供了通过"易地移民搬迁"解决当地贫困的制度激励。很显然，对于作为迁出地的要素贫困地区而言，易地扶贫搬迁提供的是"去要素聚集"的制度激励。

综上，当前的要素贫困地区，要么是同质性扶贫开发政策提供的制度激励低效或者失效，进而成为市场形成"去要素聚集"的负激励地区；要么是异质性扶贫开发政策直接提供"去要素聚集"的制度激励，因此，要素贫困地区自我发展能力形成的"双激励"机制，无论是制度激励，还是市场激励，都具有典型的"去要素聚集"的典型特征。

三　易地扶贫搬迁：要素贫困地区自我发展能力问题的"转移"与"转换"

显然，易地移民搬迁政策的实施，主要是要解决要素贫困地区现有人口的生存和发展问题。在自我发展能力的语境下，这一方面意味着将要素贫困地区的自我发展能力问题，"转移"到其他地区去解决；另一方面意味着将要素贫困地区的区域发展能力问题转化为人口自我发展能力问题。

首先，易地扶贫搬迁通过将人口移出，实现了区域发展能力从迁出地向迁入地的转移。人是区域经济社会发展的主体，随着人口的迁出，要素贫困地区的区域发展能力，自然转移到迁入地区，具体到易地扶贫搬迁，主要表现为能否为迁入人口提供合适而足够的就业岗位。这对于迁入地而言，实际上就是一般意义上的区域发展能力问题，因此，依然可以用"双激励—四维度"框架展开分析。

其次，易地扶贫搬迁对于迁出的人口而言，实际上是能否融入新的区域发展进程中去的问题，亦即自身的发展能力问题。正是从这个意义上讲，易地扶贫搬迁将要素贫困地区的自我发展能力问题，转换成为迁出人口的自我发展能力问题。

而从现实层面来看，易地扶贫搬迁政策的实施效果，主要取决于迁出人口能否融入迁入地的发展进程中，也即主要取决于贫困人口是否具有自我发展能力。虽然迁入地区是否能够提供合适而充足的就业岗位也很重要，但是，从区域自我发展能力的视角来看，迁入人口相对于迁入地区的总人口而言，占比很小，以至于完全不足以构成对当地区域自我发展能力形成进程的影响。因此，虽然易地扶贫搬迁将要素贫困地区的自我发展能力问题转移到迁入地，但是，对于评价这一制度供给的激励效果而言，至关重要的是迁出人口的自我发展能力问题，而不是迁入地的区域发展能力问题。这样一来，在当前的扶贫开发政策环境下，要素贫困地区的减贫与发展问题，便集中表现为迁出人口的自我发展能力问题。

四　要素贫困地区的减贫与发展：区域与人口发展能力的双向转换

要素贫困地区通过易地扶贫搬迁，一方面将区域发展能力问题"转移"到迁入地，另一方面将区域发展能力问题"转换"为迁出人口的自我发展能力问题。但是衡量易地扶贫搬迁这一制度激励的成效，主要取决于迁出人口的自我发展能力，因此，要素贫困地区的减贫与发展问题，在很大程度上就是迁出人口在搬迁之后，能否培育形成自我发展能力的问题。这使得要素贫困地区的减贫与发展问题，似乎已经离开了"区域发展能力"的范畴，进入了人口自我发展能力的范畴。没错，在很大程度上便是如此。但是，任何问题都不是孤立的，尤其是社会经济现象，更不是孤立的绝对可分领域。就地区和人口自我发展能力这两个范畴而言，虽然目前无论是国家政策层面，还是少数学者都将二者区分开来，但是，区分是相对的，两者的紧密联系则是绝对的。

根据"双激励"对发展能力的影响机制，要素贫困地区的易地移民搬迁政策，实际上涉及区域与人口自我发展能力的双向转换问题。

转换一：从区域自我发展能力转换为人口自我发展能力。从实践层面看，这表现为要素贫困地区的贫困人口，在各级政府的支持下，通过易地移民，从原住地迁入其他地区生存和发展。这一过程在制度提供的强激励下完成，对于搬迁意愿低的贫困人口而言，等同于完全基于制度激励实施搬迁。因此，单就搬迁这个环节而言，完成效果明显，表现为各地均可以按时完成搬迁工作计划，做到"搬得出"。

转换二：从人口自我发展能力向区域发展能力的转换。迁出人口搬出来以后，如果"稳得住、能致富"，则贫困人口在实现了自身发展能力提升的同时，以要素聚集的表现形式，转换为区域发展能力的提升。

很显然，只有上述两个转换都是顺畅而且连续的，才能表明要素贫困地区的易地扶贫搬迁政策发挥了预期的激励作用，产生了明显的激励效果。在实施过程中，第一个转换因为仅仅涉及制度激励的供给问题，因此转换成功率很高，存在问题的主要是第二个转换。而第二个转换不能顺利实现，反过来又影响着第一个转换的顺利完成。两个叠加起来，集中地表现为易地扶贫搬迁实施中的四大突出问题。

问题一："搬出"容易与"留住"难。根据国家《易地扶贫搬迁方案》，财政资金用于易地扶贫搬迁仅限于"建档立卡户"，因此，要素贫困地区最贫困人口可以通过财政资金的支持，解决"搬得出"问题；但是，由于这一部分人是村寨里能力最弱的人，因此，政府帮助他们搬出来以后，往往很难"留得住"。这使得移民的长远生计问题成为各地易地移民搬迁最头疼的问题，也就是迁出人口的自我发展能力问题。

问题二：政策强约束导致实施中容易产生不公平感。易地扶贫搬迁工作是一个复杂的系统工程,操作起来难度很大,容易产生争议。为了规范工作流程,各地均提高了该项工作的制度化水平,制定了详细的实施方案,成为指导各地易地扶贫搬迁工作的强制性约束。但是,恰恰是这些非常清晰的实施方案,实施起来容易在民众中产生不公平感。比如《贵州省 2016 年易地扶贫搬迁工程实施方案》中明确,2016 年以自然村寨整体搬迁为主;条件是村寨人口规模较小(50 户以下)、贫困发生率高于 50% 以上村寨中的建档立卡贫困人口;补助标准包括两类人:建档立卡贫困人口人均住房补助 2 万元,非贫困人口人均住房补助 1.2 万元。这样的规定,看起来非常合理——体现了资金主要向最贫困村寨、最贫困人口倾斜。但是,在实施中,却带来了很大的问题。调研中我们了解到,最大的问题是:农户觉得不公平。比如同一个乡镇的两个村,A 村 45 户,B 村 55 户;A 村符合整村搬迁条件,因此村里所有的农户都可以得到补助,只是非建档立卡户只有 1.2 万元;但是,B 村因为多于 50 户,所以不符合整村搬迁条件,因此,非贫困人口就不能得到人均 1.2 万元的补助。这个矛盾在少数民族地区非常尖锐,以至基层干部处于两难选择中:实施政策,B 村有意见;不实施,不仅考核通不过,而且符合搬迁政策的 A 村也不答应,尤其是非贫困人口,搬迁意愿往往更强烈,所以意见更大。这种不公平感不利于改善干群关系,甚至会引发自然村寨之间的冲突,加大了易地扶贫搬迁的实施难度。

问题三:考核强约束下的政府强工作激励与农民弱搬迁意愿的冲突。进入"十三五"以后,国家将脱贫攻坚工作放到前所未有的高度,地方上自然不敢怠慢,"挂图作战"、"倒排工期"等成为将工作落到实处的具体举措;同时,对基层干部脱贫工作的严格考核,使得基层干部压力倍增。因此,各级政府对于易地扶贫搬迁工作具有很强的工作激励,表现为想方设法推进易地扶贫工作。但是,作为搬迁对象的农民,搬迁意愿差别很大。在一些不太贫困的农村,大多村民已经自发搬迁到乡镇居住,仅剩下几家极贫户,搬迁工作很容易实施。而在一些总体发展更为滞后的农村,可能之前一户都没有搬出去,现在根据当地政府的扶贫标准和政策,适合实施整村搬迁,看起来是非常好的制度供给,也是力度很大的减贫举措。但是恰恰是这类地区,由于长期封闭,当地农民很不愿意搬出去。有的家庭甚至在搬出去以后,又悄悄回村居住。

问题四:实施困难,扶贫资金花不出去。由于以上问题的存在,最后总的表现就是实施起来十分困难，出现扶贫资金躺在账上"睡大觉"，有钱花不出去的奇怪现象。根据审计署发布的《2016 年第二季度国家重大政策措施贯彻落实情况跟踪审计结果公告》，扶贫资金闲置现象严重。在此次审计涉及的 2036.54 亿元中央资金中，9706.82 万元扶贫资金闲置未及时发挥效益。而在 2016 年 6 月底，审计署向全国人大提交的 2015 年度中央预算执行和其他财政收支的审计报告中，列出抽查的 50.13 亿元扶贫资金中，至 2016 年 3 月底有 8.43 亿元（占 17%）闲置超过 1 年，其中 2.6 亿元闲置超过 2 年，最长逾 15 年（施维，2016）。虽然这些扶贫资金不是都用于易地扶贫搬迁，但是，根据本课题组的调研，易地扶贫搬迁的财政资金不好用，也是不争的事实。

综上，在当前易地扶贫搬迁的强制度激励背景下，要解决要素贫困地区的减贫与发展问题，关键在于迁出人口自我发展能力向区域自我发展能力这"惊险的一跃"能否实现。

五 要素贫困地区的减贫思路：培育增量人口向区外聚集的能力

根据经验观察，容易发现要素贫困地区大多具有以下特征：

其一，不可能吸引要素向这些地区聚集；

其二，这些地区的"能人"会对城镇化产生的市场激励做出反应，也就是会自发搬离这些地区；

其三，待搬迁的人口群体很庞大，短期内很难解决；

其四，越贫困的家庭，迁出后要形成自我发展能力越困难。

上述特征意味着解决要素贫困地区的减贫与发展问题，一是要提升迁出人口的自我发展能力，二是要提升没有迁出人口的自我发展能力。

对于前者，只要是"一方水土养不活一方人"区域的农户，不管是否是建档立卡户，只要有搬迁意愿的农户，同一地区一律给予财政资金帮扶；对建档立卡户则以最高标准支持。这样做可以解决很多操作困难，而且，从长远来看，"稳得住"的问题要轻得多。

对于后者，即搬不出去的家庭，制度激励应瞄准增量人口向城镇聚集的能力培育，即加强教育的扶贫力度，尤其是应该优先消除留守儿童现象。

很显然，在"一方水土养不活一方人"的要素贫困地区，在各级政府提供了易地移民搬迁的强制度激励背景下，依然搬不出去的家庭往往是最贫困的家庭。这些家庭的孩子，在初中毕业以后，根据"教育扶贫脱贫一批",不仅可以免费上中专技校,而且根据目前的教育扶贫力度,接受高等教育也有相应的教育扶贫资金资助,因此,基本上不存在"因学致贫返贫"问题。但是,问题的关键在于:最贫困家庭的孩子往往读不到初中毕业。这些小孩大多是留守儿童,对山外世界的了解,可以说是始于"打工"两个字;而他们走向外部世界的理由和动机,也是"打工"。很多小孩甚至等不到初中毕业,在初三的最后一个学期,就开始外出务工,等到期末回来拿毕业证即可。所以,到贫困乡镇的中学调研,你会发现每个学年第二个学期初三的教室都是空空荡荡的。而各级政府为了确保留守儿童不失学、不辍学、不退学,甚至建立了每个老师负责几位留守儿童的工作联系机制和"包干"机制——如果到学期末,某位老师负责的留守儿童没有来上学,这位老师的绩效就要被扣减。这导致中小学老师(尤其是中学老师,小学的留守儿童一般不会退学)经常骑着摩托车,翻越一座座山岭去把不来上学的留守儿童"抓"回来读书。这种"学生离校—老师追回来"的戏码会轮番上演,最糟糕的情况是老师因为骑车翻山越岭失事,出现人身伤亡事故!这里姑且不讨论乡镇学校的老师们是否应该在留守儿童的读书生涯里承担这么大的责任,仅就留守儿童的教育而言,如此"任性"地放弃义务教育的机会,对于将在瞬息万变的信息时代度过余生的他们,以初中"混"毕业的知识水平,怎么可能在劳动力市场上具有竞争力呢?更遑论持续的就业竞争力!我们知道,在知识更新如此之快的现代社会里,无论是义务教育还是高等教育,重要的不是习得知识和文化,而是获得持续学习的能力,这也是离开学校后,就业者能够获得持续的就业竞争能力的关键。显然,对于勉勉强强初中毕业的留守儿童,要获得持续学习的能力,真可谓"路漫漫其修远兮"!

除此之外,还有一个令人痛心的事实是:这些初中毕业的小孩,在外出打工以后,由于成长过程中的留守经历,胆子很大,规则概念淡薄,往往率性而为酿成大祸,直至付出生命的代价。笔者认识不少律师朋友,经常接到来自农村亲戚的咨询电话,这些电话中,咨询交通事故、生产事故的理赔事宜最多。而交通事故一般都是刚出去打工的青年农民工不遵守交通规则,无证、违规驾驶摩托车,造成人身伤亡事故。

可见,留守儿童的学校教育和家庭教育问题,目前仍有大量的工作需要做。2016 年 2 月 15 日,国务院印发了《关于加强农村留守儿童关

爱保护工作的意见》(国发〔2016〕13 号)（后文简称"国发〔2016〕
13 号"文件），将留守儿童关爱保护工作提到新的战略高度。国发
〔2016〕13 号文件包括六个部分，即重要意义、总体要求、完善农村留
守儿童关爱服务体系、建立健全农村留守儿童救助保护机制、从源头上
逐步减少儿童留守现象和保障措施。其中"从源头上逐步减少儿童留
守现象"包括两条措施：为农民工家庭提供更多帮扶支持、引导扶持
农民工返乡创业就业。前者主要是解决进城农民工的市场化待遇问题；
后者主要提供就业机会和创业支持。与社会和一些群团组织对留守儿童
的关爱相比，国发〔2016〕13 号文件是很大的进步。但是，在笔者看
来，这个力度仍然不够。

事实上，本课题负责人此前关注贫困人口的能力形成时，就提出
"实施义务教育家庭支持计划，杜绝留守儿童现象"；实施"贫困地区
中小学教师的'收入倍增计划'，即在现有工资收入的基础上，由中央
财政出资，将中小学教师的工资翻一番，并建立工资增长与服务年限的
挂钩机制"（李晓红，2015）。在这里，我们仍然坚持这样的主张和建
议，或者说，在有了更多调研的基础上，更加认为这是值得尝试的减贫
举措。

首先，从减贫效应来看，这才是治本之策。因为我国的计划生育政
策，越是贫困地区，生育率越高，而留守儿童又主要在贫困地区，这些
未来的主要劳动力，其总体素质对于我国长期的经济增长有着直接的
影响。

其次，是指向贫困脆弱性干预的贫困治理思路。动态地看，贫困治
理最困难的就是脆弱性干预。从精准扶贫精准脱贫的视角来看，要求瞄
准脆弱群体进行贫困的动态干预。借用《黄帝内经》"上工治未病，不
治已病，此之谓也"的思想，贫困治理的最高境界是"治未贫（穷）"，
也就是贫困的脆弱性干预。可以预测，今天的留守儿童，大多会成为未
来的脆弱群体。一方面，在城镇化背景下，留守儿童成年后，成为外出
务工的新生代农民工，其返乡的比例必然越来越低，而这些留居城镇的
家庭，一旦失去持续的就业能力，极易沦为城市里的赤贫阶层。这一点
从当前的就业困难重点群体可以得到间接的验证。根据人社部发布的官
方报告，最近三年以来，化解过剩产能产生的待安置职工、大学毕业
生、转移就业的农民工是就业的三大重点群体。而从现实来看，大学毕

业生的就业之所以"困难",是因为这些受过高等教育的劳动力都希望找一份离家近、收入高、不加班又稳定的工作,因此,其"就业"问题是"择业"问题,而不是找个谋生的工作岗位问题。农民工的就业问题,随着人口老龄化的加剧,青年农民工就业问题也不再困难,真正困难的是 50 岁以上的农民工。无独有偶,国企改革产生的安置职工也多集中在 40—50 岁,即所谓的"40—50"人员。因此,在三大重点群体中,就业真正困难的是 40—50 岁城乡人员,大学生和青年农民工的就业问题,不是就业难,而是找一份满意的工作难。这意味着从就业的视角来看,脆弱群体是"40—50"人员,因为他们在重新学习技能转岗就业的过程中,面临的困难和挑战远远多于更年轻的竞争者。而今天的留守儿童,如果不具备持续的学习能力,在 30 年以后,除非有财产性收入,否则也将面临当前"40—50"人员的就业困难,成为脆弱群体。因此,当前指向留守儿童教育的减贫干预,实际上是一种脆弱性治理,是"治未贫"的减贫治理思路,值得提倡。

最后,这有利于降低留守儿童成长过程中不利影响产生的叠加效应。这些不利因素包括:家庭教育缺失,使得家庭对儿童人力资本投资缺位或者不足;社区青壮年劳动力缺失,成长环境不利于儿童的社会化,容易形成人格障碍;城乡教育资源差距大,学校教育对儿童的人力资本投资不足。三方面不利因素的叠加影响,对留守儿童的健康成长极为不利。对此,可以通过实施"贫困地区义务教育家庭支持计划",弥补家庭教育和社区成长环境的缺位,起到对不利影响叠加效应釜底抽薪的作用。该计划的核心内容可以简洁地表述为:为陪读家长提供生活补贴,消除留守儿童现象;同时要求陪读家长提供社区公共服务作为获得陪读生活补贴的必尽义务。这个建议看起来似乎有些理想主义,缺乏操作性,但是如果我们能够获得这些年产业扶贫、易地扶贫搬迁等领域的资金额,并测算效益,比较教育投入的效益,结果应该并不会很离谱。而我们之所以冒着被贴上"不严谨"的标签,在缺乏面上数据支撑的情况下,提出这样的建议,是因为根据我们在调研点上的观感,以及结合相关理论,足以支持我们得到上述基本判断。

而所有致力于消除留守儿童现象、提高贫困家庭子女教育程度的减贫措施,实际上都是围绕提升要素贫困地区的增量人口向区外聚集的能力做文章,这不仅符合城镇化趋势下个人的选择偏好,而且有利于拔

"穷根"，还有利于国家整体经济增长的可持续性，因此有利于降低减贫成本，提高扶贫效益，可谓"一石多鸟"，功莫大焉！我们之前的减贫干预在这些地区之所以收效甚微，真正的原因就是我们总是关注怎样改善存量人口的贫困，而忽视了对增量人口进行人力资本投资。这些增量人口由于正处于人力资本投资的黄金时段，在尚未形成持续的学习能力之前，就或者主动或者被动地进入不断变化的就业市场，在成年后，一旦没有了年龄和力量优势，或者因为在工作中不善于保护自己、或者因为生活习惯不好等，往往更容易将自己置于危险之中，从而境况日下，陷入困顿。很显然，打破这种"长大后我就成了你"的贫困代际循环，最有效最可靠的减贫干预就是教育扶贫。因此，实施要素贫困地区的义务教育家庭支持计划，不仅有百利而无一害，而且势在必行！

第五章　西部地区自我发展能力
测算：基于省域视角[①]

　　根据区域发展能力的定义，可以编制测算区域发展能力的指数（Regional Capacity Development Index，下文缩写为"RCDI"），基于省域视角测算区域自我发展能力。本章主要通过构建 RCDI 指标体系，并运用 1995—2013 年全国各省（市、区）的数据，构建测算模型，计算西部地区 12 个省（市、区）以及全国其他 19 个省域的 RCDI 值和四个维度的分指标值。

第一节　区域发展能力指数（RCDI）的构建

一　评价区域发展能力的省域视角

　　一般意义上的区域包含多个省（市、区），因此，逻辑上讲，评价区域发展能力，应该将包含多个省域的某一个区域作为一个整体进行评价。比如测算西部地区的自我发展能力，根据区域的定义，应该将西部 12 个省（市、区）的基础数据汇总，作为一个样本进行测算。

　　但是本书对区域发展能力的测算，选择了基于省域视角而不是一般意义上的区域视角。原因有三：

　　其一，从严格意义上来讲，省域也是区域，虽然不是一般意义上的区域。

　　其二，目前我国的经济发展政策，虽然面向区域供给，但是就具体

　　① 本章部分内容来自课题负责人指导的 2012 级农业经济管理硕士陶泓的毕业论文《农村发展能力评价指标体系构建与应用研究》的第三、四章的部分内容，编入本书时有删改。陶泓现在遵义市农委工作，是本课题组成员。

实施来看，行政省域是最重要的实施单元，因此，基于省域视角测算区域发展能力，有利于为中央和地方决策层提供研究支撑。

其三，测算各省域发展能力指数，有利于区域内部各省域、区域之间各省域进行比较分析，更容易得到有启发性和洞察力的研究结论，更好地服务于决策咨询。

二　指标体系构建原则

科学性原则。在构建指标体系时，从区域发展能力的定义出发，尽量保证所选指标能科学、准确地表达其内涵；突出区域发展能力指标体系的核心概念，与其他相关衡量指标体系区别开来；清晰定义具体指标，厘清不同层次指标的逻辑与内涵关系，构建概念清晰、逻辑合理、层次清楚的衡量指标体系。

概括性原则。发展能力在国外研究中被称为"概念伞"（An Umbrella Concept）（Mogan，1998；Lusthaus，1999），可见其概念内涵之丰富。但是，一张 1∶1 的地图是没有用处的，因此，构建指标体系时要求高度的概括性，以有效代表其宽泛的内涵，较为系统地概括其数据属性。

代表性原则。RCDI 指标体系涉及要素聚集、要素配置效率、产品竞争力、资源环境承载力四个维度，其中每一个维度都涵盖若干内容，可以用数据表达的内容非常丰富。但是，按照简洁节约原则，指标体系并非指标越多越好，一方面是因为计算成本；另一方面更重要的是因为指标之间的关系。在经济活动中，各种变量相互影响，因此特别要避免相近或者相关性较强的指标交叉重复出现，要从这些相近的指标中选择最具代表性的指标，并权衡对总量指标、相对指标和均量指标的使用，提高指标体系的整体代表性。

可行性原则。首先是数据的可得性。对"能力"的衡量是非常困难的一个命题，比如我们在衡量人的能力时，学历往往是一个重要指标。但是，现实观察告诉我们，学历最高者并不一定总是能力最强者。但是，这无损于我们用学历指标对能力进行衡量。因为，如果不用这个指标，看起来似乎也没有更为合适、更容易获得的指标用以衡量人的能力。因此，可行性的第一层含义是数据的可得性。其次是操作上的可行性。指标体系应清晰明了，便于计算。同时在保证概括性、代表性的基础上，尽可能精简指标。

三　区域发展能力评价指标体系的构建

根据本书对区域发展能力的定义，需从四个维度选择指标，对区域发展能力进行衡量。

如表 5 - 1 所示，构建衡量区域发展能力的三级指标体系。一级指标 RCDI，即区域发展能力指数；二级指标由四个维度构成，分别是要素聚集能力指数（Elements Aggregation Index，缩写为"EAI"）、要素配置效率指数（Elements - ellocation Efficiency Index，缩写为"EEI"）、产品竞争力指数（Product Competitiveness Index，缩写为"PCI"）以及资源环境承载力指数（Resource - environmental Carrying - capacity Index，缩写为"RCI"）。

表 5 - 1　　　　　　　　　　区域发展能力评价指标体系

一级指标	二级指标	三级指标	属性
区域发展能力 RCDI	要素聚集能力（EAI）	耕地面积占比	正
		全社会固定资产投资总额	正
		外部要素吸引力	正
		就业人员数	正
		每万人拥有的科研人员数	正
		R&D 经费支出占比	正
	要素配置效率（EEI）	劳动生产率	正
		资本生产率	正
		土地产出率	正
		技术市场贡献率	正
		城乡收入差距倒数	正
	产品竞争力（PCI）	产品国内市场占有率	正
		产品国际市场占有率	正
		产品质量指数	正
	资源环境承载力（RCI）	单位能源地区生产总值产出率	正
		人均水资源占有量相对值	正
		森林覆盖率	正
		自然保护区面积占比	正

三级指标共 18 个。其中要素聚集能力（EAI）的衡量，需用 6 个指标。"耕地面积占比"，即耕地面积占省域国土面积的比重，主要衡量土地要素状况。人类发展的历史表明：发达的农业文明是工业文明的摇篮，而农业的基础是耕地。虽然现在随着国际贸易、经济全球化的推进，特定区域对本区域内的农业依赖性在降低，但是，这并不影响农业在国民经济中的基础性地位。因为，凡是对外部农业依赖性大的国家或者地区，发展成本必然更高，因此，工业化进程必然滞后于农业发达的工业区域。"全社会固定资产投资总额"，主要衡量特定区域的资本要素情况，这是一个很常用的指标。"外部要素吸引力"，本书选用了数据容易获得的港澳台、外资投资总额，而没有考虑其他比如对外部劳动力、企业家才能等的吸引力，因为这些数据不好获得。"就业人员数"，衡量区域内的从业人员规模。这一指标之所以没有用相对数，比如就业率，或者登记失业率等，而是直接选用了绝对量，主要是因为在要素配置效率中，将用"劳动生产率"衡量劳动力要素的配置效率，所以，在这里直接用绝对数量，可以直观地反映特定区域对劳动力的容纳能力。"每万人拥有的科研人员数"，是一个反映技术要素的间接指标。对技术的衡量，要么是技术的物化，即机器设备；要么是技术的载体，即科研人员。由于机器设备的差异性太大，不好统计，所以，采用该指标衡量技术水平。"R&D 经费支出占比"，即 R&D 经费支出占 GDP 的比重，同样是衡量技术要素的间接指标。很显然，在科研方面，有投入不一定有产出，但是，一个朴素的逻辑是：有投入就有可能有产出，而无投入绝无可能有产出。所以，一般认为 R&D 经费支出占 GDP 的比重越大，熊彼特所说的"创造性破坏"的创新就越有可能涌现，从而推动经济社会的发展。

要素配置效率（EEI）用 5 个指标衡量。"劳动生产率"是单位劳动的产出率，衡量劳动力的配置效率，这是一个常用指标。"资本生产率"类似于投入产出率，也是一个常用指标，衡量资本的配置效率。"土地产出率"衡量的是单位土地的 GDP 产值，主要是衡量单位土地的财富密度。为了方便数据的获得，"技术市场贡献率"主要以技术市场交易额占 GDP 的比值来衡量，是一个衡量技术要素的间接指标。最后一个是"城乡收入差距倒数"。选取该指标的逻辑是：如果城乡差距越大，则要素配置效率越低。为了得到正向指标，本书选择城乡收入差距倒数，即用农民人均纯收入比城镇居民可支配收入，得到一个小于 1 的正数，是城乡收入差距的倒数。这样计算该指标的含义是：该数值越大，则城乡收入差距越小，表明该区域资源配置效率越高。

产品竞争力（PCI）包括 3 个指标，分别是"产品国内市场占有率"、"产品国际市场占有率"和"产品质量指数"，前两者衡量产品的市场占有率，后者衡量产品的质量。

资源环境承载力（RCI）包括 4 个指标。"单位能源地区生产总值产出率"是"单位地区生产总值能耗"的倒数。与城乡收入差距倒数这一指标相同，也是为了得到正向指标，采用"单位地区生产总值能耗"的倒数值。其含义是：单位能源（1 吨标准煤）产出的地区 GDP越高，表明对该区域的排放和污染压力越小，因此越有利于资源环境承载力的改善。"人均水资源占有量相对值"是省域人均水资源量与全国平均水平的比值，衡量水资源状况对人类经济社会活动的支撑能力。"森林覆盖率"是常用的衡量生态环境的重要指标。"自然保护区面积占比"主要衡量原生生态保护状态。选择该指标的逻辑是：对于任何区域而言，如果原生生态区域面积越大，则被认为资源环境的承载能力和潜力也就越大。

四　RCDI 指标体系中的元素指标解释

根据表 5-1，本书构建的 RCDI 指标体系是一个三级指标体系。其中，三级指标的值就是进行评价的原始数据值，所以，三级指标同时也就是元素指标。这些元素指标，有的与统计年鉴上的指标一致，比如全社会固定资产投资额、森林覆盖率等；有的是通用指标，比如城乡差距等；但是，更多的是通过两个以上的常见指标值，计算得到的元素指标。比如耕地面积所占比重，就需要至少 2 个指标。为了清晰定义这些元素指标，说明其数据来源，表 5-2 列出了详细的解释和数据出处。

在表 5-2 中，与统计年鉴上一致的名词，解释均来源于《中国统计年鉴》；不一致的都是通过元素指标数值计算得到的三级合成指标，表中给出了合成逻辑和测算说明。在该表的最后一列，凡是数据数量超过 1 个的三级指标，即为根据统计年鉴相关原始指标值计算得到的三级合成指标。相对于 18 个三级指标，测算 RCDI 值所需要的原始数据值为 28—33 个，按照就高原则，需要搜集 33 个原始数据值。

表 5 – 2   区域发展能力评价元素指标解释

指标名称	指标含义	数据来源	数据数量（个）
耕地面积占比	耕地面积占省国土面积的比重。计算时，若林牧渔分项产值占农业总产值的比重高于16%，则加上草地面积或养殖面积。该指标衡量土地要素状况。	历年《中国统计年鉴》	2—3
全社会固定资产投资总额	反映固定资产投资规模结构和发展速度的综合性指标，又是观察工程进度和考核投资效果的重要依据。该指标主要衡量资本要素的聚集情况。	同上	1
外部要素吸引力	港澳台和外商投资额占全社会固定资产投资额的比重。指标值越大，说明特定区域吸引外部资金要素的能力越强，反之则越弱。该指标主要衡量资本要素聚集情况。	同上	3
就业人员数	反映一定时期内所有劳动力资源的配置利用情况。该指标值越大，表明该区域就业容纳能力越强，反之则越弱。该指标主要衡量劳动要素状况。	各省历年统计年鉴	1
每万人拥有的科研人员数	计算公式为：R&D人员数÷常住人口数，单位：个/万人。R&D人员全时当量指全时人员数加非全时人员按工作量折算为全时人员数的总和，是国际上衡量科技人力投入而特设的可比指标。该指标主要衡量技术要素。	历年《中国统计年鉴》和《中国科技统计年鉴》	1—2
R&D经费支出占比	R&D经费支出与国内生产总值的比值。该指标反映了一个国家或地区的科技投入力度，是国际上通用的衡量科技实力和核心竞争力的指标之一。其中，1995年经费支出由科学研究与技术开发机构、大中型工业企业、高等学校、科技情报与文献机构的经费使用额相加而得。	同上	2

续表

指标名称	指标含义	数据来源	数据数量（个）
劳动生产率	GDP与就业人口数的比值。该指标表明一个国家或地区的社会生产力发展水平，是反映该国家（地区）经济实力的基本指标之一。	历年《中国统计年鉴》	1
资本生产率	GDP与固定投资额的比值。资本生产率是指把资本作为生产函数的投入变量，单位资本投入的产出量。	同上	1
土地产出率	GDP与土地面积的比值，衡量单位土地面积的产出水平，考察区域内土地生产力水平。	同上	2
技术市场贡献率	技术市场成交额与GDP的比值。用来衡量技术对经济社会发展的作用大小，是表征技术市场对经济社会支撑引领作用的重要指标。	同上	1
城乡收入差距倒数	农民人均纯收入与城镇居民可支配收入之比，衡量收入城乡分配状况。	同上	2
产品国内市场占有率	亿元以上商品交易成交额与社会消费品零售总额的比值。	同上	2
产品国际市场占有率	进出口贸易总额与GDP的比值。	同上	2
产品质量指数	用产品质量等级品率衡量，计算公式为：$G = \dfrac{a_1 \times p_1 + a_2 \times p_2 + a_3 + p_3}{p} \times 100\%$，$a_1$、$a_2$、$a_3$分别是优等品、一等品和合格品的权重系数。当前国际通用的工业产品质量标准体系中，a_1为1.0、a_2为0.8、a_3为0.6，我国采用该质量监督标准。产品质量等级品率是指企业依据不同层次标准进行生产经营活动时，依照现行标准划分的加权产品产值（现行价）之和与同期工业总产值（现行价）之比，用"G"表示。该指数主要体现了区域整体产品质量水平及制造业质量竞争力。	同上	3

续表

指标名称	指标含义	数据来源	数据数量（个）
单位能源地区生产总值产出率	单位地区生产总值能耗（吨标准煤/万元）的倒数。单位地区生产总值能耗主要用购买力平价的方式，反映某地区生产一单位 GDP 所消耗的能源总量。该指标主要是为了衡量某地区在经济活动过程中对各种能源的利用程度，表明了某地区经济结构以及能源利用效率变动情况。	历年《中国统计年鉴》、各省统计年鉴、《中国能源统计年鉴》	1—2
人均水资源占有量相对值	省域内按人口计算的平均水资源占有量，并计算其与全国平均水平的比值。	历年《中国统计年鉴》	2
森林覆盖率	森林覆盖率是指由自然生长或人工种植且原地高度至少为 5 米的直立树木覆盖面积占土地面积的比重。	同上	1
自然保护区面积占比	国家级自然保护区面积占省域国土面积的比重。	同上	2

第二节 RCDI 与相关指标体系的比较

一 RCDI 与省域经济综合竞争力指标体系的比较

因为本书主要基于省域视角测算 RCDI，因此首先需要与其他测算省域经济发展能力的指标体系比较。这其中比较典型的是对省域经济综合竞争力的测算。对该问题的关注，比较系统而持续的研究主要是李闽榕（2006）始于 20 世纪 90 年代的年度报告，后与研究团队成员李建平、高燕等共同发布年度《中国省域经济综合竞争力发展报告》。

根据李闽榕（2006）的研究，省域经济综合竞争力指数的构成，要兼顾"综合性"要素和"开放性"要素、"直接性"要素和"间接性"要素、"现实性"要素和"未来性"要素、"显性"要素和"隐性"要素、"多维性"要素和"动态性"要素，主要参照国际上区域经济竞争力研究的主流研究体系与方法，构建了省域经济综合竞争力指标体系。

该指标体系由四个层次的指标构成。一级指标为省域经济综合竞争力；二级指标早期包括 8 个，即宏观经济竞争力、产业经济竞争力、可持续发展竞争力、财政金融竞争力、知识经济竞争力、发展环境竞争力、政府作用竞争力和发展水平竞争力；在近几年的年度报告中，二级指标增加到 9 个，增加了统筹发展竞争力。在二级指标下，分别确定三级指标，依然以"竞争力"命名。比如宏观经济竞争力的三级指标包括经济综合实力竞争力、经济结构竞争力和经济外向度竞争力；政府作用竞争力的三级指标包括政府发展经济竞争力、政府调控经济竞争力和政府保障经济竞争力。在三级指标下，再分别确定四级指标，比如宏观经济竞争力的三级指标经济综合实力竞争力，包括 12 个四级指标；政府发展经济竞争力包括 5 个四级指标。四级指标共计 184 个（李闽榕，2006）。

指标测算方法采用逐级加权合成，首先对指标的原始值采取阈值法进行无量纲化处理，并采用德尔菲专家调查法逐层独立赋权，然后分级加权合成。

很显然，与 RCDI 的指标体系相比，省域经济综合竞争力指数覆盖范围要广得多；同时，由于指标个数多，加上原始数据的收集，所以该指数的测算工作量非常大；最后，对指标的赋权采用专家打分法，主观性更强。

二　RCDI 与 HDI 的比较

联合国开发计划署（UNDP）在《1990 年人文发展报告》中，首次提出人类发展指数（Human Development Index，简称"HDI"）。之所以提出 HDI，是因为 UNDP 认为：经济增长并不会自动地带来人类进步，人类进步依赖于人文发展。而人文发展是一个不断扩大人们的选择的过程。在众多的选择中，最关键的是：过一种健康长寿的生活、得到受教育的机会、能得到过像样的生活所需要的资源。因此，对于人文发展的衡量，其含义远远超越了传统的经济增长衡量，这种衡量用 HDI 表示。UNDP 分别用预期寿命、受教育年限、人均国民收入三个指标测算各国的 HDI（UNDP，1990）。自 1990 年以后，对 HDI 的三个指标略有微调，包括怎样确定受教育年限的指标、人均 GDP 用 PPP（购买力平价）折算等，以及阈值的设定、计算方法的改进等（王志平，2007），但是，不管怎么改，核心指标变动不大，主要计算思路变动也不大。

与其他指数相比，HDI 指标数少，数据获得容易，模型简单，计算方法不复杂，能实现不同国家 HDI 的连续编制与监测，所以一经 UNDP 发布以后，迅速"流行"起来，是说明一个国家或者一个地区人类发展的重要指标。

与 HDI 相比，计算 RCDI 需要 18 个三级指标，而且其中有些指标还是由 2—3 个原始数据计算而来，所以工作量要远远高于 HDI 的计算；此外，与 HDI 相比，RCDI 更注重对经济类指标的测算；最后，HDI 重视对现状的判断，而 RCDI 更倾向于预期特定区域的发展可能。

三　RCDI 与全面小康指数的比较

根据国家统计局发布的《中国全面建设小康社会进程统计检测报告（2011）》，对全面小康的衡量包括六个方面的指标，即经济发展、社会和谐、生活质量、民主法制、文化教育和资源环境；并用了 23 个三级指标加权测算。

经济发展方面，用 5 个指标衡量，包括人均 GDP、R&D 经费支出占 GDP 比重、第三产业增加值占 GDP 比重、城镇人口比重和失业率（城镇）。社会和谐方面，也用 5 个指标衡量，即基尼系数、城乡居民收入比、地区经济发展差异系数、基本社会保险覆盖率和高中阶段毕业生性别差异系数。生活质量方面，同样是 5 个指标，包括居民人均可支配收入、恩格尔系数、人均住房使用面积、5 岁以下儿童死亡率和平均预期寿命。民主法制方面，有 2 个指标，公民自身民主权利满意度和社会安全指数。文化教育方面，包括 3 个指标，即文化产业增加值占 GDP 比重、居民文教娱乐服务支出占家庭消费支出比重和平均受教育年限。资源环境方面，有 3 个指标：单位 GDP 能耗、耕地面积指数和环境质量指数。

可以看到，全面小康指数覆盖的内容非常广泛，不仅包括了 HDI 的全部指标，而且也覆盖了 RCDI 的部分指标；更有民主法制、文化教育等方面的指标，是 RCDI 没有包括的内容。而 RCDI 之所以没有包括教育类的指标，主要是因为欠发达地区的教育高投入不一定意味着当地未来的发展能力，在市场激励作用下，优质人力资源外流可以说是我国落后地区逆向支持发达地区的一个典型现象。

全面小康指数虽然比 RCDI 所选取的测算指标多，涉及面相对较广，但是也存在一些问题。主要是部分指标因为连续性问题可能会给数据搜集带来困难。比如失业率（城镇），并没有说明是城镇调查失业率还是城镇登记失业率，但是在 2011 年的监测报告中使用的是城镇调查失业率。而在当前并没有对外公开统计数据，一般采用城镇登记失业率作为代替指标，这就会带来数据信度和连续性的问题。同样的情形还发生在"农村居民人均可支配收入"这一指标上，在 2014 年以前的统计年鉴都是用"农村居民人均纯收入"的统计口径；2014 年以后，两个统计口径同时用。这也给数据的连续性和可比性带来一些瑕疵。同时，全面小康指数中，还有几个主观评价指标，这也可能给数据信度带来问题。

比较而言，HDI 与全面小康指数更倾向于从人的全面发展需求进行衡量，而 RCDI 更侧重于从经济发展的角度进行衡量。所以，这些指数可以相互补充和验证。

四 RCDI 的优点与不足

与相关指标体系的比较，可以发现，RCDI 具有以下优点：

一是所涉及的测算指标个数适中，既能较为全面地衡量区域发展能力，也能相对减轻搜集原始数据值的工作量；二是指标值大部分可从不同类别的统计年鉴或各类统计公报直接获得，或仅需进行简单的比重计算，指标值获取容易。

但是也存在一些问题，比如为保证指标数据的可得性，个别有代表性的指标只能暂时舍弃；以及个别指标在时间轴上的变化不明显，导致 RCDI 值更适合于横向比较和时间段的比较。

第三节 1995—2013 年全国各省 （市、区） RCDI 测算

一 测算时间的确定

本书测算的时间段为 1995—2013 年，具体的年份是 1995 年、2000 年、2005 年、2008 年、2010 年和 2013 年六年的数据。选择的理由是：

第一，本来准备从改革开放后的第一个整十年，即 1980 年开始测算，但是搜集原始数据时发现，1990 年、1985 年和 1980 年的数据严重不完整；

第二，1995 年是我国市场化改革后的第三年，各省（市、区）自我发展能力差异初显，虽然 1995 年的数据也有所缺失，但是以之为起点年比较合理；

第三，能力的变化需要较长的时间才能观察到，因此，五年为一个时间节点；

第四，1995 年、2000 年、2005 年和 2010 年是对应的"五年规划"的收官之年，选择这些年份节点符合中国经济的规划周期；

第五，2008 年国际金融危机爆发，测算该年指数是希望观察危机发生前和发生后的变化趋势；

第六，本书收集原始数据时，"十二五"收官之年 2015 年的数据尚未公布，因此选择居中年份 2013 年。

二 数据来源

测算 RCDI 的各项指标数值主要来源于各类统计年鉴，包括历年的《中国统计年鉴》、《中国科技统计年鉴》、《中国能源统计年鉴》、《中国商品交易市场统计年鉴》及历年各省（市、区）的统计年鉴等，个别数据来自各省当年国民经济和社会发展统计公报、水资源公报以及环境公报。

其中，1995 年"产品内地市场占有率"、"人均水资源占有量相对值"两项指标的原始数据，缺失省份很多，所以在计算对应的二级指标值"产品竞争力（PCI）"和"资源环境承载力（RCI）"时，各省均未考虑这两项指标。

对于其他个别年份、个别省份缺失的个别原始数据，为了避免计算的最终值波动较大，本书采取了最相近省份同年度均值补齐原始数据。具体计算方法详见后文"各指标原始数据值的标准化"部分的说明。

比较特殊的例子是西藏，与其他省（市、区）相比，西藏各年缺失的原始数据都很多，这也是计算结果显示西藏各项指标值都远远低于其他省（市、区）的根本原因。但是为了保持样本的完整性，本书还是列出了根据非常不完整的原始数据计算出来的西藏各年的各项指标值。

三　1995—2013 年各省（市、区）RCDI 的测算步骤与结果

RCDI 的计算过程是一个多指标综合评价过程。即运用数学模型方法构建综合评价函数，并根据该综合评价函数计算各省域 RCDI 价值，这实际上是将多个评价指标值"合成"一个整体性的综合评价值的计算过程。一般来说，评价指标可分为"极大型"、"极小型"、"居中型"和"区间型"四种。因此，计算之前需要对指标进行一致化处理；另外，指标之间还会由于各自的单位和量级的不同而存在不可公度性，因而需要作无量纲化处理。

本书计算 RCDI 的方法和过程如下。

（一）评价指标和对象定义

在应用数学中，RCDI 指数构建属于多区域的多属性决策问题。对该类问题，设其指标集和方案集分别为 $S = \{s_1, s_2, s_3, s_4\}$ 和 $P = \{p_1, p_2, \cdots, p_{31}\}$。各指标含义如下：

（1）评价指标集 $S = \{s_1, s_2, s_3, s_4\}$：

要素聚集能力(s_1)，其中 $s_1 = \{s_{11}, s_{12}, s_{13}, s_{14}, s_{15}, s_{16}\}$，且

s_{11}：耕地面积占比（%）；

s_{12}：全社会固定资产投资总额（亿元）；

s_{13}：外部要素吸引力（%）；

s_{14}：就业人员数（万人）；

s_{15}：每万人拥有的科研人员数（个/万人）；

s_{16}：*R&D* 经费支出占比（%）；

要素配置效率(s_2)，其中 $s_2 = \{s_{21}, s_{22}, s_{23}, s_{24}, s_{25}\}$，且

s_{21}：劳动生产率（亿元/万人）；

s_{22}：资本生产率；

s_{23}：土地产出率（亿元/万平方公里）；

s_{24}：技术市场贡献率（%）；

s_{25}：城乡收入差距倒数；

产品竞争力(s_3)，其中 $s_3 = \{s_{31}, s_{32}, s_{33}\}$，且

s_{31}：产品国内市场占有率（%）；

s_{32}：产品国际市场占有率（%）；

s_{33}：产品质量指数；

资源环境承载力(s_4)，其中 $s_4 = \{s_{41}, s_{42}, s_{43}, s_{44}\}$，且

s_{41}：单位能源地区生产总值产出率(万元/吨标准煤)；

s_{42}：人均水资源占有量相对值；

s_{43}：森林覆盖率(%)；

s_{44}：自然保护区面积占比(%)。

(2)评价方案集 $P = \{p_1，p_2，\cdots，p_{31}\}$，其中各代码表示如下：

p_1：上海；p_2：浙江；p_3：江苏；p_4：安徽；p_5：江西；p_6：湖南；p_7：湖北；p_8：山西；p_9：贵州；p_{10}：内蒙古；p_{11}：广西；p_{12}：重庆；p_{13}：四川；p_{14}：云南；p_{15}：河南；p_{16}：河北；p_{17}：西藏；p_{18}：陕西；p_{19}：甘肃；p_{20}：宁夏；p_{21}：新疆；p_{22}：青海；p_{23}：吉林；p_{24}：黑龙江；p_{25}：北京；p_{26}：天津；p_{27}：辽宁；p_{28}：福建；p_{29}：山东；p_{30}：广东；p_{31}：海南。

省份排序不影响指标值的测算和比较。

(二) 指标预处理

指标预处理一般包括指标一致化和无量纲化。一致化是指当所有指标朝着同方向变化时，所有指标值也朝着相同方向变化；无量纲化是指消除所有指标值的量纲。无量纲化可有不同处理方法，常用的有标准化处理法和功效系数处理法：

(1) 标准化处理法

即令

$$x'_{ij} = (x_{ij} - \bar{x}_j)/e_j \quad (i=1，2，\cdots，m；j=1，2，\cdots，n) \quad (式1)$$

其中 $\bar{x}_j = (\sum_{i=1}^{m} x_{ij})/m, e_j = \sqrt{[\sum_{i=1}^{m}(x_{ij} - \bar{x}_j)^2]/m}$ 分别为评价指标 s_j 的平均值和方差。显然，x'_{ij} 的平均值为0，方差为1 且 $\sum_{i=1}^{m} x'_{ij} = 0 (j=1，2，\cdots，n)$。

(2) 功效系数处理法

即令

$$x'_{ij} = D + \frac{x_{ij} - m_j}{M_j - m_j} \times C \quad (i=1，2，\cdots，m；j=1，2，\cdots，n) \quad (式2)$$

其中 M_j 和 m_j 分别表示指标 $j(j=1，2，\cdots，n)$ 的最大和最小取值；C 和 D 为常数，表示把指标值 x_{ij} 经过[0，1]处理后再放大 C 倍和平移 D。

本书采用标准化处理法对三级指标的原始数据进行指标预处理；采用功效系数处理法对二级指标数值进行预处理。

（三）综合评价方法：多指标的线性加权综合评价函数的构建

省份 p_i 对于评价指标 s_j 的观测值为 $x_{ij}(i=1, 2, \cdots, m; j=1, 2, \cdots, n)$，称之为省份 p_i 关于指标 s_j 的属性（指标）值。对于这个多方案的决策问题，可构造一个多指标的线性加权综合评价函数

$$y_i = \sum_{j=1}^{n} \omega_j x'_{ij} \quad (i=1,2,\cdots,m) \tag{式3}$$

其中 x'_{ij} 为指标值 x_{ij} 经过一致化和无量纲化的处理值；ω_j 为评价指标 s_j 的权重且满足条件

$$\omega_j > 0 \quad (j=1,2,\cdots,n) \qquad 且 \qquad \sum_{j=1}^{n} \omega_j = 1;$$

显然，评价指标的权重 ω_j 对综合评价值的排序有非常重要的影响。确定评价指标的权重主要包括主观赋权法、客观赋权法和集成赋权法。本书主要采用"拉开档次法"的客观赋权法。

拉开档次法的基本思想是从整体上尽可能体现所有方案之间的差异，以利于排序。最优化数学模型如下：

$$\max \varpi^T H \varpi$$

$$\text{s. t. } e^T \varpi = 1, \ \varpi \geq 0 \tag{式4}$$

其中 $\varpi^T H \varpi$ 为所有方案的方差，$H = A^T A$ 为对称矩阵，$A = (x'_{ij})_{m \times n}$ 为标准化矩阵（标准化方法见式1），$e = (1, 1, \cdots, 1)^T$，$\varpi = (\omega_1, \omega_2, \cdots, \omega_n)^T$ 为 H 的最大特征根所对应的标准特征向量，以其作为权重向量。

与其他赋权方法相比，采用拉开档次法赋权的特点是：

（1）评价过程透明，评价结果无主观色彩；

（2）评价结果与方案和指标值的采样顺序无关；

（3）ω_j 不具有可继承性，即指标值改变，ω_j 也改变；

（4）ω_j 不再体现评价指标的重要性程度，可能有某些 $\omega_j \leq 0$；

当 H 为非负矩阵时，才能保证所有的 $\omega_j \geq 0$。

当存在某个 $\omega_j \leq 0$ 时，可选取矩阵 H 的其他特征根对应的非负特征向量作为指标权重。

（四）测算步骤

1. 各指标原始数据值的标准化

为了计算三级指标的权重，首先需要对原始数据进行标准化处理。

即运用式 1，分别对三级指标的原始数据进行标准化处理。

（1）缺失原始数据的补齐。由于本书测算的时间跨度较长，而且测算对象包括全国 31 个省（市、区），所以存在个别省份个别年份原始数据缺失的现象。为了避免因为个别原始数据缺失带来该省份 RCDI 值比较大的波动，影响计算结果的可比性，本书采用了最常用的原始数据补缺方法，即采用原始数据最接近的相邻样本的平均值补缺的方法。具体计算步骤为：

①将原始指标的所有历年数据挖掘出来，制成表格，比如产品质量指数 1995 年、2000 年、2005 年、2008 年、2010 年、2013 年各省（市、区）的原始值；

②确定数据缺失的省份和年份，比如黑龙江 2010 年的产品质量指数缺失；

③对 2010 年以外的其余年份进行排序，并选取出每年产品质量指数值最接近黑龙江省的 6 个省份，逻辑上可以找到 30 个省（市、区）；

④统计 5 年中省份重复出现的频次；

⑤选择出现频次在 2 次以上的 5—6 个省份，比如针对黑龙江 2010 年的产品质量指数，其余年份与其原始值最接近的省份共有 15 个，其中出现 2 次以上的省份有 7 个，因此最终选定出现频率最高的云南（4）、重庆（4）、甘肃（4）、青海（3）、广西（2）和辽宁（2）等 6 个省（市、区）；

⑥根据上述 6 个省份 2010 年的产品质量指数值，计算其平均值，作为黑龙江省 2010 年的产品质量指数原始数据值。

采用这种方法补齐的数据主要有 1995 年宁夏、海南的产品质量指数；2000 年宁夏、新疆、吉林和海南的产品质量指数；2010 年黑龙江省的产品质量指数。

（2）定义三级指标值矩阵。假设某二级指标的所有三级指标值矩阵为 $X = (x_{ij})_{mn}$，其中 x_{ij} 为某省份 $P_i (i = 1, 2, \cdots, m)$ 关于某三级指标 $S_j (j = 1, 2, \cdots, n)$ 的原始值，则根据式 1 可计算 X 的标准化矩阵 $A = (a_{ij})_{mn}$。

（3）测算并得到三级指标标准化矩阵。根据设定，对三级指标原始数据的标准化处理，将分别得到要素聚集能力（s_1），其中 $s_1 = \{s_{11}, s_{12}, s_{13}, s_{14}, s_{15}, s_{16}\}$；要素配置效率（$s_2$），其中 $s_2 = \{s_{21}, s_{22}, s_{23},$

s_{24}，s_{25} }；产品竞争力（s_3），其中 s_3 = { s_{31}，s_{32}，s_{33} }；资源环境承载力（s_4），其中 s_4 = { s_{41}，s_{42}，s_{43}，s_{44} } 每一年的数据矩阵，即依次为（s_1）、（s_2）、（s_3）和（s_4）1995 年、2000 年、2005 年、2008 年、2010 年和 2013 年的原值数据标准化值，共计 24 个标准化数据矩阵。

2. 测算三级指标权重

（1）对每个选定的二级指标，采用 2005 年的数据确定其所有三级指标的权重。这是因为运用拉开档次法确定权重，权重系数会随着标准化数据的不同分布规律发生变化。因此，对于各二级指标体系

$$s_1 = \{ s_{11}, s_{12}, s_{13}, s_{14}, s_{15}, s_{16} \}；\quad s_2 = \{ s_{21}, s_{22}, s_{23}, s_{24}, s_{25} \}；$$

$$s_3 = \{ s_{31}, s_{32}, s_{33} \} \quad 和 \quad s_4 = \{ s_{41}, s_{42}, s_{43}, s_{44} \}，$$

每一年都会产生一组权重系数，造成同组指标权重的不一致性。为了简化运算，并保证计算结果的可比性，需要用其中最有代表性的相同年份的标准化值来确定其权重，并作为通用权重。本书根据原始数据标准化矩阵的特征，最终确定以 2005 年标准化值的权重系数作为统一的三级指标权重系数。

（2）按照拉开档次法，根据式 4 求三级指标的权重。经过计算，各二级指标（要素聚集能力、要素配置效率、产品竞争力、资源环境承载力）的三级指标权重分别如下：

"要素聚集能力"的三级指标权重向量：

$$\varpi_1 = (0.2059, 0.1849, 0.1903, 0.2314, 0.0907, 0.0969)^T$$

"要素配置效率"的三级指标权重向量：

$$\varpi_2 = (0.1961, 0.1295, 0.1455, 0.1437, 0.3852)^T$$

"产品竞争力"的三级指标权重向量：

$$\varpi_3 = (0.2170, 0.4361, 0.3469)^T$$

"资源环境承载力"的三级指标权重向量：

$$\varpi_4 = (0.2065, 0.3044, 0.2957, 0.1934)^T$$

三级指标权重系数见表 5 – 3。

表 5 – 3　　　　　　　　　　RCDI 三级指标权重系数

二级指标	三级指标	权重
要素聚集能力 （EAI）	耕地面积占国土面积的比重	0.2059
	全社会固定资产投资总额	0.1849

二级指标	三级指标	权重
要素聚集能力（EAI）	外部要素吸引力	0.1903
	就业人员数	0.2314
	每万人拥有的科研人员数	0.0907
	R&D 经费支出占 GDP 的比重	0.0969
要素配置效率（EEI）	劳动生产率	0.1961
	资本生产率	0.1295
	土地产出率	0.1455
	技术市场贡献率	0.1437
	城乡收入比率	0.3852
产品竞争力（PCI）	产品内地市场占有率	0.2170
	产品国家市场占有率	0.4361
	产品质量指数	0.3469
资源环境承载力（RCI）	一次能源强度	0.2065
	人均水资源占有量与全国平均水平的比值	0.3044
	森林覆盖率	0.2957
	自然保护区面积占总土地面积的比重	0.1934

3. 计算二级指标综合值

采用式 2 的功效系数处理法（取 C = 40，D = 0）对二级指标数值进行预处理，并分别取各三级指标的权重系数如表 5 - 3，采用式 3 分别计算各二级指标的综合值，分别得到如表 5 - 4、表 5 - 5、表 5 - 6、表 5 - 7、表 5 - 8、表 5 - 9 各年度各省（市、区）的 EAI、EEI、PCI 和 RCI 值。其中表 5 - 4 是 1995 年、表 5 - 5 为 2000 年、表 5 - 6 为 2005 年、表 5 - 7 为 2008 年、表 5 - 8 为 2010 年以及表 5 - 9 为 2013 年度各省（市、区）的二级指标值。

表 5 - 4　　1995 年各省（市、区）EAI、EEI、PCI 和 RCI 值

序号	省份	EAI	EEI	PCI	RCI
1	北京	56.98	69.34	77.21	17.96
2	广东	58.01	42.02	59.74	36.98

续表

序号	省份	EAI	EEI	PCI	RCI
3	上海	50.80	82.06	45.71	16.67
4	江苏	66.75	55.08	36.88	17.45
5	福建	35.18	48.00	43.51	47.25
6	山东	60.58	46.09	37.00	17.35
7	浙江	36.65	50.64	38.25	38.33
8	天津	36.21	58.96	45.57	16.56
9	辽宁	38.44	53.88	37.67	24.87
10	河南	51.46	43.03	34.74	21.29
11	江西	22.64	47.60	43.28	37.18
12	吉林	27.77	52.41	38.77	30.19
13	河北	45.54	46.75	34.77	18.38
14	海南	28.27	34.91	40.49	43.41
15	湖北	37.93	40.21	37.35	21.75
16	黑龙江	24.63	57.11	30.04	28.81
17	湖南	33.88	38.94	34.45	28.38
18	安徽	37.10	37.43	36.05	20.44
19	四川	38.75	35.37	34.98	20.46
20	广西	25.57	36.05	34.58	36.14
21	云南	21.96	31.32	32.80	29.44
22	陕西	22.65	35.40	35.07	20.64
23	贵州	18.47	33.61	30.35	32.95
24	山西	23.09	41.41	35.01	13.21
25	内蒙古	11.23	44.74	33.12	11.79
26	甘肃	16.86	35.42	29.03	13.79
27	新疆	9.67	34.55	36.04	10.02
28	宁夏	11.88	33.16	32.87	6.61
29	青海	5.36	34.96	32.62	11.57
30	重庆	11.47	33.59	26.32	5.54
31	西藏	1.09	8.05	5.57	22.24

注：1995 年的二级指标值计算中，产品竞争力（PCI）中的三级指标"产品内地市场占有率"以及资源环境承载力（RCI）中的三级指标"人均水资源占有量相对值"因为原始数据缺失省份太多，没有纳入对应的二级指标计算中。

表 5 - 5   2000 年各省（市、区）EAI、EEI、PCI 和 RCI 值

序号	省份	EAI	EEI	PCI	RCI
1	广东	60.17	44.86	79.65	62.65
2	上海	54.72	85.07	64.38	23.67
3	北京	49.82	66.11	79.39	24.58
4	江苏	68.21	53.57	56.85	29.74
5	福建	38.96	49.50	53.20	74.68
6	浙江	36.34	48.98	61.91	60.40
7	山东	63.00	45.17	51.32	22.91
8	天津	41.06	55.80	58.99	21.96
9	辽宁	39.04	51.18	53.74	32.16
10	江西	24.71	42.98	49.37	69.99
11	河北	44.56	44.02	53.57	17.20
12	海南	22.22	45.09	39.91	76.92
13	河南	52.16	44.37	37.42	20.53
14	湖南	32.03	39.64	41.16	57.86
15	安徽	38.20	39.91	45.08	29.44
16	湖北	35.88	40.94	39.76	38.41
17	黑龙江	27.34	49.92	37.96	34.89
18	吉林	28.52	44.36	39.66	35.58
19	四川	37.08	27.83	38.29	32.78
20	广西	23.83	35.67	38.31	38.45
21	重庆	24.20	37.19	41.85	26.21
22	山西	26.76	40.72	35.60	16.83
23	陕西	31.34	31.41	32.08	23.93
24	云南	23.92	29.13	31.55	37.05
25	内蒙古	10.95	42.89	38.88	19.40
26	新疆	11.05	34.50	42.60	14.68
27	贵州	17.44	27.74	36.92	17.14
28	宁夏	13.61	32.41	38.33	9.50
29	甘肃	16.06	30.70	30.00	15.88
30	青海	6.69	28.86	33.06	12.13
31	西藏	1.49	21.08	2.38	34.49

表 5 - 6　　　2005 年各省（市、区）EAI、EEI、PCI 和 RCI 值

序号	省份	EAI	EEI	PCI	RCI
1	上海	52.76	79.56	88.07	29.77
2	北京	44.68	70.73	85.14	36.12
3	江苏	78.28	49.38	68.50	31.58
4	广东	59.00	41.20	69.85	67.86
5	浙江	50.86	47.12	69.46	61.96
6	江西	29.60	47.63	65.44	70.64
7	天津	33.91	58.58	64.54	27.18
8	山东	64.18	42.62	47.06	26.42
9	福建	31.73	40.98	48.36	79.74
10	辽宁	34.74	47.35	47.88	42.07
11	河北	43.20	41.02	47.24	20.61
12	海南	22.83	38.95	39.68	72.18
13	河南	59.11	35.15	34.82	23.77
14	湖南	33.23	35.44	40.48	52.49
15	湖北	37.96	38.23	36.73	40.15
16	安徽	41.21	32.21	41.42	35.06
17	吉林	30.91	41.61	36.88	36.15
18	四川	35.67	33.92	37.99	37.06
19	黑龙江	27.06	42.75	35.86	35.67
20	重庆	23.77	30.71	43.59	32.71
21	广西	25.02	28.74	35.35	42.20
22	陕西	31.01	28.02	32.36	28.84
23	新疆	9.64	35.37	48.61	17.09
24	内蒙古	15.06	37.35	37.96	22.84
25	云南	24.08	24.21	31.85	38.11
26	山西	24.33	35.25	30.69	17.61
27	甘肃	18.55	27.01	39.98	21.87
28	贵州	18.09	23.35	37.83	23.54
29	宁夏	15.01	32.34	36.93	12.33
30	青海	6.65	28.95	29.23	25.07
31	西藏	1.69	23.50	4.00	36.53

表 5-7　　　2008 年各省（市、区）EAI、EEI、PCI 和 RCI 值

序号	省份	EAI	EEI	PCI	RCI
1	上海	47.64	80.09	88.07	28.69
2	北京	42.48	74.99	85.14	36.32
3	广东	63.93	43.02	69.85	57.27
4	江苏	75.97	48.61	68.50	28.36
5	浙江	48.18	49.41	69.46	56.45
6	江西	29.44	49.58	65.44	66.45
7	天津	39.50	58.20	64.54	27.09
8	山东	72.09	41.96	47.06	24.86
9	福建	35.07	40.59	48.36	65.28
10	辽宁	45.32	46.69	47.88	34.59
11	海南	26.08	38.90	39.68	72.41
12	河北	43.61	40.94	47.24	20.55
13	河南	57.38	36.22	34.82	21.93
14	湖南	33.44	36.52	40.48	49.32
15	安徽	42.92	34.00	41.42	34.80
16	湖北	36.38	38.76	36.73	37.74
17	黑龙江	27.60	46.90	35.86	36.59
18	吉林	29.66	44.00	36.88	36.00
19	四川	36.47	35.43	37.99	36.66
20	重庆	30.87	33.27	43.59	32.49
21	广西	29.53	28.83	35.35	42.04
22	陕西	28.86	29.42	32.36	30.50
23	内蒙古	16.83	40.36	37.96	22.90
24	新疆	8.70	37.09	48.61	16.49
25	山西	26.65	36.61	30.69	17.78
26	云南	23.72	25.30	31.85	36.12
27	甘肃	15.84	28.66	39.98	19.78
28	贵州	17.49	25.29	37.83	23.91
29	宁夏	12.00	32.29	36.93	12.95
30	青海	4.80	31.23	29.23	25.37
31	西藏	2.43	27.05	4.00	34.56

表 5 - 8　　　　2010 年各省（市、区）EAI、EEI、PCI 和 RCI 值

序号	省份	EAI	EEI	PCI	RCI
1	上海	48.22	78.11	97.62	25.25
2	北京	42.17	75.96	84.61	40.75
3	江苏	78.26	48.95	70.81	28.80
4	广东	64.65	42.33	67.58	55.23
5	浙江	49.38	47.77	71.40	59.57
6	江西	29.01	48.00	71.44	75.21
7	山东	74.12	40.26	52.03	23.90
8	天津	41.09	57.42	67.76	22.60
9	福建	40.19	39.37	52.09	71.33
10	辽宁	53.58	45.29	47.54	40.18
11	海南	28.83	36.39	41.84	74.24
12	河南	61.13	36.33	35.01	23.59
13	河北	44.91	39.71	46.78	20.27
14	湖南	34.61	35.82	40.35	52.89
15	湖北	38.91	38.25	38.06	43.82
16	安徽	44.59	33.43	41.37	36.25
17	黑龙江	29.50	46.63	38.73	37.47
18	重庆	32.78	33.24	49.26	34.00
19	吉林	30.32	43.75	38.71	35.96
20	四川	38.16	33.81	37.41	36.91
21	广西	31.55	28.26	38.82	42.31
22	陕西	30.03	31.05	31.56	32.32
23	云南	22.44	25.70	38.05	36.56
24	内蒙古	17.85	39.87	35.34	23.62
25	山西	27.12	33.92	32.42	19.68
26	新疆	9.68	38.10	44.30	16.27
27	宁夏	12.84	32.94	44.47	14.87
28	贵州	17.23	25.14	39.80	26.30
29	甘肃	16.69	28.03	38.32	21.16
30	青海	7.17	31.56	28.32	25.44
31	西藏	2.63	28.13	3.29	33.37

表 5 - 9 　　　 2013 年各省（市、区）EAI、EEI、PCI 和 RCI 值

序号	省份	EAI	EEI	PCI	RCI
1	上海	50. 42	75. 48	92. 84	24. 45
2	北京	45. 31	74. 53	84. 62	41. 92
3	广东	61. 85	44. 69	71. 02	55. 12
4	江苏	74. 55	53. 34	64. 29	27. 21
5	浙江	50. 57	49. 29	67. 54	52. 16
6	江西	26. 87	49. 75	72. 78	62. 87
7	天津	40. 33	66. 85	62. 00	22. 55
8	山东	72. 03	42. 93	52. 30	22. 30
9	辽宁	50. 16	45. 64	46. 48	39. 68
10	福建	36. 19	43. 80	49. 07	62. 06
11	河南	60. 55	38. 01	39. 64	22. 68
12	海南	26. 46	37. 16	42. 52	73. 06
13	河北	46. 05	41. 36	45. 01	19. 87
14	安徽	45. 35	35. 90	42. 99	32. 93
15	湖北	39. 49	41. 88	35. 95	42. 22
16	湖南	35. 90	36. 07	40. 77	48. 64
17	重庆	34. 77	37. 32	49. 46	33. 87
18	吉林	28. 60	46. 58	39. 70	36. 32
19	黑龙江	28. 23	48. 81	35. 86	36. 84
20	四川	37. 29	36. 05	37. 20	36. 48
21	广西	28. 79	30. 42	36. 84	41. 15
22	陕西	29. 41	36. 28	32. 07	33. 72
23	山西	26. 98	35. 10	36. 77	19. 15
24	内蒙古	17. 67	42. 09	35. 47	22. 88
25	新疆	10. 25	39. 28	51. 21	14. 26
26	云南	22. 91	26. 88	33. 21	35. 64
27	贵州	17. 55	27. 04	39. 95	25. 91
28	宁夏	14. 05	35. 16	36. 20	15. 58
29	甘肃	15. 55	28. 74	35. 92	21. 41
30	青海	14. 37	34. 01	27. 69	24. 98
31	西藏	2. 78	31. 56	8. 13	32. 41

需要说明的是，表5-4、表5-5、表5-6、表5-7、表5-8、表5-9中省份的排序是按照各年度RCDI综合值的降序排列，因此各个表格中的省份排序不仅与定义的评价方案集P的顺序不同，而且各个表格相互也不相同。

4. 确定二级指标权重

采用2005年各二级指标的综合值，根据拉开档次法，用式4计算二级指标权重向量为：

$\varpi = (0.2624, 0.2729, 0.3127, 0.1520)^T$。

二级指标权重向量亦可以表述为表5-10的权重系数。

表5-10　　　　　　　　RCDI 二级指标权重系数

二级指标名称	要素聚集能力	要素配置效率	产品竞争力	资源环境承载力
权重系数	0.2624	0.2729	0.3127	0.1520

5. 计算总综合值

运用表5-4、表5-5、表5-6、表5-7、表5-8、表5-9中二级指标值，以及表5-10中二级指标权重系数，根据多指标的线性加权综合评价函数即式3，计算每年各省（市、区）的RCDI值，结果见表5-11。

根据各年的RCDI值，31个省（市、区）的排序如表5-11所示。从表中可以直观地看到，前10位与后10位省份都相对稳定。

表5-11　　　　　　1995—2013年各省（市、区）RCDI值

序号	省份	2013 年	2010 年	2008 年	2005 年	2000 年	1995 年
1	上海	81.39	79.83	81.04	81.92	78.29	71.13
2	北京	80.12	76.02	78.08	76.35	76.40	82.51
3	广东	73.32	69.27	73.56	71.64	81.19	72.87
4	江苏	72.84	71.85	73.08	73.52	71.62	65.10
5	浙江	69.23	68.16	69.99	69.68	65.93	59.07
6	江西	65.04	64.58	64.25	62.96	56.51	54.22
7	天津	63.94	60.11	62.07	59.56	61.19	57.63
8	山东	63.13	60.41	61.12	57.87	63.40	59.71

序号	省份	2013 年	2010 年	2008 年	2005 年	2000 年	1995 年
9	辽宁	58.07	57.13	55.83	52.91	58.89	56.28
10	福建	58.02	58.33	56.82	57.06	66.51	62.62
11	河南	53.12	49.17	49.13	48.77	53.04	55.46
12	海南	52.27	50.79	51.55	48.86	53.88	53.09
13	河北	50.46	48.02	50.10	49.25	55.69	53.44
14	安徽	50.28	47.21	48.42	46.25	51.01	48.21
15	湖北	49.93	47.46	46.74	46.53	50.13	50.41
16	湖南	49.53	47.74	48.72	47.67	52.63	49.35
17	重庆	49.44	45.25	44.30	40.21	42.85	28.12
18	吉林	47.83	45.12	45.89	44.62	47.80	53.76
19	黑龙江	47.33	46.16	45.93	43.26	48.33	50.10
20	四川	46.28	44.05	45.85	44.14	44.70	47.74
21	广西	42.11	41.44	41.40	38.84	43.25	47.67
22	陕西	41.29	37.56	37.88	36.99	39.45	41.52
23	山西	38.56	35.30	36.31	34.50	40.66	41.28
24	内蒙古	38.14	36.01	37.85	35.69	37.07	36.50
25	新疆	38.03	34.04	36.36	35.88	34.94	33.11
26	云南	36.38	36.08	35.70	34.95	38.25	41.81
27	贵州	34.80	32.62	33.11	31.99	33.49	41.33
28	宁夏	33.09	33.06	30.98	31.59	32.56	31.14
29	甘肃	32.42	31.94	33.58	33.85	30.94	34.60
30	青海	31.88	27.64	28.00	27.32	27.20	30.67
31	西藏	21.87	18.51	18.73	17.01	15.09	12.51

注：因为 1995 年的 PCI 和 RCI 值中，不含"产品内地市场占有率"与"人均水资源占有量相对值"两个三级指标，因此 1995 年各省（市、区）的 RCDI 值也不包含这两项值。

第四节　对各省 RCDI 值的简要分析

对西部地区 RCDI 值的系统比较分析，将会在第六章展开，这里仅针对各省（市、区）RCDI 值做简要分析。

一 1995 年、2000 年与 2013 年各省（市、区）RCDI 值及位次变动分析

考虑到 1995 年有两项原始指标数据缺失，因此，这里将 2013 年的 RCDI 值及其位次分别与 2000 年和 1995 年进行比较。

在表 5－12 中，列出了前述 3 个年度各省（市、区）的 RCDI 值及其位次的变动情况。

表 5－12　　　　1995—2013 年各省（市、区）RCDI 值排序

序号	省份	2013 年	2010 年	2008 年	2005 年	2000 年	1995 年
1	上海	1	1	1	1	2	3
2	北京	2	2	2	2	3	1
3	广东	3	4	3	3	1	2
4	江苏	4	3	4	4	4	4
5	浙江	5	5	5	5	6	7
6	江西	6	6	6	6	10	11
7	天津	7	8	7	7	8	8
8	山东	8	7	8	8	7	6
9	辽宁	9	10	10	10	9	9
10	福建	10	9	9	9	5	5
11	河南	11	12	13	13	13	10
12	海南	12	11	11	12	12	14
13	河北	13	13	12	11	11	13
14	安徽	14	16	15	16	15	18
15	湖北	15	15	16	15	16	15
16	湖南	16	14	14	14	14	17
17	重庆	17	18	20	20	21	30
18	吉林	18	19	18	17	18	12
19	黑龙江	19	17	17	19	17	16
20	四川	20	20	19	18	19	19
21	广西	21	21	21	21	20	20
22	陕西	22	22	22	22	23	22
23	山西	23	25	25	26	22	24
24	内蒙古	24	24	23	24	25	25
25	新疆	25	26	24	23	26	27

序号	省份	2013 年	2010 年	2008 年	2005 年	2000 年	1995 年
26	云南	26	23	26	25	24	21
27	贵州	27	28	28	28	27	23
28	宁夏	28	27	29	29	28	28
29	甘肃	29	29	27	27	29	26
30	青海	30	30	30	30	30	29
31	西藏	31	31	31	31	31	31

注：重庆在 1995 年尚未设立直辖市，1997 年设立直辖市以后，统计范围与之前不同，所以 2000 年相对于 1995 年排名变动很大。

从绝对数值来看，2013 年与 2000 年相比，江西、西藏、重庆 3 个省（市、区）RCDI 值增加幅度最大，分别增加了 8.53、6.78 和 6.59；河北、广东、福建 3 个省份降低最多，分别减少了 5.23、7.87 和 8.49。2013 年与 1995 年，因为缺失两项原始指标值，所以波动幅度明显增大。重庆、江西、上海、浙江、西藏、江苏、天津 RCDI 值增加都在 6 以上，分别为 21.32、10.82、10.26、10.16、9.36、7.74 和 6.31；河北、福建、云南、广西、吉林和贵州 RCDI 值降低较多，分别减少了 2.98、4.60、5.43、5.56、5.93 和 6.53。在这些变动中，重庆比较特殊，因为在 1995 年时，重庆尚未设立直辖市，所以 2013 年的 RCDI 值比 1995 年大幅增加了 21.32。

从 RCDI 值的位次变动来看，2013 年与 2000 年相比，江西和重庆进位明显，均提升了 4 个位次；福建位次下降比较大，往后退了 5 个位次。2013 年与 1995 年相比，因为同样的原因，位次波动更为明显。其中重庆升为直辖市以后，位次上升了 13 位；江西和安徽也分别提升了 5 个和 4 个位次；贵州、云南、福建、吉林则分别下降了 4 到 6 个位次，成为位次变动最为明显的 4 个省。

表 5 - 13 2000 年与 2013 年各省（市、区）RCDI 值及其变化比较

序号	省份	RCDI 值变动		RCDI 位次变动	
		2013 年比 2000 年	2013 年比 1995 年	2013 年比 2000 年	2013 年比 1995 年
1	上海	3.10	10.26	1	2
2	北京	3.72	- 2.39	1	- 1

续表

序号	省份	RCDI 值变动		RCDI 位次变动	
		2013 年比 2000 年	2013 年比 1995 年	2013 年比 2000 年	2013 年比 1995 年
3	广东	-7.87	0.45	-2	-1
4	江苏	1.22	7.74	0	0
5	浙江	3.30	10.16	1	2
6	江西	8.53	10.82	4	5
7	天津	2.75	6.31	1	1
8	山东	-0.27	3.42	-1	-2
9	辽宁	-0.82	1.79	0	0
10	福建	-8.49	-4.60	-5	-5
11	河南	0.08	-2.34	2	-1
12	海南	-1.61	-0.82	0	2
13	河北	-5.23	-2.98	-2	0
14	安徽	-0.73	2.07	1	4
15	湖北	-0.20	-0.48	1	0
16	湖南	-3.10	0.18	-2	1
17	重庆	6.59	21.32	4	13
18	吉林	0.03	-5.93	0	-6
19	黑龙江	-1.00	-2.77	-2	-3
20	四川	1.58	-1.46	-1	-1
21	广西	-1.14	-5.56	-1	-1
22	陕西	1.84	-0.23	1	0
23	山西	-2.10	-2.72	-1	1
24	内蒙古	1.07	1.64	1	1
25	新疆	3.09	4.92	1	2
26	云南	-1.87	-5.43	-2	-5
27	贵州	1.31	-6.53	0	-4
28	宁夏	0.53	1.95	0	0
29	甘肃	1.48	-2.18	0	-3
30	青海	4.68	1.21	0	-1
31	西藏	6.78	9.36	0	0

二 2000—2013 年各省（市、区）RCDI 位次变动区间及分类

为了较为清晰地看到全国 31 个省（市、区）的相对位置变化，可以对各省（市、区）相对位次变化的绝对值进行一个区间比较。在表 5 - 14 中，将 2013 年与 2000 年相比的位次变化，根据变动幅度，将其分为变动绝对值为 |0|、|1|—|2| 和 |3|—|5| 三个区间；分别将之定义为稳定型、轻微波动型和变动较大型。

表 5 - 14   2000 年和 2013 年各省（市、区）RCDI 位次
变动绝对值区间表

	位次变动绝对值区间		
	|0|	|1|—|2|	|3|—|5|
省份	海南　辽宁 宁夏　江苏 西藏　青海 甘肃　贵州 吉林	河南(2)　安徽(1)　上海(1) 浙江(1)　新疆(1)　天津(1) 内蒙古(1)　湖北(1)　陕西(1) 北京(1)　山西(-1)　广西(-1) 四川(-1)　山东(-1)　湖南(-2) 河北(-2)　广东(-2)　云南(-2) 黑龙江(-2)	江西(4) 重庆(4) 福建(-5)
省份数量（个）	9	19	3
区间分类	稳定型	轻微波动型	变动较大型

从表 5 - 14 可以看到，稳定类型包括 9 个省（区），包括东部地区的江苏和海南、东北的辽宁和吉林以及西部 5 个省（区），这些省（区）2013 年 RCDI 值排序与 2000 年相比，相对位置没有变化，非常稳定。

轻微波动型的省份最多，包括 19 个省（市、区），这些省份 2013 年与 2000 年相比，位次波动在 |1|—|2| 之间。在 19 个省份中，10 个省份前进了 1—2 个位次，其余 9 个下降了 1—2 个位次。

变动较大型是位次变动绝对值在 |3|—|5| 之间的省份，有 3 个省份，江西和重庆上升 4 个位次，福建下降 5 个位次。

因此，总体来看，在 2000—2013 年这十四年间，我国 31 个省（市、区）的 RCDI 值排序比较稳定，相对格局变化不大。

31 个省（市、区）2013 年 RCDI 值相对于 2000 年的位次变动情

况，取表5-13中第五列的绝对值，可以得到如图5-1的位次变动分布。对比图5-1和表5-14，不难发现，图是更直观的表达方式。

在图5-1中，相对于2000年，2013年RCDI值排序位次变动绝对值为0，也就是没有变动的省份有江苏、西藏等9个省份，也就是表5-14中的"稳定型"；位次变动绝对值为|1|—|2|的省份包括上海、云南等19个省份，也就是表5-14中的"轻微波动型"；位次变动绝对值为|3|—|5|的省份有江西、重庆和福建3个省份，也就是表5-14中的"变动较大型"。

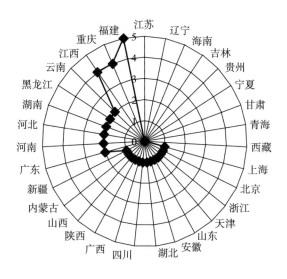

图5-1　31个省（市、区）2013年相对于2000年RCDI位次变动

三　2000—2013年各省（市、区）RCDI值与人均GDP排序变化对比分析

如果考察同期各省人均GDP排序的变化，则波动要大得多。为避免原始数据缺失导致的RCDI值带来的位次影响，这里将2000年与2013年的人均GDP位次与RCDI位次变化做一个对比。

在表5-15中，列出了2000年、2013年各省（市、区）的人均GDP排序及位次变化；根据表中最后一列的数据，可以整理出表5-16的人均GDP位次变动区间分布情况。

表5-15 2000年与2013年各省（市、区）人均GDP排位及变化

地区	2013年	2000年	2013年比2000年变动
天津	1	3	2
北京	2	2	0
上海	3	1	-2
江苏	4	6	2
浙江	5	4	-1
内蒙古	6	15	9
辽宁	7	8	1
广东	8	5	-3
福建	9	7	-2
山东	10	9	-1
吉林	11	13	2
重庆	12	18	6
陕西	13	23	10
湖北	14	16	2
宁夏	15	21	6
河北	16	11	-5
黑龙江	17	10	-7
新疆	18	12	-6
湖南	19	20	1
青海	20	22	2
海南	21	14	-7
山西	22	17	-5
河南	23	19	-4
四川	24	24	0
安徽	25	26	1
江西	26	25	-1
广西	27	28	1
西藏	28	29	1
云南	29	27	-2
甘肃	30	30	0
贵州	31	31	0

表 5－16   2000 年和 2013 年各省（市、区）人均
GDP 位次变动绝对值区间

	位次变动绝对值区间			
	｜0｜	｜1｜—｜2｜	｜3｜—｜5｜	｜6｜—｜10｜
省份名称	北京 四川 甘肃 贵州	天津（2） 江苏（2） 吉林（2） 湖北（2） 青海（2） 辽宁（1） 湖南（1） 安徽（1） 广西（1） 西藏（1） 浙江（-1） 山东（-1） 江西（-1） 上海（-2） 福建（-2） 云南（-2）	广东（-3） 河南（-4） 河北（-5） 山西（-5）	陕西（10） 内蒙古（9） 重庆（6） 宁夏（6） 新疆（-6） 黑龙江（-7） 海南（-7）
省份数量（个）	4	16	4	7
区间分类	稳定型	轻微波动型	变动较大型	变动明显型

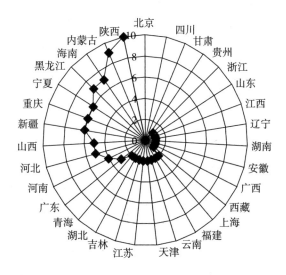

图 5－2   31 个省（市、区）2013 年相对于 2000 年人均 GDP 位次变动

    依然根据表 5－15 中第四列的绝对值得到图 5－2。图 5－2 是
表 5－15 的图形表达，从图中可以看到，相对于 2000 年，人均 GDP 排
序位次变动绝对值为 0 的省份有北京、贵州等 4 个省份，也就是表
5－16 中的"稳定型"；变动绝对值在｜1｜—｜2｜的省份有浙江、青海等

16 个省份，也就是表中的"轻微波动型"；变动绝对值在 |3|—|5| 之间的有广东、山西等 4 个省份，也就是表中的"变动较大型"；变动绝对值在 |6|—|10| 之间的有新疆、陕西等 7 个省份，属于表中的"变动明显型"省份。

因此，对比表 5 - 14 与表 5 - 16 的数据分布，以及图 5 - 1 与图 5 - 2，我们发现在同一时间段内，我国各省（市、区）在 RCDI 值与人均 GDP 排序的分布上有以下特点：

一是与 RCDI 值排序变化相比，人均 GDP 排序波动更为明显，幅度更大。直接表现为在区间分类上，人均 GDP 的位次变动增加了"变动明显型"这一类。

二是总体稳定性的差异。在 RCDI 值排序分布中，稳定型与轻微波动型省份达到 28 个，占全部省份的 90.3%；而人均 GDP 排序分布中，为 20 个，占全部省份的 64.5%。尤其是考虑到稳定型省份的分布差异，总体稳定性的差距更为明显。在表 5 - 14 中，RCDI 排序稳定的省份为 9 个，占 31 个省（市、区）的 29%；而在表 5 - 16 中，稳定型省份仅为 4 个，占省份总量的比重为 12.9%。

三是在稳定型和轻微波动型省份中，交集较多。表 5 - 17 列出了 2000 年和 2013 年各省 RCDI 和人均 GDP 位次变动的对比情况，第 1—2 列是同类型变动省份的交集，20 个省份中（按人均 GDP 位次变化绝对值计算），有 10 个省份都在这两个区间内波动，而且总体方向一致。其中上海、浙江两个东部省份，在人均 GDP 各下降 1—2 位的同时，RCDI 值排序均上升了 1 位；而地处中西部的湖南和广西，则相反，在人均 GDP 排序均上升了 1 位的情况下，RCDI 值排序分别下降 1—2 位。第 3—6 列列举了变动较大和变动明显型省份的位次变动对比。在人均 GDP 排序变动较大的省份中，其 RCDI 值排序却保持了相对的稳定性。其中中部 2 个省份的变化方向相反：河南省在人均 GDP 排序下降 4 个位次的同时，RCDI 值排序上升了 2 个位次；而江西则在人均 GDP 下降 1 个位次的同时，RCDI 值排序出现了 4 个位次的较大幅度上升。在人均 GDP 波动明显的省份中，主要是西部省份。对比 RCDI 值与人均 GDP 排序的变化，发现除了重庆以外，其余省份 RCDI 值位次的变化，并没有与人均 GDP 位次的较大变化同步。而且，从方向上来看，只有新疆是相反的。这可能与 2013 年新疆建设兵团的地区生产总值单独核算有关系。海南在两个领域的排序变化差异明显，根据目前的信息，难以提供比较有说服力的解释。

表5-17　2000年和2013年各省RCDI、人均GDP位次变动对比

同类型变动省份		变动较大型、变动明显型的不同变动			
RCDI	人均GDP	RCDI	人均GDP	RCDI	人均GDP
甘肃（0）	甘肃（0）				
贵州（0）	贵州（0）			陕西（1）	陕西（10）
安徽（1）	安徽（1）	广东（-2）	广东（-3）	内蒙古（1）	内蒙古（9）
上海（1）	上海（-2）	河南（2）	河南（-4）	重庆（4）	重庆（6）
浙江（1）	浙江（-1）	河北（-2）	河北（-5）	宁夏（0）	宁夏（6）
天津（1）	天津（2）	山西（-1）	山西（-5）	新疆（1）	新疆（-6）
湖北（1）	湖北（2）	江西（4）	江西（-1）	黑龙江（-2）	黑龙江（-7）
广西（-1）	广西（1）	福建（-5）	福建（-2）	海南（0）	海南（-7）
山东（-1）	山东（-1）				
湖南（-2）	湖南（1）				

四　简要结论：区域发展能力的形成是一个长期的过程

总结上述这些特点，可以得到一个比较粗略但在某种程度上却相当契合我们直观感知的简要结论：在给定时间内，地区经济增长可能更容易被观察到有比较明显的变化，但是，区域发展能力的形成则是一个更为漫长的过程。如果说经济增长是露出水面的冰山，则区域发展能力更像是水面下的冰山。具体到我国各区域省份的位次变化，目前可以观察到西部地区各省（市、区）人均GDP的大幅度变动，看起来引起了RCDI值位次的同方向变动；而东中部地区则要复杂得多，有更多变动相反的情形存在，这也许和东部深厚的发展基础、中部连接东西部的特殊区位有关。解释这些相反方向的变动，需要更为充分的经验证据。对此，第六章将尝试进行分析论证。

五　从结论看RCDI值测算存在的问题

从前面的简要分析可以看出来，对RCDI的评价仍然存在不少难如人意之处。

一是统计口径变化带来的原始数据搜集困难。本书对元素指标的定

义，保持与当前统计指标的一致性，但是由于我国统计口径一直在改进当中，导致统计指标和统计口径本身在不断发生变化，所以一些原始数据难以获得。

二是原始数据缺失导致 RCDI 值的可比性降低。因为元素指标数量较多，而且 RCDI 值的测算采用了分级赋权的方式，所以一旦缺失其中一个原始数据，对于不同省份 RCDI 值的最终影响，便具有不同的效应。这就带来一个可比性的问题：纵向看，因为缺失一个原始数据值，所以难以比较；横向看，对于同一个原始数据，虽然权重相同，但是各省的原始数据值可能差异较大，一旦缺失，对于有的省份，可能影响很小；而对于有的省份，则可能影响很大，这就导致 RCDI 值的异动，从而使得结果难以比较和解释。

不过，上述两个问题完全有可能随着技术工具的进展得以改善。尤其是随着人类对发展内涵的拓展，新的统计指标必然还会被“创造”出来。比如生态环境类的指标，就是近年来随着可持续发展内涵的演进，逐步进入国民收入核算体系。所以，就 RCDI 指标体系而言，同样也有一个逐渐发展和完善的过程。本书是首次尝试系统地对各区域的发展能力，依据理论模型进行评价，在后续的研究中，必然随着经济社会的发展和统计指标的改进，对 RCDI 指标体系进行进一步的改进和完善。

第六章　比较视角下的西部地区自我发展能力：区域差序及其解释

西部地区自我发展能力不足这一判断，必然基于比较的视角得出。本章将从四大区域的省域分布视角，对1995—2013年我国西部地区自我发展能力进行比较分析。根据1995年、2000年各省域RCDI位次分布，判断西部地区自我发展能力在四大区域初始格局中的位置；根据2013年各省域RCDI位次分布，判断西部地区自我发展能力在四大区域当前格局中的位置；并分析西部地区在变化格局中的变动情况，得出西部地区与其他区域的RCDI差距并没有明显收敛，形成稳定的区域差序格局这一分析结论。并以制度与市场激励差序解释RCDI的区域差序格局，验证"双激励—四维度"框架的分析结论。最后以"胡焕庸线"为例，分析论证制度与市场激励的转化机制，得出在促进区域发展能力提升的各种努力中，将制度激励有效转化为市场激励至关重要这一结论。

第一节　我国区域发展能力的差序格局：基于省域分布视角

为了说明我国各区域RCDI值分布的差序格局，本节将从2013年RCDI值排序的区域分布、1995年RCDI值排序的区域分布以及2013年与1995年相比变化格局等方面进行分析。

一　区域发展能力比较分析的省域分布视角

对应于西部地区自我发展能力评价的省域视角，对西部地区RCDI的区域比较分析，本书采用了省域分布视角。所谓省域分布视角，亦即对各区域自我发展能力的比较分析，主要考察各区域所属省份在不同年份RCDI值位次排列的分布情况。举例来说，比如1995年RCDI值排位前 10 名的省份中，东、中、西和东北地区各有多少省份入围，以此为依据对各区域自我发展能力进行比较分析。

之所以采用这一分析视角，理由也包括三个方面。

首先是因为对 RCDI 的测算基于省域视角，所以对西部地区自我发展能力的比较分析，自然应该采用相应的省域视角。而这种省域视角，在区域分析层面，相应地被表述为"省域分布"视角——因为我国区域经济的四大板块：东、中、西和东北的划分，均分别由不同数量的省域构成。

其次是 RCDI 值的测算方法，决定了对由不同省域构成的区域自我发展能力，除了从区域视角进行总体分析以外，采用省域分布视角是信息损漏最小化的分析视角。道理很简单：区域加总或者平均数值只会得到区域数据的总体特征，而采用省域分布视角却可以在不省略个体特征的情况下，得到区域特征，因此，信息损失最小。尤其是考虑到原始数据都是以省域为单位搜集，而且发展决策除了中央政府层面以外，省级决策是对地方经济发展影响最重要的层级，将这种不损失个体特征的省域分布视角，用于区域 RCDI 的比较分析，就更具启发性。

最后，很重要的一点，同时与测算 RCDI 采用省域视角一样，对区域自我发展能力的比较分析，采用省域分布视角，相关结论可能更具有决策支撑意义。一方面，对于国家宏观决策而言，既可以了解四大区域的总体状况，又可以了解到区域内部的差异性；另一方面，对于地方各级政府的决策而言，也是不仅了解了所属区域在全国区域版图上的位置，而且也清楚了本省域在所在区域的位置，有利于实施针对性的政策措施。

应该说，不管是 RCDI 测算的省域视角，还是对 RCDI 进行区域比较分析的省域分布视角，最重要的原因在于"省级行政区划"在我国行政体系中的重要地位。省级行政区作为我国最高级别的行政区，一方面实施中央政府的各项发展政策，另一方面，制定实施本辖区内的各项发展政策。区域作为省级行政区划的松散联合，国家区域发展政策的实施，主要仍然取决于所在区域的省级行政区划，正是从这样的意义上，我们说对区域自我发展能力的测算和比较分析，分别采用省域与省域分布视角，具有更为明显的应用价值和实际意义。

二　初始格局：西部是 1995 年和 2000 年区域间的"能力洼地"

之所以将 1995 年 RCDI 值排序的区域分布称为"初始格局"，有两个原因：一是基于本书测算 RCDI 的起始年为 1995 年；二是我国的市

场化改革始于 1992 年，考虑到能力的形成有一个过程，因此，将 1995
年称为我国省级区域发展能力形成的初始格局，具有合理性和科学性。
但是考虑到 1995 年有两个原始指标值缺失，因此，这里将同时考虑以
2000 年作为比较的初始状态，一方面为了纵向更有可比性；另一方面
也是考察一下缺失的原始数据值对 RCDI 值排序的影响。

为了更为简洁清晰地说明我国 31 个省域 RCDI 值位次的区域分布，
以考察西部地区在区域格局中的位置，本书采取三分法，分析起始年份
各省（市、区）的 RCDI 值排序在各区域的分布状况。

如表 6-1 所示，根据 1995 年各省（市、区）的 RCDI 值排序，排
除重庆，将当时的 30 个省（市、区）排序按照 1—10、11—20 和 21—
30 位次分为三个区段。

表 6-1 1995 年各省（市、区）RCDI 值排序的区域格局（不含重庆）

单位:%、个

排序分段		东部地区	中部地区	西部地区	东北三省
1—10位	省份	北京　广东 上海　江苏 福建　山东 浙江　天津	河南		辽宁
	占比（排位省份）	80	10	0	10
	占比（区域省份）	80	16.7	0	33.3
11—20位	省份	河北　海南	江西　湖北 湖南　安徽	四川　广西	吉林　黑龙江
	占比（排位省份）	20	40	20	20
	占比（区域省份）	20	66.7	18.2	66.7
21—30位	省份		山西	云南　陕西 贵州　内蒙古 甘肃　新疆 宁夏　青海 西藏	
	占比（排位省份）	0	10	90	0
	占比（区域省份）	0	16.7	81.8	0
省份合计		30	10	6	11	3

注：表中"占比（排位省份）"是指在某一排序分段中，各区域省份占该排序分段省份数
量的比重。比如，在排名前 10 位的省份中，东北有 1 个，占 10%。"占比（区域省份）"是指
在某一排序分段中，各区域在该排序分段中的省份占本区域省份总数的比重。比如东北有 1 个
省进入前 10 排名，占东部三省的 33.3%。后表中的相同表述含义与本注一致。

在 1—10 位中，东部、中部和东北地区各占 8 省（市）、1 省和 1 省，西部地区没有省份挤入前 10 位。在 11—20 位中，东部 2 省（市）、中部 4 省、西部 2 省、东北 2 省，区域分布比较均匀。在 21—30 位中，中部 1 省、西部 9 省，东部和东北没有。

从占比来看，1—10 位中，东部省份占 80%，中部占 10%，东北占 10%，西部没有；11—20 位中，东部省份占 20%，中部占 40%，西部占 20%，东北占 20%；21—30 位中，中部占 10%，西部占 90%。

而从各排位区段省份占所在区域省份的比例来看，东部地区排位 1—10 名的省份占东部省份的 80%；中部地区 16.7% 的省份排位前 10 名；东北 33.3% 的省份排在前 10 位；西部地区没有省份排进前 10 名。在 11—20 位次区段，东部地区有 20% 的省份位列于此区段；中部和东北地区 66.7%；西部地区 18.2% 的省份排位在 11—20 名之间。在最后的 10 个位次中，中部地区 16.7% 的省份落入该排位区段，西部地区 81.8% 的省（区）排在后 10 位；东部和东北地区没有省份位于该区段。

因此，在 1995 年，也就是我国实施市场化改革三年之后，我国省级 RCDI 的区域格局是：东部地区和东北三省 100% 的省份排位在前 20 之内，考虑到在前 10 位中，东部地区有 80% 的省份位列此区段，东北只有 33.3% 的省份位列前 10，可以认为，东部地区总体要好于东北三省；而计算 1995 年东部和东北地区各省 RCDI 平均值表明，确实如此。1995 年东部各省 RCDI 的平均值为 63.72，东北三省为 53.38，东部地区高于东北三省。在东部和东北地区之后，中部地区 83.3% 的省份排位在前 20 名之内，远远高于西部 18.2% 的比例。因此，在 1995 年，从区域发展能力的水平来看，我国省级 RCDI 的区域格局是"东部—东北—中部—西部"的差序格局。

如果以原始数据更为完整的 2000 年作为初始状态，如表 6 - 2 所示，各区域省份排序分布与 1995 年出入不大，主要的变化表现为西部地区。在重庆成为直辖市从四川省划分出来以后，西部地区从 11 个省（区）增加到 12 个省（市、区），排在 21—31 位的省份也相应增加了 1 个，从而使得西部地区进入前 20 位的省份比例从 1995 年的 18.2% 降低到 16.7%；而处于最后 11 位的省份比重从 81.8% 上升到 83.3%。但是从区域总体格局来看，"东部—东北—中部—西部" RCDI 值排序由高至低的顺序并没有发生根本性改变。

表 6-2　　　2000 年各省（市、区）RCDI 值排序的区域格局　单位:%、个

排序分段		东部地区	中部地区	西部地区	东北三省
1— 10 位	省份	广东　上海 北京　江苏 福建　浙江 山东　天津	江西		辽宁
	占比（排位省份）	80	10	0	10
	占比（区域省份）	80	16.7	0	33.3
11— 20 位	省份	河北　海南	河南　湖南 安徽　湖北	四川　广西	吉林 黑龙江
	占比（排位省份）	20	40	20	20
	占比（区域省份）	20	66.7	16.7	66.7
21— 31 位	省份		山西	重庆　陕西 云南　内蒙古 新疆　贵州 宁夏　甘肃 青海　西藏	
	占比（排位省份）	0	9.1	90.9	0
	占比（区域省份）	0	16.7	83.3	0
省份合计	30	10	6	12	3

　　可见，无论是以市场化改革三年后的 1995 年作为初始考察年份，还是以开始实施西部大开发的 2000 年作为初始值，从 RCDI 值三个排序分段的省域分布来看，均表现为"东部—东北—中部—西部"的格局。即与其他区域相比，在 1995 年和 2000 年，西部地区自我发展能力明显处于更低水平的洼地状态，这也是我国开始实施西部大开发战略时面临的 RCDI 区域初始格局。

　　三　当前格局：2013 年西部地区 RCDI 值排序依然靠后

　　依然采取三分法，根据 2013 年的 RCDI 位次分布，考察各区域在不同排序分段的省域分布，判断西部地区在区域格局中的当前位置。

如表6-3所示，根据我国31个省份2013年RCDI值排序，同样按照1—10位、11—20位和21—31位的三分法，观察各区段中的各大区域省份分布。从表6-3的省份及比例分布可以看到，2013年，我国各区域省份RCDI值排序的省份数量及比例分布与1995、2000年基本相同，没有太大变化。

表6-3　　　　2013年各省（市、区）RCDI值排序的区域格局　单位:%、个

排序分段		东部地区	中部地区	西部地区	东北三省
1—10位	省份	上海　北京 广东　江苏 浙江　天津 山东　福建	江西		辽宁
	占比（排位省份）	80	10	0	10
	占比（区域省份）	80	16.7	0	33.3
11—20位	省份	河北　海南	河南　安徽 湖北　湖南	重庆　四川	吉林 黑龙江
	占比（排位省份）	20	40	20	20
	占比（区域省份）	20	66.7	16.7	66.7
21—31位	省份		山西	广西　陕西 云南　内蒙古 新疆　贵州 宁夏　甘肃 青海　西藏	
	占比（排位省份）	0	9.1	90.9	0
	占比（区域省份）	0	16.7	83.3	0
省份合计　31		10	6	12	3

区别在于个别省份的变动。比如1995年，中部地区RCDI值排序进入前10位的省份是河南，而2013年与2000年一样，均为江西。这主要是因为1995年缺失的2项原始数据值，对江西的影响明显要大于河南，所以，导致在1995年河南排位进入前10；而江西在原始数据值完整的其余年份，均进入前10位，并在2005年、2008年、2010年和

2013 年均稳定在第 6 位。比较第五章表 5 - 4、表 5 - 5、表 5 - 6、表 5 - 7、表 5 - 8、表 5 - 9 各年各省（市、区）的 EAI、EEI、PCI 和 RCI 值，可以发现，1995 年，江西省的 RCI 值仅为 37.18，2000 年大幅上升到 69.99，从而引起 RCDI 总值的增加和位次的提升。考虑到 1995 年缺失 2 项原始数据值之一为 "人均水资源量占全国平均水平的比重"，这样的变化自然不足为怪。正是因为江西省良好的生态基础，所以在 2016 年国务院发布的第 26 期公报中，中共中央和国务院办公厅共同印发的《关于设立统一规范的国家生态文明试验区的意见》中，将江西省列为首批生态文明试验区三个省份之一。而党中央国务院选择试点省份的综合考虑因素包括：现有生态文明改革实践基础、区域差异性、发展阶段、生态基础较好、资源环境承载能力较强等。

另两个变动来自重庆与广西。在 1995 年、2000 年，西部地区进入前 20 位的省份均为四川和广西；2013 年，广西位次后移，重庆进入前 20。事实上，对比第五章表 5 - 12 的数据，可以发现，重庆自 2005 年排序进入前 20 位以后，排名逐年稳步上升。而广西在 2005 年被重庆 "挤出" 前 20 位以后，一直稳定在 21 位。这样的变化也可以解释：重庆作为西部地区唯一的直辖市，享有其他省（区）所难以比肩的特殊地位和政策优势。

因此，就当前我国 RCDI 省域分布的区域格局来看，依然是 "东部—东北—中部—西部" 的差序格局。将近 20 年的发展，虽然有个别省份的位次发生变动，但是从区域格局来看，相对稳定。

2013 年是我国实施西部大开发战略 13 年之际，也正处于我国第二轮西部大开发的第 3 年，是国家各项发展政策大力 "西进" 的时期，也是西部地区经济社会发展取得诸多历史性成就的时期。但是，就西部地区自我发展能力在我国区域版图中的位置来看，依然没有发生逆转性的变化，与其他区域相比，依然是自我发展能力最弱的洼地区域。

四　变化格局：1995—2013 年西部地区 RCDI 值上升明显

但是，总体格局不变，并不意味着四大区域 RCDI 值的省域分布没发生变化，相反，1995—2013 年，西部地区 RCDI 值上升很明显，其他区域 RCDI 值也发生了较为明显的变化。因此，为了更为清楚地观察西部地区 RCDI 值在我国区域版图中的位置，需要了解测算阶段内各区域 RCDI 值的变化格局。

　　首先来看各区域的总体变化趋势。

　　如图 6‑1 所示，1995—2013 年，东部地区各省（市）的 RCDI 值总体比较平稳，尤其以 2000 年为起始年份来看。从图中可以看到，虽然有波动，但是波幅较小。其中 2005 年、2010 年都有比较明显的下行趋势。2005 年东部各省 RCDI 值的下滑，主要是与 2000 年相比，东部各省的 EAI、EEI、PCI 值总体下降，导致 RCDI 总值降低。而这些二级指标值的降低，主要是与 2004 年的宏观调控收紧政策有关。由于 2002 年、2003 年两年全国钢铁行业的投资总额增速惊人，分别比上年增长了 45.9% 和 96%；电解铝与水泥投资增速更为惊人，2003 年比上年分别增长了 92.9% 和 121.9%。这些指标的飙升，被决策层认为宏观经济领域出现了投资过热的信号，因此，收紧投资与货币，为过热的经济降温，逐渐成为决策层的共识。2003 年 12 月 23 日，国务院办公厅下发了《国务院办公厅转发发展改革委等部门关于制止钢铁电解铝水泥行业盲目投资若干意见的通知》（［2003］103 号文）；2014 年 1 月，国办再发文《国务院办公厅关于开展贯彻落实中央经济工作会议精神情况专项检查的通知》；2014 年 2 月 4 日，国务院专门举行关于严格控制部分行业过度投资的电视电话会议，明确要求对钢铁、电解铝、水泥三大行业进行清理检查；并随即组织来自发改委、审计署、财政部、建设部、国土资源部、人民银行、商务部和农业部等部门的人员，组成 8 个督查组分赴各地清查，重点清查进入三大行业、盲目投资的民营企业。这对于民营经济发达的东部地区，其影响不言而喻。这些宏观经济政策，反映在 RCDI 总值上，就是与 2000 年相比，2005 年东部各省总体下降。从图中来看，受到这轮宏观调控影响最大的省份是广东、福建、河北、山东和海南等省，RCDI 值分别比 2000 年下降了 9.55、9.45、6.44、5.53 和 5.02。可以看到，在这些省份中，除了河北是重工业型省份以外，其余省份主要是民营经济发达的省份，而重工业行业以及投资重工业领域的民营企业正是该轮调控和督察的重点。

　　至于 2010 年比 2008 年的下降，众所周知，是由于美国次贷危机引发的国际金融危机所致。事实上，在危机爆发八年之后，全球经济仍然在低迷的泥沼里艰难前行。而 2008 年国际金融危机对我国东部地区的冲击，直接导致了 2008 年大规模的农民工返乡潮。以至于到如今，"农

民工返乡潮"已经成为衡量我国东部经济的一个景气指数。① 而在这轮
宏观经济冲击中，受到影响最大的是广东、河北、北京、天津和浙江等
外向型省（市），RCDI 值分别下降了 4.29、2.08、2.06、1.96 和
1.83。不过，这一轮波动幅度要小于 2000—2005 年的。

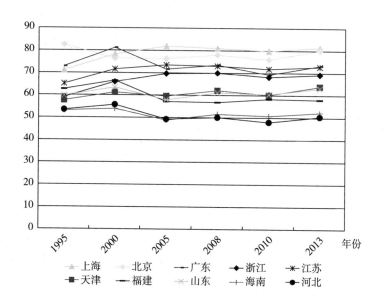

图 6 - 1　1995—2013 年东部各省（市）RCDI

　　但是，在总体下降的态势中，也有个别省（市）表现很好。不考
虑 1995 年，以 2000 年为起始年份，2013 年与之相比，RCDI 值增加较
大的省份依次是北京、浙江、上海和天津，分别增加了 3.72、3.29、
3.10 和 2.75。

　　图 6 - 2 是中部地区 1995—2013 年各省 RCDI 图，与东部地区相比，
中部地区各省 RCDI 的分化趋势比较明显，其中山西省的 RCDI 值在
2005 年出现较大幅度下降之后，到 2013 年一直没有回到 2000 年的峰

---

　　① 2012 年，由于多地农民工在 8 月即开始返乡，将始于春节的返乡潮提前了差不多半
年，以至于"农民工返乡潮再现"成为当时的舆论热点。为了验证这种判断，同年 8 月 23 日
的《人民日报》，刊发了曲昌荣、张文的调查《2008 年农民工大规模返乡潮再现了吗?》，通
过对四川、河南农民工输出大省的调查，认为"存在回流情况，但规模远小于 2008 年"。毫
无疑问，作为官方媒体的《人民日报》，如此求证，从宏观调控的角度来看，是为了稳定和引
导预期，不要形成"农民工大量返乡，经济景气下行"的预期。

值（在不考虑 1995 年的情况下）；比较而言，江西省则一路上升，即使以 2000 年为起始年份，其 RCDI 值也是在 2005 年以后，呈现平稳微增长的态势。其余 4 个中部省份，趋势非常一致，而且 RCDI 值非常接近。

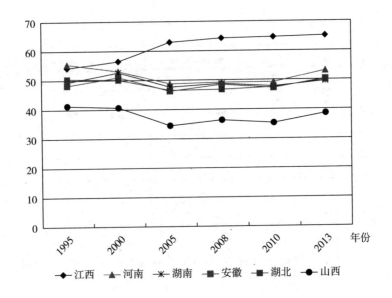

图 6 - 2　1995—2013 年中部各省 RCDI

　　从图 6 - 3 可以看到，西部地区的情形与东部比较类似：各省（市、区）的趋势相对一致，而且没有非常明显的分化。在图的下方，西藏的 RCDI 值呈现比较平缓但是稳定的增长态势，这与时间越近，西藏各年原始数据越完整的情形直接相关。此外，重庆市、青海省、新疆维吾尔自治区呈现比较明显的增长态势（不包含 1995 年），2013 年与 2000年相比，RCDI 值分别增加 6.59、4.68 和 3.09；陕西的增长也接近 2，达到 1.84。

　　最后来看图 6 - 4，东北三省在 1995—2013 年，RCDI 的变化趋势。与 2000 年相比，2013 年 3 个省份中，只有吉林有微弱增长，RCDI 值增加了 0.03；辽宁和黑龙江分别降低了 0.82 和 100。与 2005 年的谷值相比，三省均有比较明显的增加；2013 年，辽宁、吉林和黑龙江 RCDI值分别增加了 5.16、3.21 和 4.07。显然，这两组数据表明东北三省的发展能力目前正处于企稳状态。

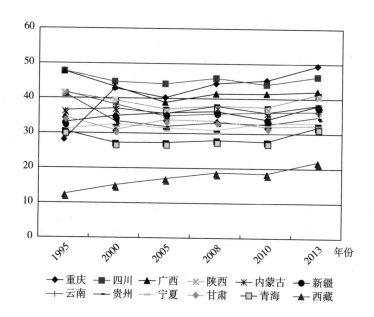

图 6-3　1995—2013 年西部各省（市、区）RCDI

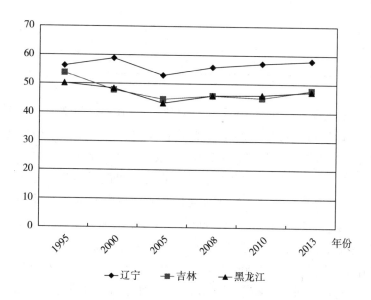

图 6-4　1995—2013 年东北三省 RCDI

除了各区域的总体趋势图以外，再来看看各区域的变化情况。

根据各省 2013 年和 2000 年的 RCDI 值，可以计算 2013 年、2000 年各区域各省的平均 RCDI 值，并计算 2013 年与 2000 年相比，各区域各省 RCDI 的平均变化值。按照上述思路，表 6－4 计算得出了 2000 年、2005 年和 2013 年三个重要年度的各区域 RCDI 均值。

从表 6－4 可以看到，与 2000 年相比，东部各省（市）的 RCDI 值平均降低了 0.94；中部各省平均增加 0.41；东北地区平均减少 0.59；西部地区平均增加 2.16。因此，从 RCDI 值的变动来看，我国各区域 RCDI 的差序格局是"西部—中部—东北—东部"，即依次呈现"西部向上变动较大—中部向上变动小—东北向下变动最小—东部向下变动小"的差序，这可以理解为从 2000—2013 年各区域 RCDI 值的综合变动差序。但是因为变动的绝对值小，所以不足以改变 RCDI 值的区域差序格局。

表 6－4　2000 年、2005 年和 2013 年各区域 RCDI 均值及变化

各区域 RCDI 均值	2000 年(1)	2005 年(2)	2013 年(3)	(3)－(1)	(3)－(2)	(2)－(1)
东部	67.41	64.57	66.47	－0.94	1.90	－2.84
东北	51.67	46.93	51.08	－0.59	4.15	－4.74
中部	50.66	47.78	51.08	0.41	3.30	－2.88
西部	34.98	34.04	37.14	2.16	3.11	－0.94

另一个重要的比较是 2005 年与 2000 年的比较。因为从各区域 RCDI 值的变动来看，虽然没有十分明显的波动，但是四大区域的绝大多数省份都在 2000 年达到峰值，2005 年成为谷值。而前面的分析表明，这一波动主要是因为始于 2003 年年底的宏观调控。因此，考察各区域 2005 年比 2000 年的波动，一方面可以了解各区域自我发展能力的内生程度，或者说韧性；另一方面，同时可以考察紧缩的宏观经济调控，这种负向的制度强激励，对于各区域 RCDI 值变动的影响。在表 6－4 中，同样列出了计算值。与 2000 年相比，2005 年的变动差序表现为"东北向下变动大—中部、东部向下变动较大—西部向下变动较小"的差序。这一差序可以理解为制度负激励引起的变化差序。这恰好从另一面验证了制度激励对 RCDI 形成的重要作用。

对 1995—2013 年各区域省份 RCDI 值的变动情况分析表明：虽然西部地区总体向上变动较大，但是仍然不足以改变其在各大区域间的"能力洼地"位置。尤其是考虑到这一时期，其他区域在宏观经济政策、外部市场环境等制度、市场激励的交互作用下，均出现了向下变动的情况下，西部地区依然不能以向上的变动缩小差距，更说明西部地区作为区域发展能力的洼地，与其他区域的差距之大，需要更长时间的向上变动才有望收敛。

最后，表 6 - 5 给出了 1995—2013 年 31 个省（市、区）各年的 RCDI 值排序表，以及相对变动表。在表中，"2013 年排序"是指 2013 年各省（市、区）的 RCDI 值排序；"变动位次"是指与上一个测算年度相比，该年的位次变动情况，正值表示提高的位次数量；负值表示下降的位次数量。比如第三列的"变动位次"是指与 2010 年比，2013 年的位次变动情况。如江苏是"‑1"，则表示与 2010 年相比，2013 年江苏的位次下降了 1 位，以此类推。

表 6 - 5　　　1995—2013 年各省（市、区）RCDI 值排序与变动

省份	2013 年排序	变动位次	2010 年排序	变动位次	2008 年排序	变动位次	2005 年排序	变动位次	2000 年排序	变动位次	1995 年排序
上海	1	0	1	0	1	0	1	1	2	1	3
北京	2	0	2	0	2	0	2	1	3	-2	1
广东	3	1	4	-1	3	0	3	-2	1	1	2
江苏	4	-1	3	1	4	0	4	0	4	0	4
浙江	5	0	5	0	5	0	5	1	6	1	7
江西	6	0	6	0	6	0	6	4	10	1	11
天津	7	1	8	-1	7	0	7	1	8	0	8
山东	8	-1	7	1	8	0	8	-1	7	-1	6
辽宁	9	1	10	0	10	0	10	-1	9	0	9
福建	10	-1	9	0	9	0	9	-4	5	0	5
河南	11	1	12	1	13	0	13	0	13	-3	10
海南	12	-1	11	0	11	0	12	0	12	2	14
河北	13	0	13	-1	12	-1	11	0	11	2	13
安徽	14	2	16	-1	15	0	16	-1	15	3	18

省份	2013年排序	变动位次	2010年排序	变动位次	2008年排序	变动位次	2005年排序	变动位次	2000年排序	变动位次	1995年排序
湖北	15	0	15	1	16	−1	15	1	16	−1	15
湖南	16	−2	14	0	14	0	14	0	14	3	17
重庆	17	1	18	2	20	0	20	1	21	9	30
吉林	18	1	19	−1	18	−1	17	1	18	−6	12
黑龙江	19	−2	17	0	17	2	19	−2	17	−1	16
四川	20	0	20	−1	19	−1	18	1	19	0	19
广西	21	0	21	0	21	0	21	−1	20	0	20
陕西	22	0	22	0	22	0	22	1	23	−1	22
山西	23	2	25	0	25	1	26	−4	22	2	24
内蒙古	24	0	24	−1	23	1	23	1	25	0	25
新疆	25	1	26	−2	24	−1	23	3	26	1	27
云南	26	−3	23	3	26	−1	25	−1	24	−3	21
贵州	27	1	28	0	28	0	28	−1	27	−4	23
宁夏	28	−1	27	2	29	0	29	−1	28	0	28
甘肃	29	0	29	−2	27	0	27	2	29	−3	26
青海	30	0	30	0	30	0	30	0	30	−1	29
西藏	31	0	31	0	31	0	31	0	31	0	31

五 稳定的区域差序：RCDI 值排序的"东部—东北—中部—西部"格局不变

综合前面的分析，即假设以 2000 年我国省级 RCDI 的区域格局为初始格局，则从 2000 年的"东部—东北—中部—西部"差序格局，在"西部向上变动较大—中部向上变动小—东北向下变动最小—东部向下变动小"的变化差序作用下，到 2013 年，依然没有改变我国区域 RCDI 值的"东部—东北—中部—西部"差序格局。而在 2000—2005 年，各区域在 2003—2004 年的紧缩性宏观调控下，亦即在负向的制度强激励下，RCDI 值的变动呈现"东北向下变动大—中部、东部向下变动较大—西部向下变动较小"的变化差序。而不管是综合的变化差序，还是制度负激励下的变化差序，都没有改变 RCDI 值的差序格局。这表明，我国 RCDI 值的区域分布，呈现出自东向西的稳定差序。即在

2000—2013 年，十多年的发展，虽然各区域的 RCDI 变动方向与幅度有所不同：西部地区成为向上变动最大的区域，东北地区成为向下变动最多的区域，可是这种相反方向的变动，并没有能够改变我国区域 RCDI 值排序东部为首、西部为尾的差序格局。

我国各省（市、区）RCDI 值在区域分布上的稳定差序，进一步验证了第五章的结论：区域发展能力的形成，是一个长期的过程。虽然西部地区正在加速追赶的步伐，但是要缩小差距，改变差序，尚待时日。

第二节　西部地区"能力洼地"的
制度激励差序解释

根据本书提出的区域发展能力形成的"双激励—四维度"框架，制度与市场是影响区域发展能力形成的两大激励。前面的分析表明，我国各大区域发展能力的格局，如果说 2000 年的差序格局是一种初始格局，那么，从 2000 年的"东部—东北—中部—西部"差序格局，到 2013 年，虽然没有改变这一个稳定格局，但是，这 10 多年间，RCDI 值变动的"西部向上变动较大—中部向上变动小—东北向下变动最小—东部向下变动小"的变化差序，是怎么形成的呢？制度激励是不是发挥了重要的作用？本节拟通过对我国开放顺序的梳理，探讨制度激励的差序，进而分析这种差序对 RCDI 区域稳定差序以及变动差序的影响。

一　我国区域政策的"四大板块"和"三大支撑"

2015 年李克强总理在政府工作报告中，首次提出"四大板块"和"三个支撑带"战略组合，"四大板块"即传统的区域划分，西部地区、东北地区、中部地区和东部地区；"三个支撑带"指"一带一路"、京津冀和长江经济带①。为了表述更加简洁，这里将"四大板块"、"三个

---

① 该部分内容见"2015 年中央政府工作报告"中，"四、协调推动经济稳定增长和结构优化"下的"拓展区域发展新空间"。在这一段的内容中，除了阐述"四大板块"、"三个支撑带"的区域协调发展战略以外，最后提出要"加速资源枯竭型城市转型升级"；"加强中西部重点开发区建设，深化泛珠三角等区域合作"。很显然，在中央政府看来，"资源枯竭型城市"、"中西部重点开发区"和"泛珠三角区域"是"四大板块"和"三个支撑带"中的特殊区域，需要重点关注。

支撑带"表述为"四大板块"和"三大支撑"。

在《中华人民共和国国民经济和社会发展第十三个五年规划纲要》中,上述提法被表述为"以区域发展总体战略为基础,以'一带一路'建设、京津冀协同发展、长江经济带发展为引领,形成以沿海沿江沿线经济带为主的纵向横向经济轴带,塑造要素有序自由流动、主体功能约束有效、基本公共服务均等、资源环境可承载的区域协调发展新格局。"亦即"四大板块"是"区域发展总体战略基础",而"三大支撑"是区域发展战略的引领。

从"四大板块"和"三大支撑"覆盖的省份来看,以31个省级行政区划来看,"四大板块"是一个"周延"的区域划分,覆盖了全国31个省(市、区);"三大支撑"却是一个不周延且相互有交叉的区域划分。

如表6-6所示,"四大板块"和"三大支撑"覆盖省份中,长江经济带和"一带一路"覆盖的省份中,上海、浙江、重庆和云南同属于两个区域经济带。

表6-6   "四大板块"和"三大支撑"覆盖省份

区域政策	覆盖省份
东部率先	浙江 上海 江苏 广东 天津 北京 福建 山东 河北 海南
西部开发	重庆 四川 广西 陕西 宁夏 内蒙古 云南 贵州 新疆 青海 甘肃 西藏
东北振兴	辽宁 吉林 黑龙江
中部崛起	山西 安徽 江西 河南 湖北 湖南
京津冀	北京 天津 河北
长江经济带	上海 江苏 浙江 安徽 江西 湖北 湖南 重庆 四川 贵州 云南
"一带一路"	内蒙古 辽宁 吉林 黑龙江 上海 浙江 福建 广东 广西 海南 重庆 云南 西藏 陕西 甘肃 青海 宁夏 新疆

资料来源:笔者根据国家相关公开文件整理。

二 区域制度激励的时间差序

在改革开放以前,我国政府在不同时期也实施了不同的区域经济发展政策,但是就"四大板块"和"三大支撑"区域发展政策而言,主要是改革开放以后，中央政府陆续实施的区域发展政策。正因为是"陆续实施"，所以在政策的出台和实施上，存在明显的时间差序。

如图 6 - 5 所示，我国"四大板块"和"三大支撑"区域发展政策启动时间路线图，非常清晰：

1979 年 7 月 15 日，党中央、国务院批准广东、福建在对外经济活动中实行"特殊政策、灵活措施"，并决定在深圳、珠海、厦门、汕头试办经济特区，福建省和广东省成为全国最早实行对外开放的省份之一，东部地区得开放政策之先，率先实行对外开放。

1980 年，设立深圳、珠海、汕头、厦门和海南 5 个经济特区，实行特殊的经济政策和特殊的管理体制。

1984 年，国务院批准大连、秦皇岛、天津、烟台、青岛、连云港、南通、上海、宁波、温州、福州、广州、湛江、北海为全国第一批对外开放城市；1985 年国务院批复营口市享受沿海开放城市某些特权；1987 年，威海市从烟台市分离，次年，国务院批复威海市为沿海开放城市。因此，首批沿海开放城市名为十四个，实为十六个。

1985 年，长江三角洲、珠江三角洲和闽南金三角开辟为沿海经济开放区。

1988 年，扩大开放范围，把辽东半岛、山东半岛、环渤海地区的一些市、县和沿海开放城市的所辖县列为沿海经济开放区；开放区域共293 个市县，占全国的 12%；开放国土面积约 42.6 万平方公里，占全国的 4.4%；开放区域人口 2.2 亿人口，占总人口的 20%。

1999 年，实施西部大开发战略。

2002 年，实施东北老工业基地振兴战略。

2004 年，时任国务院总理的温家宝在 2004 年政府工作报告中，首次提出"鼓励东部地区加快发展"。

2004 年，温家宝同志首次提出"中部崛起"。

2006 年，正式实施"中部崛起"战略。

2013 年，正式提出"一带一路"倡议。

2014 年，京津冀协同发展。

2014 年，长江经济带。

在图 6 - 5 中，只是选择性地刻画了我国区域开发政策的大事，还有很多有影响的大事件没有反映出来。比如，对于上海和整个长江三角洲的发展影响深远的浦东开发区的设立，国家层面的决策始于 1990 年；以及始于 2005 年的滨海新区国家战略；2014 年的上海、滨海新区自贸区等，都是对东部率先发展政策的叠加。这些事件虽然只是在某一城市实施，但是对所在区域的影响非常明显。不过，因为这类政策太多，难以一一列举，因此，图 6 – 5 只列举了最具有代表性的区域发展政策启动时间。

图 6 – 5　"四大板块"和"三大支撑"区域发展政策启动时间

如果以"四大板块"和"三大支撑"的时间节点来看，我国区域政策的时间差序非常明显：

其一，从 1979 年东部率先开放到 1999 年启动西部大开发政策，时间间隔为 20 年，比振兴东北老工业基地早 23 年，比中部崛起战略早 27 年；

其二，西部大开发战略比东北振兴早 3 年，比中部崛起战略早 7 年；

其三，振兴东北老工业基地比中部崛起战略早 4 年。

因此，从我国的区域开发政策的时间差序来看，呈现"东部—西部—东北—中部"的先后顺序。如果加上间隔时间，可以清晰地表述为"东部率先开放；20 年后，西部大开发；3 年后，东北老工业基地振兴；4 年后，中部崛起战略"。

至于"三大支撑"，因为覆盖省份存在交叉，而且启动时间非常接近，所以目前对于区域格局的影响尚未出现。不过，在"三大支撑"战略中，国家层面已经明确"一带一路"的两大核心区，新疆被定位为"丝绸之路经济带核心区"，福建则被定位为"21世纪海上丝绸之路核心区"。这些定位必然会影响这两个省（区）在区域经济格局中的地位。

三　区域制度激励的强度差序

除了时间差序以外，我国区域政策的激励强度也存在差异。如表6-7所示。

表6-7　　　　　　　各省（市、区）区域发展政策统计　　　　　单位：个

省份	所属区域	各省享受区域政策数
上海　浙江	东部率先；"一带一路"；长江经济带	3
北京　天津　河北	东部率先；京津冀	2
江苏	东部率先；长江经济带	2
福建　海南　广东	东部率先；"一带一路"	2
山东	东部率先	1
辽宁　吉林　黑龙江	东北振兴；"一带一路"	2
安徽　湖北　湖南　江西	中部崛起；长江经济带	2
河南　山西	中部崛起	1
重庆　云南	西部开发；"一带一路"；长江经济带	3
西藏　陕西　甘肃　青海 宁夏　新疆　内蒙古　广西	西部开发；"一带一路"	2
四川　贵州	西部开发；长江经济带	2

资料来源：笔者根据国家相关公开文件和规划整理。

按照"四大板块"和"三大支撑"来统计区域政策，全国31个省级行政单元中，上海、浙江、重庆和云南4个省（市）适用的区域政策数量最多，均同时属于3个不同区域板块；山西、河南和山东3个省适用的区域发展政策最少，仅为1项；其余省（市、区）均为2项。

适用区域政策多少的差异，在很大程度上反映了制度激励的强度。

区域发展政策的全覆盖，甚至在"三大支撑"战略实施以后，出现了覆盖率超过100%的交叉覆盖。这一方面说明，我国区域发展战略越加注重各大区域的均衡发展，另一方面，也说明，随着区域发展政策覆盖率的提高，政策的稀缺度在下降。政策稀缺度的下降，本身即是制度激励强度的

减弱。尤其是考虑到时间滞后因素，这种强度差异就更加明显。

因此，从制度激励强度的差序来看，表现为省级差序和区域差序。

省级差序由适用区域政策的数量决定，最强为上海、浙江、重庆和云南4省（市）；最弱为山西、河南和山东3省；其余各省（市、区）为中间强度。

区域差序由政策稀缺度决定，如果以1979年为起始年份，2014年为截止年份，制度激励的区域差序由强至弱为"东部35年强制度激励—西部15年较强制度激励—东北12年制度激励—中部8年较弱制度激励"。

四　区域制度激励差序与RCDI区域差序：解释与检验

根据本书构建的"双激励—四维度"框架，一方面，各省RCDI值的差序格局，是对制度与市场激励差序的检验；另一方面，制度与市场激励的差序，可以在相当程度上解释RCDI值的差序格局。

本章第一节分析了RCDI值的初始差序格局、当前差序格局和变动差序格局；而本节内容则分析了制度激励的时间差序和强度差序，其中强度差序又包括由适用区域政策数量决定的省级制度激励强度差序，以及由与实施时间有关的政策稀缺度决定的区域制度激励强度差序。图6-6、图6-7总结了这些差序。从这两个图可以看到，制度激励差序较好地解释了RCDI值的格局差序和变动，反过来，也就是RCDI值的差序验证了制度激励的差序。

在图6-6中，区域制度激励差序对RCDI区域差序格局的解释包括：

第一，东部地区率先开放20年的时间差序和35年强制度激励的强度差序，可以解释东部地区始终居于"东部—东北—中部—西部"RCDI区域格局首位；

第二，西部地区先于东北、中部地区实施大开发战略的时间差序以及15年较强制度激励的轻度差序，可以解释与2000年相比，在RCDI区域变动格局中，西部地区RCDI增加最大，形成"西部向上变动较大—中部向上变动小—东北向下变动最小—东部向下变动小"的变化格局。

第三，东北先于中部地区实施振兴战略的时间差序，以及12年的制度激励强度差序，可以解释与2005年的谷值相比，东北三省RCDI值均有比较明显的增加；

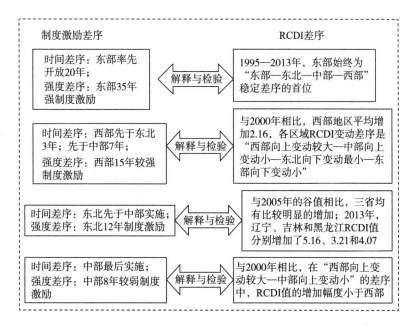

图 6-6 区域制度激励差序与 RCDI 差序：解释与验证

第四，中部最后实施崛起战略的时间差序以及 8 年较弱的制度激励，可以解释与 2000 年相比，在"西部向上变动较大—中部向上变动小"的差序中，RCDI 值的增加幅度小于西部。

在图 6-7 中，省域制度激励差序对 RCDI 差序提供了省域差异解释，包括：

第一，上海、浙江、重庆和云南适用 3 项区域政策的制度激励强度差序，表现为 2000—2013 年，在东部地区 RCDI 均值向下变化 0.94 的总体趋势下，浙江增加 3.72，排名上升 1 位；同期上海 RCDI 值增加 3.10，排序升上 1 位，并保持在第一；重庆比 2000 年增加 6.59，排名前进 4 位。这其中，云南省是一个例外。在适用 3 项区域政策的制度正向强激励的情况下，云南 RCDI 值及排序不进反退，RCDI 值下降 1.87，排名降低 2 位。课题组尝试通过回查基础数据解释这种例外，但是，基础数据都在正常变动的范围之内，没有出现异动，根据现有的信息难以提供合理的解释。因此，对此例外情况提供有说服力的解释，需要进一步的研究。

第二，山西、河南和山东 3 省仅适用 1 项区域政策的制度激励强度差序，表现为与 2000 年相比，山西 2013 年 RCDI 值下降 2.10，排序下降 1 位；河南 RCDI 值仅增加 0.08，低于同期中部地区平均 0.41 的增长幅度；山东 RCDI 值下降 0.27，在东部地区位次总体居首的情况下，山东位次下降 1 位。

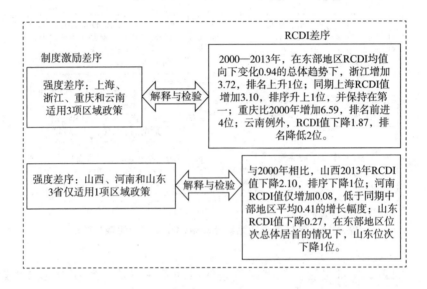

图 6 - 7　省域制度激励差序与 RCDI 差序：解释与验证

因此，总体来看，除了个别省份以外，制度激励差序能够在很大程度上解释 RCDI 值的差序，这表明我国的区域发展政策效果明显，在影响区域发展格局形成方面，发挥了重要作用。

第三节　西部地区"能力洼地"的市场激励差序解释

本书对市场激励强弱的说明，引用樊纲、王小鲁等人发布的历年市场化进程指数。从 2000 年开始，樊纲、王小鲁等开始测算我国各省（市、区）的市场化指数，测算年份最早始于 1997 年，更新至 2014 年（樊纲、王小鲁等，2001a，2001b，2003，2007，2011；王小鲁等，2016）。本书对 RCDI 测算主要选择 1997 年、2000 年、2005 年、2008

年、2010 年和 2012 年的市场化指数进行比较,① 尤其是考虑到市场激励对区域发展能力形成影响的滞后性,因此,对应前面对 RCDI 值及排序 2000—2013 年的比较分析,对市场化指数比较分析的时间适当往前提,确定为 1997—2012 年。

一　市场激励初始格局：1997 年西部地区排名最靠后

市场化指数对市场激励强弱的衡量,可以表述为：横向看,市场化指数高的省份市场激励强,反之则弱；纵向看,市场化指数逐年提升的省份,市场激励为正；反之,如果市场化指数较之上一年下降,则为市场负激励。

樊纲等(2001b)根据市场化指数结果,从市场化指数组成的角度,对各地区市场化相对进程进行了详细的分析。这里运用 1997 年中国市场化指数,主要从市场激励差序的视角,加以阐释。

如表 6-8 所示,1997 年,也就是在市场化改革 5 年以后,从区域分布来看,我国各省(市、区)的市场化指数的排序与 RCDI 排序并不完全一致。

表 6-8　　1997 年各省(市、区)市场化指数排序的区域格局　单位:% 、个

排序分段		东部地区	中部地区	西部地区	东北三省
1—10 位	省份	广东　浙江 福建　江苏 北京　上海 河北　山东	河南　湖南		
	占比(排位省份)	80	20	0	0
	占比(区域省份)	80	33.3	0	0
11—20 位	省份	海南　天津	安徽　湖北 江西	重庆　四川 广西	辽宁　吉林
	占比(排位省份)	20	30	30	20
	占比(区域省份)	20	50	25	66.7

---

①　1997 年市场化指数来自樊纲等(2001b);2000 年数据来自樊纲等(2003);2012 年数据来自王小鲁等(2016);其余各年数据来自樊纲等(2007,2011)。本节引用市场化指数均出自以上出处,在此统一说明。

排序分段		东部地区	中部地区	西部地区	东北三省
21—31位	省份	0	山西	陕西　甘肃 贵州　云南 内蒙古　新疆 宁夏　青海 西藏	黑龙江
	占比（排位省份）	0	9.1	81.8	9.1
	占比（区域省份）	0	16.7	75	33.3
省份合计	31	10	6	12	3

在1—10位，东部地区有8个省（市），中部2个省，西部和东北没有；在11—20位，东部有2个省（市），中部3个省，西部3个省（市），东北2个，数量比较均匀；在21—31位中，中部和东北各1个省，西部9个省（区），东部没有。

从占比来看，1—10位中，东部省份占80%，中部省份占20%；11—20位中，东部和东北各占20%，中部和西部各占30%；在21—31位中，中部和东北各占9.1%，西部占81.8%。

从各排位区段省份占所在区域省份的比例来看，排位在1—10位的东部省份，占东部10个省份的80%；中部排位前10省份占中部地区省份的33.3%；西部和东北没有省份挤入前10位。排序11—20位的东部省份占东部地区的20%；中部排位11—20的省份占中部地区的50%；西部有25%的省份排位该区段；东北地区则有66.7%的省份排序在11—20位。排序在最后11位的中部省份1个，占中部地区的16.7%；西部有75%的省份排序最后11位；东北有33.3%的省份排序在21—31位。

因此，1997年，我国市场化指数排序的区域格局是：东部地区100%的省份排序在前20位；中部地区83.3%的省份排序在前20位；东北地区66.7%的省份排序在前20位；西部地区25%的省份排序在前20位。由此，如果将1997年作为初始年份，则我国各省（市、区）市场化指数的区域初始排序格局为："东部—中部—东北—西部"。

根据前文的"双激励—四维度"基本逻辑和扩展分析：制度激励

是形成区域自我发展能力的发动因素，而市场激励是起飞、加速和转折因素，1997 年西部地区处于我国市场激励区域格局的洼地位置，这表明与其他区域相比，西部地区自我发展能力的形成完全处于劣势。也正是基于此，我国才在 1999 年开始实施西部大开发战略，可以说是以前所未有的制度强激励按下了西部地区自我发展能力形成的启动键。但是很显然，启动是否成功，依赖于市场激励的强弱。

二　市场激励当前格局：2012 年西部地区依然靠后

本书对 RCDI 值的测算截止到 2013 年，因此，用 2012 年的市场化指数说明当前的市场激励区域格局。如表 6 - 9 所示，2012 年，我国各省（市、区）的市场化指数的区域分布排序如下：

表 6 - 9　　2012 年各省（市、区）市场化指数排序的区域格局　单位:%、个

排序分段		东部地区	中部地区	西部地区	东北三省
1—10 位	省份	江苏　浙江 天津　上海 广东　北京 山东　福建		重庆	辽宁
	占比（排位省份）	80	0	10	10
	占比（区域省份）	80	0	8.3	33.3
11—20 位	省份	河北	河南　安徽 湖北　江西 湖南	广西　四川	吉林　黑龙江
	占比（排位省份）	10	50	20	20
	占比（区域省份）	10	83.3	16.7	66.7
21—31 位	省份	海南	山西	内蒙古　陕西 云南　宁夏 贵州　甘肃 新疆　青海 西藏	
	占比（排位省份）	9.1	9.1	81.8	0
	占比（区域省份）	10	16.7	75	0
省份合计	31	10	6	12	3

在1—10位，东部地区有8个省（市），西部和东北各一个省（市），中部没有；在11—20位，东部有1个省，中部5个省，西部2个省（市），东北2个省；在21—31位中，东部和中部各1个省，西部9个省（区），东北没有。从占比来看，1—10位中，东部省份占80%，西部和东北各占10%；11—20位中，中部占50%，西部和东北各占20%，东部占10%；在21—31位中，东部和中部各占9.1%，西部占81.8%。

从各排位区段省份占所在区域省份的比例来看，排位在1—10位的东部省份，占东部10个省份的80%；东北排位前10省份占本地区省份的33.3%；西部8.3%的省份挤入前10位。排序11—20位的东部省份占东部地区的10%；中部排位11—20的省份占中部地区的83.3%；西部有16.7%的省份排位该区段；东北地区则有66.7%的省份排序在11—20位。排序在最后11位的东部省份占东部地区的10%；中部16.7%的省份排序在最后11位中；西部有75%的省份排序在21—31位。

因此，2012年，我国市场化指数排序的区域格局是：东北100%的省份排序在前20位；东部地区90%的省份排序在前20位；中部83.3%的省份进入1—20位；西部地区25%的省份排序在前20位。由此，根据本书的时间设定，可以将2012年我国各省（市、区）市场化指数的区域排序格局定义为当前格局，及由强至弱依次为："东北—东部—中部—西部"。

2012年是我国实施第二轮西部大开发的第二年，从区域发展进程中制度—市场激励的转化来看，"东北—东部—中部—西部"的区域差序格局，意味着西部地区在接受了10余年的制度强激励以后，虽然启动了区域自我发展能力提升的进程，但是，由于市场激励长期垫底，没有在西部地区自我发展能力形成进程中起到"起飞"和"加速"作用，以致指导第二轮西部大开发的中发〔2010〕11号文件直接明确了"以增强自我发展能力为主线"的指导思想。

三 市场激励变化格局：1997—2012年西部市场微激励

比较各省（市、区）1997—2012年的市场化进程变化，可以从两个方面进行：一是指数值的变动；二是位次的变动。

首先来看各省（市、区）市场化指数值的变动。

从趋势来看，如图6－8所示，1997—2012年，东部地区市场化指数呈现比较明显的上升趋势。从波动情况来看，在2005年达到峰值以后，2008年受国际金融危机影响，市场化指数跌至谷底，2010年有所回升，并逐年走高。

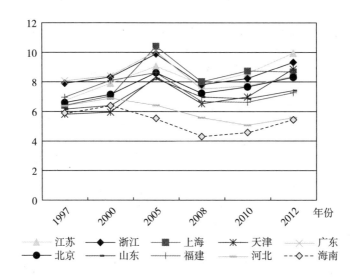

图6－8　1997—2012年东部地区市场化指数

图6－9描述的是中部地区1997—2012年市场化指数走势，显然，中部地区市场化指数上升态势并不明显。从波动趋势来看，除湖南在2005年跌至谷底外，其余省份都在2008年跌至最低值，之后逐年上升。但是2012年与1997年相比，基本持平，仅有微幅增加，表明中部地区仍然处于"复苏"的进程之中。

西部地区1997—2012年的市场化指数走势见图6－10。西部地区大多数省份在2005年达到峰值以后，2008年在国际金融危机的影响下，市场化指数应声下落，并在2010年跌至最低点，2012年回升。显然，与东部和中部地区相比，西部地区市场化指数的"回升"过程更长。总体来看，2012年与1997年相比，大多数省份呈现小幅上升的趋势。

东北地区1997—2012年的市场化指数趋势见图6－11。从图中看，吉林省的走势比较平缓。辽宁、黑龙江的走势高度一致：2005年达到峰值，2008年受金融危机冲击，市场化指数下滑，2010年开始缓慢回

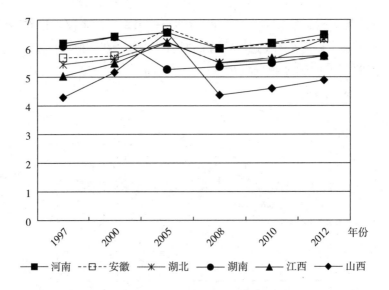

图6-9　1997—2012年中部地区市场化指数

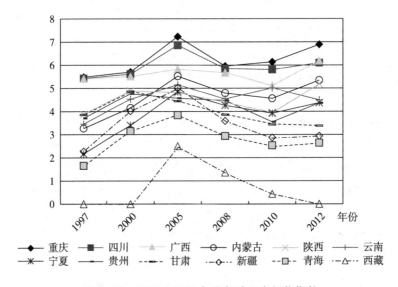

图6-10　1997—2012年西部地区市场化指数

升。虽然2008年以后东北地区市场化指数回升态势比较平缓,但是因为2005年与1997年相比,上升的幅度很大,所以,2012年与1997年相比,上升态势依然比较明显。

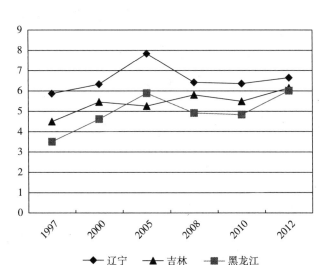

图 6 - 11 1997—2012 年东北地区市场化指数

而从具体的数值来看，以 2012 年的数值与 1997 年相比，东部地区各省（市）市场化指数平均提高 1.23；中部地区各省平均增加 0.48；西部地区平均增加 0.94；东北地区平均上升 1.65。所以，从市场化指数变动的绝对值来看，从高到低各区域的顺序是：东北—东部—西部—中部。

从各省（市、区）市场化指数值的变动来看，以 2012 年与 1997 年的数值相比，所得差值见表 6 - 10。

表 6 - 10 1997、2012 年各区域市场化指数变动值

西部	2012 年比 1997 年变化	东部	2012 年比 1997 年变化	中部	2012 年比 1997 年变化	东北	2012 年比 1997 年变化
重庆	1.41	浙江	1.43	山西	0.6	辽宁	0.78
四川	0.67	上海	2.26	安徽	0.69	黑龙江	2.51
广西	0.78	江苏	3.22	江西	0.71	吉林	1.65
陕西	1.3	广东	0.30	河南	0.31		
宁夏	2.2	天津	3.06	湖北	0.88		
内蒙古	2.07	北京	1.71	湖南	- 0.34		
云南	1.03	福建	0.31				

续表

西部	2012 年比 1997 年变化	东部	2012 年比 1997 年变化	中部	2012 年比 1997 年变化	东北	2012 年比 1997 年变化
贵州	0.65	山东	1.25				
甘肃	-0.48	河北	-0.80				
新疆	0.67	海南	-0.46				
青海	0.98						
西藏	0						

资料来源：笔者根据樊纲等（2001a）、王小鲁等（2016）数据计算。

在西部 12 个省（市、区）中，增加值最大的是宁夏，2012 年比 1997 年提高了 2.2；其次是内蒙古和重庆，分别增加了 2.07 和 1.41；陕西、云南、青海的增加都在 1 左右；增加值最小的是甘肃，2012 年比 1997 年减少了 0.48，是西部唯一一个负增长的省份。

在东部 10 个省（市）中，江苏增加最多，2012 年比 1997 年提高 3.22；天津位列第二，增加 3.06；上海、浙江、山东增加值都比较大；负增长的省份有两个，北边的河北和南边的海南，2012 年比 1997 年分别降低了 0.8 和 0.46。

中部地区普遍增加不多。增加值最大的湖北，2012 年仅比 1997 年增加 0.88，没有超过 1；湖南是负增长省份，2012 年比 1997 年减少 0.34。

东北地区黑龙江增加最多，2012 年比 1997 年增加 2.51，高于西部地区增加值最高的宁夏；增加最少的省份辽宁，也达到 0.71，与中部地区增加值位列第二的江西相同。东北地区市场化指数的大幅增加，可能与"国退民进"有关。

因此，就省份来看，增加值最大的是东部地区的江苏省，其次是东北地区的黑龙江；然后是西部地区的宁夏；最后是中部地区的湖北。由高到低呈现"东部—东北—西部—中部"的顺序；与区域整体变化的顺序有所不同。这表明东部地区内部的差距比较大，而东北三省相对比较一致，所以虽然最高值不在东北地区，但是平均值最高。

其次来看位次变动情况。从表 6 - 11 可以看到，各省 2012 年的位次与 1997 年相比，西部地区进位最多的是重庆和内蒙古，分别提升了

6 个和 5 个位次；西部地区位次后退最大的甘肃，退后 5 个位次，其次
是贵州，退后 3 个位次。同期东部地区天津进位最多，提升 10 个位次；
福建和广东分别退后 5 个和 4 个位次。中部地区中，湖北位次提升最
大，前进 3 个位次；湖南退后 9 个位次，河南和山西分别退后 3 个位
次。东北三省的位次均往前调整，其中黑龙江上升位次最多，提升了 8
位；吉林次之，提升 5 位；排在最后的辽宁，也提升了 2 个位次。

表 6 - 11　　　　1997 年和 2012 年各区域市场化进程位次变动

西部	2012 年相比 1997 年位次变动	东部	2012 年相比 1997 年位次变动	中部	2012 年相比 1997 年位次变动	东北	2012 年相比 1997 年位次变动
重庆	6	江苏	3	河南	-3	辽宁	2
广西	4	浙江	0	安徽	2	吉林	5
四川	1	天津	10	湖北	3	黑龙江	8
内蒙古	5	上海	2	江西	1		
陕西	-1	广东	-4	湖南	-9		
云南	1	北京	-1	山西	-3		
宁夏	3	山东	2				
贵州	-3	福建	-5				
甘肃	-5	河北	-13				
新疆	-1	海南	-10				
青海	0						
西藏	0						

资料来源：笔者根据樊纲等（2001a）、王小鲁等（2016）数据计算。

进一步分析这些变动的区间分布和区域分布，如表 6 - 12 所示。

将位次变动的绝对值划分为 5 个区间：即 |0|、|1|—|2|、
|3|—|5|、|6|—|10| 和 |11| 及以上，从各省位次变动的区间分
布来看：变动 |0| 的省有 3 个，占 31 个省份的 9.7%；变动 |1|—
|2| 的省份 10 个，占全部省份的 32.3%；变动 |3|—|5| 的省份 12
个，占 38.7%；变动 |6|—|10| 的省份 5 个，省份占比为 16.1%；变
动超过 |11| 的只有 1 个，占所有省份的 3.2%。将位次变动为 |0| 的
省份定义为"稳定型"；变动 |1|—|2| 的省份定义为相对稳定型；变

动 |3|—|5| 的省份定义为变动较大型；变动 |6|—|10| 的省份定义为变动明显型；变动 |11| 及以上的省份则定义为变动剧烈型，则全国 31 个省（市、区）中，有 13 个省份市场化排位比较稳定，占比约为 41.9%；其余 18 个省份（市、区）变动比较明显或者非常明显，占比为 58.1%。也就是说，从变动区间的省份分布来看，超过半数的省份在 1997—2012 年这 14 年间，变动很明显，也就是市场化格局发生了比较深刻的变化。

表 6 - 12   1997 年和 2012 年各省（市、区）市场化指数
位次变动绝对值区间   单位:%、个

变动区间		|0|	|1|—|2|	|3|—|5|	|6|—|10|	|11| 及以上
东部	省份	浙江	上海（2）山东（2）北京（-1）	江苏（3）广东（-4）福建（-5）	天津（10）海南（-10）	河北（-13）
	占比	10	30	30	20	10
中部	省份	无	安徽（2）江西（1）	湖北（3）河南（-3）山西（-3）	湖南（-9）	无
	占比	0	33.3	50	16.7	0
西部	省份	青海 西藏	四川（1）云南（1）陕西（-1）新疆（-1）	内蒙古（5）广西（4）宁夏（3）贵州（-3）甘肃（-5）	重庆（6）	无
	占比	16.7	33.3	41.7	8.3	0
东北	省份	无	辽宁（2）	吉林（5）	黑龙江（8）	无
	占比	0	33.3	33.3	33.3	0
区间分类		稳定型	相对稳定型	变动较大型	变动明显型	变动剧烈型
省份合计		3	10	12	5	1

从不同区间省份的区域分布来看，在 3 个稳定型省份中，东部 1 个省，占东部省份的比例为 10%；西部 2 个省，占西部省份的 16.7%。在 10 个相对稳定型省份中，东部 3 个省（市），占东部地区省份的

30%；中部2个省，占中部地区省份比例为33.3%；西部地区4个省（区），占西部省份比重也是33.3%；东北1个省，占比同样为33.3%。可见各区域省份在相对稳定型中的分布，非常均匀。在12个变动较大型省份中，东部3个省，占东部地区省份比例为30%；中部地区3个省，占中部省份比重为50%；西部地区5个省（区），占西部省份的41.7%；东北1个，占比为33.3%。在5个变动明显型省份中，东部2个省（市），占东部地区省份为20%；中部1个，占中部地区省份比重为16.7%；西部地区1个，占西部地区省份比重为8.3%；东北1个，占三省的比重为33.3%。变动剧烈型省份1个，为东部地区的河北省，占东部10个省（市）的10%。可见，从四大区域来看，东部地区40%的省份位次相对稳定；中部地区33.3%的省份位次比较稳定；西部地区50%的省份位次比较稳定；东北地区33.3%的省份位次比较稳定。换言之，1997—2012年全国的市场化相对格局中，中部和东北地区变动非常明显，东部地区次之，西部地区最为稳定。

从变动方向上来看，中部地区降幅最大；东北地区上升最大；东部地区内部分化明显；西部地区始终保持靠后的相对排位。根据表6-12，考察变动较大型、变动明显型和变动剧烈型三种类型的位次变动情况，将各区域在这三个类型中的位次变动加总，以区域总省份为分母，可以得出各区域这三种类型省份的位次变动对整个区域位次的平均影响。计算结果分别为：东部地区平均下降1.9个位次；中部地区平均下降2个位次；西部地区平均上升0.83个位次；东北地区平均上升4.3个位次。这个结果说明：东部地区60%省份市场化位次的明显变动，造成了东部地区所有省份排序相对下降1.9个位次，以此类推。

结合前面各区域市场化指数值的变动幅度，可以说明这种变动区域分布的一致性。如表6-13所示，与1997年相比，2012年东部地区各省（市）平均增加了1.23；中部地区平均增加了0.48；西部地区平均增加了0.94；东北地区平均增加了1.65。对比表中两栏数据，可以发现：东北地区市场化指数值平均增加最多，因此后三种类型省份位次变动对东北地区位次整体变动的影响，表现为平均提升4.3个位次。东部地区数值增幅仅次于东北，为1.23，但是后三种类型省份位次变动对东部地区的平均影响，却表现为整体下降了1.9个位次。看起来这似乎是矛盾的，但是考虑两个因素，就可以解释这一现象。一是东部地区省份排位在前10位的省份，1997年和2012年都达到8个省份，所以位次上升的空间很小；二是之所以在市场化指数值平均上升的情况下，依然出现整体相对位次的下降，主要是因为河北省下降了13个位次。东部地区共有10个省份，但是河北省的位次变动，就已经令东部各省（市）平均下降了1.3个位次，加之海南也下降了10个位次，所以，东部地区市场化指数值与位次变动的相反方向说明：东部地区整体市场化进程基础好，而且持续改善的势头明显，但是内部分化也很明显。再来看中部和西部，西部地区虽然市场化指数值平均增加了0.94，排序第三；位次平均上升了0.83，仅次于东北，但是由于基数小，所以总体排名依然靠后。中部地区市场化指数值增加最少，相应地，位次退后最多。

表6-13　　　　各区域2012年相对1997年市场化的变动

变动内容	东部	中部	西部	东北
市场化指数值平均变动	1.23	0.48	0.94	1.65
后三种类型省份位次变动的平均影响	-1.9	-2	0.83	4.3

总结这些变化，1997—2012年，我国市场化进程的变化差序为：东部地区继续保持领先和增长的态势，同时内部出现了明显的分化；中部地区市场化进程缓慢，相对进程严重滞后；东北地区市场化进程加快趋势明显，相对位次明显上升；西部地区市场化水平改善明显，但是由于基础差，除重庆等个别省级行政区域以外，其余省份相对位次总体靠后。即呈现"东北加速提升—东部稳中有升—西部缓慢提升—中部相对滞后"的差序，如果表示为市场激励的差序，则可以表述为"东北市场强激励—东部市场稳定激励—西部市场微激励—中部市场弱激励"的差序。

四　市场激励差序与RCDI区域差序：解释与验证

根据第三章的"双激励—四维度"理论框架，一方面，RCDI值省域分布的区域差序，验证了市场激励的差序作用；另一方面，市场激励的差序，可以在相当程度上解释RCDI值的差序格局。

虽然本书考察各省（市、区）市场化水平变化的时间段是1997—2012年，考察RCDI变动的时间段是2000—2013年，在时间段上并不完全重合，但是考虑到市场激励的滞后作用，时间段的差异不影响对两者关系的说明。

如图 6 - 12 所示，可以看到，市场激励变动在较大程度上可以解释各区域 RCDI 的变动。

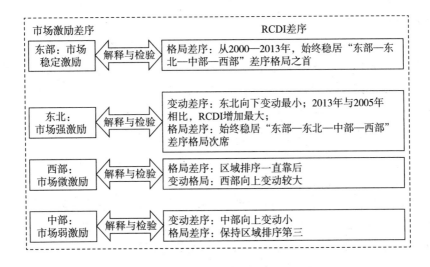

图 6 - 12　区域市场激励差序与 RCDI 差序：解释与验证

在东部地区，由于存在市场的稳定激励，使得东部地区 RCDI 值排序始终稳居区域排序第一。

在东北地区，由于存在市场强激励，使得东北三省在整体经济不景气的情况下，RCDI 向下变动最小；如果将 2013 年的 RCDI 值与 2005 年的谷底值比较，东北地区 RCDI 值增加值最大，居四大区域之首。而且从 RCDI 值排序的格局差序来看，一直位居次席，紧随东部之后。结合实际来看，东北三省是我国传统的重工业基地，在计划经济年代，其经济实力不可小觑，成为工业经济的顶梁柱。但是，随着市场化改革的推进，国有企业的效益大幅下滑，东北传统产业没落，东北三省的经济发展陷入前所未有的低迷。这使得在实施"东北老工业基地振兴计划"十年之后，东北经济依然没有恢复元气。以至于 2015 年 4 月 10 日，在东北三省经济形势座谈会上，李克强总理直言："我在东北工作过，算是半个东北人，讲话也就不客气了：你们的数据的确让我感到'揪心'啊！"所以，东北 RCDI 变动的方向虽然与市场激励的方向不同，但是这并不能说明前者不能验证后者，或者后者不能解释前者。恰恰相反，在东北国有企业艰难度日的大背景下，正是因为市场强激励，才使得东北三省的 RCDI 没有大幅下降，而是"向下变动最小"的区域；更是在2003—2004 年国家紧缩性的宏观调控之后，从 2005—2013 年，成为 RCDI 值增加最多的区域。

在西部地区，1997—2012 年，市场提供了比较微弱的正激励，相应地，2000—2013 年，西部地区整体 RCDI 向上变动较大。但是这种变化，并不足以改变西部地区 RCDI 值垫底的区域差序格局。这主要因为：一方面，市场提供的激励虽然是正激励，但是力度很小；另一方面，更重要的是，西部地区市场基础薄弱，由于长期以来一直垫底，所以即使过去将近 20 年里有所提升，不仅不能改变区域差序格局，目前甚至连使差距明显收敛都尚未实现。

中部地区的变动比较小。1997—2012 年，数据表明中部地区处于市场弱激励状态；而对 RCDI 值的测算同样表明，2000—2013 年，中部地区向上变动小；而在区域格局中，则始终处于第三的位置。

从省域来看，市场激励的差序与 RCDI 差序大多也能互相验证和解释。表 6 – 14 列出了 RCDI 值排序变动 2 个位次及以上的省份，并同时比较了市场化指数的排序变动。在表 6 – 14 中，可以看到 9 个省（市）中，6 个省（市）的市场化与 RCDI 位次变动高度一致，而河南、云南和黑龙江三省两个指数的位次变动方向却相反。从解释与验证的角度来看，这表明市场激励对于 RCDI 的解释力适用于 66.7% 的省份；换言之，在较大程度上解释了各省 RCDI 值的变动方向。

表 6 – 14　　省域市场激励差序与 RCDI 差序：解释与验证

市场化指数排序变动位次	RCDI 值排序变动位次
江西（1）	江西（4）
重庆（6）	重庆（4）
河南（-3）	河南（2）
福建（-5）	福建（-5）
湖南（-9）	湖南（-2）
河北（-13）	河北（-2）
广东（-4）	广东（-2）
云南（1）	云南（-2）
黑龙江（8）	黑龙江（-2）

而具体到方向相反的三个省，都具有其特殊性。

河南从制度激励来看，并不强，仅享有 1 项区域政策；从市场激励来看，2012 年与 1997 年相比，市场化指数排序下降 3 位。根据本书建立的"双激励—四维度"框架，河南的 RCDI 值排序更有可能呈现出向下变动的情况；可是，测算结果却正好相反，与 2000 年相比，2013 年河南的 RCDI 位次上升 2 位。虽然同期河南 RCDI 值仅增加 0.08，低于同期中部地区平均 0.41 的增长幅度，但是似乎也难以解释为什么河南在制度弱激励和市场负激励的情况下，RCDI 值微弱增加，排序上升 2 个位次？为了弄清楚这种变动的原因，我们对比了河南省 2000 年与 2013 年各项二级指标值，发现与 2000 年相比，2013 年河南的 EAI（要素聚集能力）值大幅增加，从 2000 年的 52.16 增加到 60.55。进一步核查测算 EAI 值的原始数据，发现与 2000 年相比，2013 年河南省的社会固定资产投资总额从 1377.74 亿元增加到 26087.5 亿元，增长了 18.93 倍！加之同期其他各项原始指标比如每万人拥有的科研人员数、R&D 经费支出占 GDP 比重值等均有增长，所以引起河南省 EAI 值的大幅增加，并最终引起其 RCDI 值及排序的增加和上升。至于为什么河南省在制度弱激励、市场化排序向下变动的情况下，固定资产投资会大幅增加？一个可能的解释是：虽然市场化位次向下变动，但是与 1997 年相比，2012 年河南的市场化指数值依然增加了 0.31，这个增加值与同期福建相同，与广东 0.30 的增加值也十分接近。因此，虽然相对于其他省份，市场化位次向下变动，但是由于区域内市场化程度依然处于上升通道，所以市场激励有所增加，从而引起了资金要素的聚集。另一个可能更为重要的原因是：面向省域的制度强激励以及省域内部的地方性制度强激励。河南作为我国的中原腹地，一直是贯通南北、连接东西的重要省份，近年来国家层面非常重视河南的发展，在 2016 年河南自贸区获批以后，与粮食生产核心区、中原经济区、郑州航空港经济综合试验区和郑洛新国家自主创新示范区一起，同时享有五大国家战略，与统一的区域政策相比，这些直接面向省域的优惠政策是更为具体的制度强激励。

云南省市场化指数和 RCDI 位次变动虽然没有河南那么大，但是正好是相反的类型：云南在同时享有 3 项区域政策，2012 年市场化指数比 1997 年上升 1 个位次的制度—市场正激励下，RCDI 位次不升反降，

2013 年比 2000 年下降了 2 个位次。这个看起来也很不好解释。为了搞清楚这种与理论框架结论的背离,同样需要考察云南省的二级指标值及原始值。与河南省不同,云南省 EEI(要素配置效率)和 RCI(资源环境承载力)值发生比较明显的下降,从而引起了 2013 年 RCDI 值的减少,比 2000 年低 1.87,成为同期西部地区 RCDI 下降最多的省份。对计算云南省 EEI 和 RCI 值的原始数据值进一步挖掘,发现引起前述两个指标值变动的原因,主要在于技术贡献率和人均水资源占有量与全国平均水平的比值变动。与 2000 年相比,2013 年云南省的技术贡献率从 0.93 大幅下降到 0.36;同期人均水资源占有量与全国平均水平的比值也从 2.41 下降到 1.77;而且对比其他年份的数据,发现该指标值变动很大,2005 年为 1.93,和 2013 年更接近;但是 2008 年又回升到 2.47,与 2000 年更为接近。之所以会出现比较大的波动,与水资源的统计口径有关。根据《中国统计年鉴》的解释:对水资源总量的解释是当地降水形成的地表和地下产水总量,其计算公式可以简要地表示为"水资源总量=地表水资源量+地下水资源量-地表水与地下水重复计算量"。换言之,就是每年的水资源总量会受到当年降水量的影响。因此,如果每年的降水量波动较大,则必然引起水资源总量指标的较大波动。所以云南省 RCDI 值的波动与市场和制度激励没有太大的关系,与自然环境状况有更大的关系。至于技术贡献率的变动,从原始数据来看,主要是因为同期云南省 GDP 的增长幅度与技术市场成交额相比,要大得多。2013 年,云南省的 GDP 从 2000 年的 2011.19 亿元增加到 11832.31 亿元,增长了 5.88 倍;而同期技术市场成交额虽然从 18.77 亿元增加到了 42 亿元,但是仅增长了 2.24 倍,远低于 GDP 的增幅。这使得作为两者比值的技术贡献率大幅度下降,并引起 RCDI 值的下降。而云南省的技术贡献率之所以增长较慢,应该与云南省旅游产业高度发达,第三产业占比上升有关。比较云南省三次产业之比表明:与 2000 年相比,2013 年云南省的三次产业比从 2000 年的 21:41:37 变化为 16:42:43,二次产业占比仅上升 1 个百分点;三次产业占比却大幅上升了 6 个百分点。与二次产业相比,显然,三次产业对技术的依赖性要低得多。换言之,2000—2013 年,云南省 GDP 的大幅增长,更多的是得益于第三产业的快速增长,因此,相应地表现为技术贡献率的下降。

对于黑龙江省的情形，事实上，对东北地区的解释同样适用于黑龙江——虽然市场提供了正向强激励，但是由于传统经济结构中国有企业的主导地位，随着国企效益下滑甚至破产，要素聚集能力和资源配置效率都大幅下滑，所以就 RCDI 的位次变动来看，总体呈现下降趋势。另一个原因和市场化指数的构成有关。在樊纲等（2011）构建的市场化指数中，包括市场分配经济资源的比重、非国有经济在工业销售收入中所占比重、非国有经济在全社会固定资产总投资中所占比重、非国有经济就业人数占城镇总就业人数的比例、引进外资的程度等指标，所以，黑龙江市场化指数的提高，表明这些非国有经济的占比大幅提高，从而位次跃升。但是，就非国有经济在带动要素聚集、要素资源配置效率、产品竞争力提升而言，可能所发挥的作用与之前国有企业尚不能同日而语，所以才出现这种一上一下变动都非常明显的相反趋势。

当然，对各省市场化和 RCDI 反向变化的解释，可以说只是提供了一种可能。比较而言，虽然我们不能确定市场激励在影响 RCDI 的变化方面，到底发挥了多大的作用，但是有一点却可以确定：在同一个区域内，中央政府层面的制度激励相同的情况下，市场激励对省域 RCDI 变化方向的影响，不仅取决于市场激励的方向和强度，更多的是与各省前期的经济结构、省域制度激励、区位等都有关系。所以，市场激励对省域 RCDI 变化方向的影响，不同于对区域 RCDI 变化方向的影响，具有明显的差异性。这意味着当我们在省域范围内分析其发展能力的形成和提升时，需要充分考虑省域因素，才能得到更合理的解释，并提出更有针对性的对策思路。

第四节　激励差序变化：来自区域政策的证据与"胡焕庸线"的探讨

根据"双激励—四维度"框架的理论逻辑，要改变西部地区 RCDI 在区域间的洼地格局，需要改善激励的差序。事实上，我国先后实施的区域均衡发展政策，就是从缩小制度激励的区域差序入手，发挥"有形之手"的引导作用，以期引致四大区域发展差距的全面收敛。而我们知道，在区域发展过程中，制度与市场激励机制并不适用于非此即彼的二分法，而是相互转化、融合成长的交互关系，因此，观察现实的制度与市场激励差序固然重要，但是，从变化的视角，考察两种激励的变化趋势，也可能极具启发性。鉴于此，本节内容将不限于本书确定的时间范围，将在一个更长的时间段探讨制度与市场激励差序的变化趋势，尝试进一步探究制度与市场激励对区域自我发展能力的影响机制及其政策含义。

一　区域政策的均衡取向与制度竞争：制度激励差序收敛

从实施西部大开发战略以后，我国区域政策的均衡取向越来越明显。主要表现在：

第一，区域发展战略政策实施的时间差距缩小，制度激励的时间差序收敛。比如我国区域政策的"四大板块"和"三大支撑"，其发布的时间差明显不同。从 1979 年东部率先开放，到 1999 年西部大开发，时隔 20 年之久；从西部大开发到 2002 年提出"东北老工业基地振兴"，时隔 3 年；从东北振兴到 2006 年提出"中部崛起"战略，时隔 4 年。比较而言，"三大支撑"战略提出的时间差很小，在 2013 年提出"一带一路"战略以后，2014 年相继提出"京津冀协同"和"长江经济带"战略，时间差仅为 1 年。区域重大战略政策发布的时间差缩短，明显缩小了区域政策的时间差序，使各区域的制度激励在时间顺序上趋向一致，有利于制度激励差序的收敛。

第二，时间差距的缩短，提高了特定时点区域政策的覆盖面，是制度激励差序在空间的收敛。区域发展政策实施的时间差距大小，反映在区域的空间分布上，则必然表现为区域发展政策的覆盖面大小。如果各大区域发展政策实施的时间差距越大，则在特定时段的区域发展政策覆盖面越小；相反，如果各大区域发展政策实施的时间差距越小，则在特定时段的区域发展政策覆盖面越大。随着我国各大区域政策实施的时间差距缩小，区域制度激励的空间差序收敛。

第三，从区域均衡到同步布局省域试点，促进区域制度激励差序的时间和空间收敛。对于我国早期区域政策实施的时间间隔过大，带来的区域制度激励不均衡问题，国家层面的均衡策略包括两个阶段：第一个阶段实现重大改革试点省域选择的区域均衡，但试点内容有差异，注重突出省域"试点身份"的区域均衡性。典型的例子是国家综合配套改革试验区的布局。2005 年，国务院批准设立上海浦东新区成为试验区，进行社会主义市场经济综合配套改革试点；2006 年，批准天津滨海新区试验区，先行试验一些重大的改革开放措施；2007 年，国家发展和改革委员会批准设立重庆市和成都市试验区，进行统筹城乡综合配套改革试验；同年，长株潭城市群和武汉城市圈获批试验区，进行资源节约型和环境友好型社会建设综合配套改革试验。虽然批准的时间节点有先后，仍然存在时间差；并且东北地区没有设立相应的综改区，但是与之前仅考虑东部相比，6 大综改区在各大区域均衡布局的思路依然非常清晰。第二阶段是同步布局内容相同的省域试点，实现制度激励的时间和空间差序收敛。在"三大支撑"战略出台以后，国家层面布局省域试点的思路，进入第二阶段。不再像第一阶段，不仅时间上有先后，而且试点内容各有不同，而是同时布局内容相同的试点。比如 2016 年 8 月 22 日中共中央办公厅、国务院办公厅印发的《关于设立统一规范的国家生态文明试验区的意见》，首批试验区在东、中、西部各选择了一个省进行试点，即福建省、江西省和贵州省，除了东北地区，各大区域实现了完全均衡的制度激励。

第四，面向省域提供补偿性的均衡制度激励，改善制度激励的区域均衡性。这主要表现为相关政策仍然有先有后，而且比较明显地倾向于东部发达地区，但是为了补偿这种差异，对东部试点比较成熟的政策，进行推广性的相对均衡布局，以改善区域制度激励的均衡性。最典型的例子是自贸区的设立。2013 年，党中央、国务院决定设立上海自由贸易试验区，成为中国第 1 个自贸区；2014 年，设立广东、天津和福建自由贸易试验区；2016 年设立辽宁、浙江、河南、湖北、重庆、四川和陕西自由贸易试验区，总数达到 11 个。虽然设立时间有先有后，但是从区域分布来看，到目前为止，东部 5 个、西部 3 个、中部 2 个、东北 1 个，实现了各大区域均有试点省份的均衡布局；从数量来看，除了东部具有绝对的优势以外，相对于所在区域的省份数量而言，其他区域相对也比较均衡。很显然，虽然仍然有优先序的差异，但是这是一种补偿性举措，有利于改善区域制度激励的均衡性。

第五，地方制度竞争，有利于缩小制度激励差序。虽然国家层面的制度激励存在优先序，但是各地政府提供的竞争性制度激励，客观上缩小了国家制度激励优先序带来的差距。尤其是在 1992 年市场化改革以后，各地进行制度创新的各种约束进一步放松，地方制度竞争有了更大的发挥空间。比如为了吸引要素聚集，各级地方政府纷纷出台招商引资、招才纳贤政策，提供最大限度的优惠政策，形成激烈的地方制度竞争。

因此，我国的区域制度激励，虽然仍然存在区域差序和优先序，但是，在时间差序缩小、空间覆盖率提高、省域试点的区域均衡性提高、区域同步布局试点省域、补偿性区域均衡布局以及地方制度竞争的共同作用下，制度激励的均衡取向日趋明显，区域制度激励差序趋向收敛。

二　突不破的"胡焕庸线"：长期中市场激励差序稳定

在国家和地方政府都致力于区域均衡发展的同时，"看不见的手"却一直在发挥着重要的作用。"市场之手"对区域发展格局的影响，从区域发展能力的视角来看，"胡焕庸线"也许是最具说服力的经验证据。

"胡焕庸线"又被称为"瑷珲—腾冲人口地理分界线"或者"黑河—腾冲人口地理分界线"。胡焕庸先生在1935年首次提出该分界线，指出该线东南国土面积占全国的36%，但集中了全国96%的人口；该线以西以北64%的国土面积，只居住了全国4%的人口（胡焕庸，1935）。1990年，胡焕庸先生根据1982年的人口普查数据，重新测算了人口的分布，结论是"胡焕庸线"以东以南国土面积为全国的42.9%，集中了94.4%的人口；该线以西以北国土面积为全国的57.1%，只居住着5.6%的全国人口（胡焕庸，1990）。1990年的第四次人口普查数据则表明，"胡焕庸线"东南侧居住人口比例为94.2%；2000年第五次和2010年的第六次人口普查数据，均得出了与1990年同样的分布比例。

"胡焕庸线"如此稳定，以至于2014年11月27日，李克强总理在参观人居科学研究展时，提出了被媒体称为"李克强之问"的区域均衡发展命题：作为多民族、广疆域的国家，我国要怎样才能打破这个规律？怎样才能通过统筹规划和协调发展，让中西部百姓在家门口也能分享现代化？并寄希望于学术界，加大这方面的研究，提供有利于促进区域均衡发展的研究决策支持。

事实上，"李克强之问"是历朝历代和新中国建立后，中央政府一直致力于改善和解决的问题。尤其是自明清以来，中央政府实施了不同规模的向西人口迁移，包括零星和小规模的流放充军，和较大规模的屯垦戍边。中华人民共和国成立以后，也先后实施了新疆建设兵团、大三线建设等大规模人口西迁的发展政策，但是，随着市场化闸门的打开，当年立志扎根边疆建设西部的西迁人口，要么举家回迁，要么子女东归。而这也许正是时至今日"胡焕庸线"依然难以突破的根本原因。

"胡焕庸线"所揭示的人口分布图，无疑同时也是对人口要素聚集状态的描述。而不管中央政府在多大强度和规模上实施人口西迁政策，"胡焕庸线"始终没有突破的根本原因，只能解释为市场激励的稳定作用机制。从这个意义上来看，对于区域均衡发展而言，在长期中发挥决定性作用的因素，是市场激励而非制度激励。

三　制度与市场激励：短期干预与长期影响

稳定的"胡焕庸线"，似乎为所有致力于区域均衡发展的制度激励提供了否定的注脚，这使得问题实际上又回到了经济学中长期争论的焦点问题：政府与市场。因此，地区自我发展能力的增强，来自制度与市场激励的作用，与经济发展的动力机制一样：对区域发展能力提升的制度激励，类似于国家对经济波动的短期干预，会在短期内起到"立竿见影"的干预效果，从而颇具吸引力；而对区域发展的市场激励，更接近于决定经济增长的长期要素条件，虽然在短期内很难见到明显的成效，但是，从长期来看，更难超越，也是根本性的决定因素。

从差序收敛的视角来看，制度激励的短期效益，意味着其激励效应只有在长期中表现为市场激励的收敛才有意义；换言之，给定市场差序的初始格局，除非制度激励的短期效益能够转化为明显的市场激励，否则市场激励的差序将更趋向于保持稳定。这一判断看起来似乎隐含着一个非常悲观的推论：落后地区与发达地区的发展鸿沟，注定无法跨越。显然，这一推论既不符合我们的发展偏好，也不完全符合现实，所以我们注定不愿意接受。但是，纵观历史上发展格局的根本改变，最重要的发动因素无疑是技术革命。因此，改善区域发展的均衡性，重要的不是提供笼统意义上的均等特殊制度激励①，而是提供区域内技术创新的足够制度激励。而且，从短期的制度激励会成为长期的市场激励的叠加因素来看，提供会加强市场激励的制度安排，至关重要。

_____

① 这个表述看起来似乎是矛盾的：因为如果均衡的话，就没有优先权；如果有优先权，则不均等。但是，针对我国区域制度激励的时间和空间优先序而言，这句话并不矛盾。

　　关于这一点，2017 年 1 月 25 日发布的《教育部办公厅关于坚持正确导向　促进高校高层次人才合理有序流动的通知》（教人厅 2017 ［1］ 文件）可以说提供了一个有力的例证。文件明确要求部属高校 "……高层次人才流动要服从服务于立德树人根本任务和高等教育改革发展稳定大局，服从服务于西部大开发、东北老工业基地振兴和'一带一路'等国家重大发展战略……'长江学者奖励计划'继续加大对引进海外高层次人才和西部、东北地区高校高层次人才发展倾斜力度。不鼓励东部高校从中西部、东北地区高校引进人才。"这一文件自然是针对当前各地高校为了争建"双一流"（即"一流高校"、"一流学科"），纷纷加大人才引进力度这一现象而发。由于东部地区发展基础雄厚，提供的人才引进激励相对于西部无疑要优厚得多，所以这些激励对于西部人才具有"致命吸引力"不足为怪。但是从相对强度而言，西部地区为了引进人才可谓"不惜血本"，相对本省的发展水平和一般激励水平，强度很大；但是无论强度多大，与东部地区相比，仍然难以相提并论。而且，就现实中的人才流动而言，西部人才向东流动，看重的也并非完全是物质激励，更多的还是来自发展机会、平台和环境——而这些，都不是单纯的高强度制度激励能够解决的问题，而是由市场激励提供。在市场激励存在明显差异的前提下，东部地区再加之以强制度激励，这使得东部高校在建设"双一流"的第一拨"抢人大战"中，具有西部、东北地区高校完全难以匹敌的竞争力。各区域高校在高层次人才留用和引进方面的实力差距，甚至悬殊到引起国家教育主管部门的重视，为此专门发布一个文件，以引导规范高校高层次人才流动工作。可见，对于区域自我发展能力的提升，及时提供制度激励固然重要，但是，从长期来看，如何将一次次短期的制度激励转化为稳定的长期市场激励，才是最重要的任务。

　　四　制度激励转化为市场激励：西部走出"能力洼地"的关键

　　对制度激励差序与市场激励差序变化的分析表明：给定一个初始的激励差序格局，要改变这种差序，对于后发区域而言，最重要的不仅仅是同一时段提供相同强度、甚至相对强度更大的制度激励，而是将制度激励转化为市场激励。

　　仍然以教育部办公厅的 2017 年 ［1］ 号文件为例，我们将当前的激励格局作为一个初始格局，分析其激励情况。

首先，各区域高校均提供了引进人才的强制度激励。以收入激励衡量，虽然绝对额相差悬殊，但是考虑到居住城市房价和其他生活成本的差异，收入激励的相对差距应该比绝对差距小得多，因此，可以近似地认为不同区域高校提供了水平接近的制度激励。

其次，市场激励悬殊。包括同城高校提供的合作与交流机会、学科平台、团队资源、与当地政府部门以及其他企事业单位合作的可能性、海外交流合作的机会、校友和学生资源等，都会成为市场激励的重要组成部分，很显然，东西部高校在上述方面的差距仍然很大，这也是西部高校在高层次人才方面的短板。

最后，综合两种激励，很显然，西部高校明显处于劣势。

激励的这种初始格局，反映在各区域高校的人才竞争上，就是东部占有完全优势。

为了改变这种不利于西部和东北地区高校的激励格局，教育部专门出台了"教人厅2017［1］文件"。很显然，教育部出台的这个文件，是希望以国家层面的制度激励（对东部高校是约束性的负激励），弥补西部和东北地区高校在引进人才方面的总激励不足，以改变激励的初始格局，从而起到改变这两个区域的高校在人才竞争中的不利局面的作用。因此，该文件的出台暗含两个假设：其一，在当前的初始格局下，如果国家层面不对西部和东北地区人才竞争提供强制度激励，那么，这些地区与东部的差距必然会加剧；其二，国家对东部地区提供了约束性的制度负激励以后，区域间的激励不均衡格局有可能改善。因此，从激励转化的视角来看，教育部这个文件的出台，实际上是为西部和东北地区将制度激励转化为市场激励提供了一次机会。

而前面对制度激励差序变化的分析表明：国家层面提供的区域政策具有面向各大区域均衡提供的趋势，省域间的制度竞争与模仿亦成为常态，因此，在将来的发展中，趋同的制度激励将使得后发地区难以凸显"特殊发展政策"的优势。同时，牢不可破的"胡焕庸线"表明，从长期看，所有的制度激励都将通过市场激励的方式发挥作用。因此，对于提升西部地区自我发展能力而言，如何将每一次国家和各级政府提供的制度激励，转化为长期的市场正激励是关键。

那么，怎样才能实现制度激励成功地转化为长期的市场正激励呢？从本质上看，这其实又回到了"政府与市场"关系这个问题上来。这是一个宏大的命题，目前仍然处于争论与不断探讨的进程中。具体到西部地区自我发展能力的形成这一问题上，我们认为最重要的是：政府的作用应该是培育市场，而不是替代市场。只有当政府所提供的制度激励都是指向培育市场时，长期的市场正激励才有可能形成，制度激励才有可能转化为市场激励，不同区域的激励差序才可能真正收敛；相反，如果制度激励重在替代市场，那么，制度激励将很难转化为市场激励。

第七章 西部地区自我发展能力的优劣势识别：基于 RCDI 测算

前面两章的分析表明，西部从过去到现在都是我国区域发展能力最弱的地区。这反映在经济社会发展的各项指标方面，则必然表现为西部地区与其他区域的发展差距，并没有随着时间的流逝明显收敛；相反，在个别领域，甚至还有拉大的趋势。正是为了缩小西部地区与其他区域的差距，国家多次强调要提升西部地区的自我发展能力。本章将根据RCDI 值识别西部地区自我发展能力四个维度的优劣势，并讨论提升西部地区自我发展能力的"固长补短"思路。

第一节 西部地区是我国 RCDI 排序区域格局中的短板

一 西部地区 RCDI 值排序总体靠后

前一章的比较分析表明，无论是在 1995 年和 2000 年的初始格局中，还是在 2013 年的格局中，西部地区 RCDI 值排序均在最后。事实上，在排序最后 13 个位次的省份中，只有中部地区的山西，一直在22—26 之间变动，其余 12 席（在重庆成立直辖市之前是 11 席）均为西部地区省份。2013 年，仅有重庆、四川排在 11—20 位；有 10 个省（区）都排位在 21—31 位，成为 31 个省份中，排在后 11 位最多的区域。从占比看，西部地区 10 个省（区）占后 11 位的 90.9%，占西部 12 个省（市、区）的 83.3%。在过去的十多年里，虽然西部地区 RCDI 值有所上升，但是这并没有能够改变区域格局。因此，在我国四大区域板块中，西部地区是自我发展能力的最短板。

尽管如此，在国家文件明确提出"增强西部自我发展能力"之前，鲜有研究系统地测算我国各省（市、区）的自我发展能力，因此，学术成果并不能较为准确地用数据描述各区域的自我发展能力现状，并分析各区域之间的差距。不过，自我发展能力数据描述的缺失，即使是在西部地区经济增速明显高于其他区域的情况下，似乎也并没有影响决策层和社会各界的判断，因此，早在学术界系统研究区域发展能力问题之前，国家相关区域开发文件中，多次强调要培育和提高西部地区的自我发展能力。而本书对各区域 RCDI 值的测算结果表明，这种政策导向不仅正确，而且具有相当的前瞻性。

二　与其他区域的 RCDI 差距收敛滞后于 GDP 差距收敛

从逻辑上讲，只要有排序，就一定有最后一名，因此，如果最后一名与第一名的差距越小，说明在发展中实现了差距的收敛；反之，则表明在发展中差距不仅没有收敛，反而有扩大的趋势。前面的分析已经表明，在我国的区域格局中，西部地区 RCDI 值排序总体靠后，本部分主要考察在实施西部大开发以后，与其他区域在自我发展能力形成方面的差距，是否有明显的收敛。为了说明这一问题，本部分同时比较了同期各大区域人均 GDP 差距的变化情况。

如表 7－1 所示，根据本书计算的 RCDI 值，可以得到各区域的平均 RCDI 值。考虑到重庆在 1997 年成为直辖市，1995 年的数据与成立以后的地域口径不同，因此，这里对西部地区 RCDI 的比较分析，均采取 2000—2013 年的数据。这个时间范围，也正好在实施西部大开发之后。同时，考虑到西藏各年的原始数据不完整，为减少偏差，本部分计算的 RCDI 值不包括西藏的数据。

表 7－1　　　　　　2000 年和 2013 年各区域 RCDI 平均值比较

区域	RCDI 平均值		西部均值占其他区域比重（%）	
	2000 年	2013 年	2000 年	2013 年
西部	34.98	37.14	—	—
东部	67.41	66.47	51.89	55.87
中部	50.66	51.08	69.45	72.71
东北	51.67	51.08	67.70	72.71

在表 7－1 中，列出了各区域 2000 年和 2013 年的区域 RCDI 平均

值。将西部地区的 RCDI 均值与其他区域同年数值相比，可以看到：西部地区 RCDI 均值与东部地区相比，比重从 2000 年的 51.89% 上升到55.87%，上升了 3.98 个百分点；与中部地区相比，占比提高了 3.66个百分点；与东北相比，占比提高最多，提高了 5.01 个百分点。表 7-1 的数据表明，自西部大开发以后，西部地区的自我发展能力与其他区域相比，差距在逐步缩小，但是，收敛的速度很慢，没有实现明显的收敛。

　　尤其是对比表 7-2 的数据，更能说明西部地区经济增长的进程中，发展能力形成的滞后性。表 7-2 根据各区域相关省（市、区）的 GDP和常住人口数量（为保持计算口径的统一，同样没有包括西藏的数据），以各区域整体作为一个测算单元，计算各区域的人均 GDP。从表7-2 可以看到，2000 年，西部地区区域人均 GDP 占东部地区的40.92%；2013 年，这个比例上升到 55.41%，大幅增加 14.49 个百分点；而同期西部地区 RCDI 均值占东部地区的比重却只上升了不到 4 个百分点。这两个数据表明，西部地区与东部地区的差距，经济差距的收敛要快于 RCDI 差距的收敛。与中部地区比，2013 年，西部地区占中部地区比重提高了 7.68 个百分点，而同期西部 RCDI 均值占中部地区的比重提高不到 3 个百分点，收敛速度也明显慢于经济差距的收敛。与东北地区相比，2013 年，西部地区占东北三省人均 GDP 的比重增加了16.69 个百分点，同期 RCDI 占比提高了 4.23 个百分点，虽然增幅较大，但是相较于人均 GDP 占比的增加速度，则要小得多。

表 7-2　　　　　2000 年和 2013 年各区域人均 GDP 比较　　　单位：元、%

区域	区域人均 GDP		西部占其他区域比重	
	2000 年	2013 年	2000 年	2013 年
西部	4850	34726	—	—
东部	11852	62674	40.92	55.41
中部	5372	35447	90.29	97.97
东北	9156	49849	52.97	69.66

　　从西部地区 RCDI 均值、区域人均 GDP 占其他地区比重的变化趋势来看，可以得到两个结论：

第一，自西部大开发以后，西部地区在自我发展能力形成方面，与其他区域的差距有所收敛；

第二，同期西部地区与其他区域的经济差距收敛速度较快，因此，西部地区与其他区域的 RCDI 差距收敛的速度，总体上远远低于西部与其他区域经济差距的收敛速度。

这样的结论再一次验证了前面的结论：区域发展能力的形成是一个长期的过程，相对于经济增长而言，具有明显的滞后性。

三　西部地区 RCDI 的经济增长弹性最大

不过，虽然西部地区与其他区域相比，经济差距的收敛速度要高于RCDI 差距的收敛，但是这并非是西部地区的特有现象，事实上，各区域皆是如此。从区域人均 GDP 的增长速度来看，进入 21 世纪以后，即使有2008 年的国际金融危机冲击，各区域经济增长也均取得了惊人的成绩；但是，同期 RCDI 值的增长，都非常微弱，东部和东北地区甚至出现了负增长。因此，如果我们考察一下各区域 RCDI 的经济增长弹性，对于西部地区的自我发展能力问题，也许就不会总是得到那么悲观的结论。

根据经济学中的弹性定义，将 RCDI 值的经济增长弹性定义为：区域人均 GDP 每增长 1 个百分点所带来的 RCDI 值变动的百分点之比。从逻辑上来讲，计算 RCDI 值的经济增长弹性，既可以使用各区域的 GDP总量，也可以使用人均 GDP 值。很显然，根据不同的经济增长指标计算出来的弹性系数是不同的——因为总量增长的幅度并不必然等于人均量增长的幅度。因此，为了更好地体现经济增长对该区域内居民福利的影响，这里采用人均 GDP 测算 RCDI 的弹性。仍然需要强调的是，这里采用的区域人均 GDP 值不是各区域所属省份人均 GDP 的简单平均，而是该区域内所有省份 GDP 加总与人口加总的比值。

按照上述界定和弹性的定义，根据表 7－1 和表 7－2 的值，可以测算 2000—2013 年各区域 RCDI 的经济增长弹性。测算结果表明，在四大区域中，西部地区 RCDI 的经济增长弹性最大。虽然由于经济增长速度远远高于 RCDI 值增长速度，所以导致两者的比值很小，但是差距依然很清晰。

考察 RCDI 值从 2000 年到 2013 年的经济增长弹性，两正两负。西部和中部地区 RCDI 的经济增长弹性为正数，东部和东北为负数。按绝对值来看，西部地区最高，为 0.008；其次是东部地区，为 0.003；东北地区排第三，为 0.0026；中部地区最小，为 0.001。同期全国平均的 RCDI 经济增长弹性为 0.02，与中部地区最为接近。全国 RCDI 值的经济增长弹性系数为正数，表明随着我国经济的增长，RCDI 普遍有所提升。东部和东北地区 RCDI 经济增长弹性为负数，表示在经济持续增长的同时，区域发展能力却呈反方向变动。从二级指标来看，东部地区之所以会出现负的弹性系数，主要是因为 RCI（资源环境承载力）随着经济增长，普遍恶化导致。[①] 而东北地区的负弹性，主要是因为与 2000 年相比，2013 年辽宁和黑龙江的 EEI（要素配置效率）与 PCI（产品竞争力）下降幅度较大所致。根据 RCDI 值的二级指标值提供的解释，与实际情况高度吻合。我国东部发达地区，尤其是华北地区，随着经济增长，环境问题越来越突出，尤其是雾霾的影响，使得 2013 年北京和天津的 EAI（要素聚集能力）值均较 2000 年有所下降。这样的测算结果，也高度符合根据"双激励—四维度"框架的理论逻辑得到的结论：当正向市场激励很强时，有可能内生出负向的市场激励。而东北地区的国有企业在国内外宏观经济形势和结构调整的宏观调控思路下，要素聚集能力和产品竞争力下降，更是不争的事实。因此，尽管东部地区和东北三省在 2000—2013 年间，人均 GDP 增速较高，但是其带来的 RCDI 值增长却是呈反方向的变化。

可见，与其他区域相比，西部地区的 RCDI 值虽然最低，而且收敛速度很慢，但是就 RCDI 的经济增长弹性而言，却居各区域之首，是中部地区的 8 倍、东部地区的 11 倍、东北三省的 10.6 倍。从这样一个意义上来讲，西部地区自我发展能力的提升，经济增长是重要的润滑剂。

四　西部地区 RCDI 值的区域特征

总结前述特征和变化：比较 2013 年与 2000 年的 RCDI 值，西部地区 RCDI 位次总体靠后；与其他区域 RCDI 值差距的收敛速度小于经济增长速度；与其他区域相比，西部地区 RCDI 的经济增长弹性明显要高很多。因此，从区域层面来看，西部地区是 RCDI 值的短板，但是，同时也是经济增长最易带来发展能力提升的区域。这意味着对西部地区而言，通过经济增长提升自我发展能力，仍然是最为有效的举措。

---

① 参见第五章 2000 年、2013 年二级指标综合值。

第二节 西部各省（市、区）RCDI值及其构成分析

一 西部地区各省（市、区）RCDI值分化比较明显

虽然从总体来看，西部地区排名一直"稳定"地靠后；但是，在区域发展能力增长普遍滞后于经济增长的情况下，西部地区作为一个总体，RCDI值的经济增长弹性却明显高于其他地区。这些分析都将最终的结论引向以下方向：西部地区的RCDI值之所以总体靠后，是因为历史欠账太多，底子太薄，所以即使现在高速发展，也难以在短期内缩小差距。很显然，这样的结论非常正确，但是，对于提升西部地区的自我发展能力，却仍显得过于宽泛——除了RCDI值的经济增长弹性以外。因此，为了提出更具针对性的西部地区各省（市、区）自我发展能力提升思路，除了区域层面的分析以外，还需要将目光转向西部地区内部，分析各省（市、区）的RCDI值及其排序。

为了说明西部地区各省（市、区）在区域发展能力形成方面的分化，主要看两个方面的数据。

在表7-3中，列出了除西藏以外，西部地区其余省（市、区）2000年和2013年RCDI值对均值的离差。

表7-3   2000年和2013年西部各省（市、区）RCDI离差

西部	2000年离差	西部	2013年离差
四川	7.91	重庆	10.91
广西	6.46	四川	7.75
重庆	6.06	广西	3.58
陕西	2.66	陕西	2.76
云南	1.46	内蒙古	-0.39
内蒙古	0.28	新疆	-0.50
新疆	-1.85	云南	-2.15
贵州	-3.3	贵州	-3.73
宁夏	-4.23	宁夏	-5.44
甘肃	-5.85	甘肃	-6.11
青海	-9.59	青海	-6.65

　　从表 7-3 中数据可以看出，2000 年，正离差最大的是四川省，比西部地区均值高 7.91；负离差最大的是青海，比西部地区均值低 9.59；按正负最大离差计算，差距达到 17.5。其中正离差省份 6 个，负离差省份 5 个。在 6 个正离差省份中，有 3 个离差在 6 以上；在负离差省份中，有 3 个离差的绝对值在 4 以上。这表明，在 11 个省份中，处于两端的省份数量相等，而剩下的 5 个省处于中间部分，占 11 个省份比重的 45.5%，基本呈橄榄形。因此，可以认为，在 2000 年，西部地区各省（市、区）的 RCDI 值分布比较均匀。

　　2013 年，正离差最大的是重庆市，比西部地区均值高 10.91，比 2000 年最高的正离差值高 3，表明代表西部地区 RCDI 值的最高省份，与西部均值的差距在扩大。负离差最大的依然是青海省，比西部地区均值低 6.65，与 2000 年 -9.59 的负离差绝对值相比，减少了 2.94，表明代表西部 RCDI 值最低省份的青海，与西部均值的差距在缩小。按正负最大离差计算，总离差为 17.56，略高于 2000 年 17.5 的总离差值。其中正离差省份 4 个，比 2000 年少 2 个；负离差省份 7 个，比 2000 年多 2 个。在 4 个正离差省份中，有 2 个离差在 6 以上，比 2000 年减少 1 个；在负离差省份中，有 3 个离差绝对值在 4 以上，而且贵州与 2000 年相比，离差绝对值更接近于 4。这表明，在 11 个省份中，处于两端的省份数量出现了分化，呈现 2、5、4 的格局，不再呈橄榄形。因此，可以认为，在经过了 14 年的西部大开发以后，西部地区各省（市、区）的 RCDI 值的差距分化开始显现。

　　综合 2000—2013 年的变化，可以粗略地将西部地区 11 个省（市、区）RCDI 值排序进行分类：重庆、四川属于比较稳定的第一集团，其中四川非常稳定，重庆冲劲十足；广西、陕西、内蒙古、新疆和云南属于中间梯队，虽然其 RCDI 值存在波动，但是其离差较小；其中广西虽然 2000 年离差较大，但是始终保持正离差，在西部地区属于发展能力较强的自治区。剩下的贵州、宁夏、甘肃和青海则属于西部地区自我发展能力最弱的省（区）；其中贵州、宁夏和甘肃，2000—2013 年，离差绝对值不仅没有缩小，反而加大；青海虽然始终是负离差最大的省份，但是离差绝对值在缩小。

　　如果不考虑变化过程，单就 2013 年的格局来看，具有正离差的四个省（市、区）重庆、四川、广西和陕西为第一梯队；负离差绝对值在 5 以内的内蒙古、新疆、云南和贵州属于第二梯队；负离差绝对值在 5 以上的宁夏、甘肃和青海为第三梯队。

二 西部地区各省（市、区）RCDI 值的经济增长弹性差异大

表 7 - 4 列出了两组数据。一组是西部地区各省（市、区）（不含西藏）2000—2013 年 RCDI 的经济增长弹性系数；另一组是各省（市、区）RCDI 经济增长弹性相对于西部地区的离差。

表 7 - 4　　　　2000—2013 年西部各省（市、区）RCDI 值的经济增长弹性与离差

地区	弹性系数	离差	地区	弹性系数	离差
青海	0.0279	0.0199	贵州	0.0053	- 0.0027
重庆	0.0230	0.0150	内蒙古	0.0031	- 0.0049
新疆	0.0216	0.0136	宁夏	0.0026	- 0.0054
甘肃	0.0097	0.0017	广西	- 0.0047	- 0.0127
四川	0.0063	- 0.0017	云南	- 0.0113	- 0.0193
陕西	0.0061	- 0.0019			

在表 7 - 4 中，我们依然用 2000 年、2013 年 RCDI 值以及西部地区各省（市、区）人均 GDP 的增长率，计算 RCDI 值的经济增长弹性系数。与计算各区域的弹性系数不同，这里的人均 GDP 是各省（市、区）的独立值，而非作为一个区域整体的人均值，所以，所有人均 GDP 值均直接来自各年统计年鉴。根据 2000 年、2013 年西部各省（市、区）的 RCDI 值和人均 GDP 值，计算得到表 7 - 4 中的 RCDI 值弹性系数。可以看到，从 2000 年到 2013 年，经济增长带来的区域自我发展能力增长幅度最大的是青海、重庆和新疆，分别达到 0.0279、0.0230 和 0.0216；弹性为正的省份中，最小的是内蒙古和宁夏，都约为 0.03；同时，在测算的 11 个省份中，广西和云南的 RCDI 经济增长弹性为负数，表明从 2000 年到 2013 年，经济增长并没有带来这两个省（区）自我发展能力的增加，反而有所下降。

之所以会出现负的弹性系数，在人均 GDP 保持增长的情况下，是因为与 2000 年相比，2013 年 RCDI 值下降所致。关于云南省 2013 年 RCDI 值比 2000 年较大幅度的下降，在第六章的第三节已经做了解释。

这里重点分析广西的情况。为了了解负弹性系数产生的原因，我们对比了 2000 年、2013 年广西壮族自治区 RCDI 的二级指标综合值，发现导致 2013 年广西 RCDI 值下降的二级指标主要是 EEI 值，即要素配置效率指标值出现了较大幅度的下降，从 2000 年的 35.67 下降到 2013 年的 30.44。进一步查看其原始数据值，发现在劳动生产率、资本生产率、土地产出率、技术市场贡献率和城乡差异 5 个原始指标值中，资本生产率出现了很大幅度的下降，从 2000 年的 3.51 下降到 2013 年的 1.2。为什么会出现如此大幅度的下降呢？为了解释资本生产率的大幅度下降，我们来看看广西 2000 年和 2013 年三次产业的发展变化情况。

根据统计年鉴的数据，整理得到表 7-5 的数据。2013 年，广西三次产业发展情况与 2000 年相比，增幅最大的是第二产业，达到 9.19 倍，第三产业也比 2000 年增加了 6.87 倍。因此，可以认为，与 2000 年相比，2013 年广西第二产业增长贡献最大。从三次产业结构来看，从 2000 年的 27∶35∶38 变化为 2013 年的 16∶47∶38，第三产业占比没有变化，第一产业占比大幅度下降，第二产业占比大幅度上升。这些数据表明：在 2000—2013 年这 14 年间，广西壮族自治区的经济增长贡献主要来自第二产业。第二产业是资金和技术密集型产业，增长迅速的固定资产投资，虽然带来了 GDP 的较大幅度增长，但是资金使用效率并没有相应提高，反而出现了大幅度的下降。作为佐证与注解，我们对比了这两年广西的技术市场贡献率，发现该原始指标值从 2000 年的 0.09% 下降到 2013 年 0.05%。所以，广西壮族自治区 RCDI 的经济增长负弹性系数，主要是因为资金使用效率低下所致。这意味着广西虽然以第二产业的大幅增长加快了工业化进程，但是离新型工业化的要求仍然有很大距离。

表 7-5　　　　广西 2000 年和 2013 年三次产业发展变化情况

	2013 年产值（亿元）	2000 年产值（亿元）	2013 年增长率（倍）	2013 年各产业占比（%）	2000 年各产业占比（%）
第一产业	2290.64	557.38	4.11	16	27
第二产业	6731.32	732.76	9.19	47	35
第三产业	5427.94	789.90	6.87	38	38

再来看离差情况。表 7-4 中第 3、6 列的离差，指的是西部各省（市、区）RCDI 值经济增长弹性系数与同期西部地区 0.008 的偏离。表 7-4 的数据表明，虽然只有广西、云南 RCDI 的经济增长弹性为负，但是，与西部区域弹性值相比，有 7 个省（区）都更小，即经济增长引起的自我发展能力提升水平低于西部地区的平均值。在列入表中的 11 个省份中，青海、重庆、新疆和甘肃的经济增长弹性均高于西部均值，是经济增长带来自我发展能力提升较明显的省（市、区）。

而即使不与西部地区均值相比，我们也可以看到西部各省（市、区）RCDI 值经济增长弹性的明显差异。比如，在正弹性的省份中，弹性最大的青海是宁夏的 10.7 倍；是处于正负离差临界点省份甘肃的 2.88 倍、四川的 4.43 倍。也就是说，青海人均 GDP 增长引起的自我发展能力提升，是宁夏的 10.7 倍、甘肃的 2.88 倍和四川的 4.43 倍！从负弹性系数来看，云南的绝对值要大于广西，前者是后者的 2.4 倍，也就是云南人均 GDP 增长引起的自我发展能力下降，是广西的 2.4 倍。前面分析已经表明，云南省 RCDI 值的下降，主要是因为技术贡献率下降和人均水资源量占比波动极大所致，而广西则是由于资本生产率大幅下降所致。因此，分析这些变动，可以引导我们将注意力聚焦各省 RCDI 的短板，有利于提出更具针对性的提升思路与建议。

根据西部各省（市、区）RCDI 经济增长弹性系数的正负方向以及值的大小，可以将 11 个省份分为 4 种类型。第一种类型是经济增长的发展能力提升效应比较明显型的省区，包括青海、重庆和新疆。这三个省（市、区）RCDI 的经济增长弹性虽然远远没有达到经济学中定义的富有弹性（弹性绝对值大于 1）标准，但是与其他省份相比，弹性系数明显要高得多。而 RCDI 的弹性系数之所以很小，主要是因为与人均 GDP 翻番的增长幅度相比，RCDI 增长的幅度确实非常小。因此，可以将上述三个省（市、区）界定为经济增长的能力提升效应比较明显型。第二种类型是经济增长的能力提升效应有限型，包括甘肃、四川、陕西和贵州。这四个省份 RCDI 的经济增长弹性虽然为正，但是绝对值不大，而且除了甘肃以外，其他省份都低于西部均值，所以，下一步依靠经济增长提升区域自我发展能力的空间有限。第三种类型是经济增长的能力提升效益趋零型，包括内蒙古和宁夏两个自治区。这两个自治区虽然弹性为正，但是绝对值非常小，表明依靠经济增长提升发展能力的空间几乎已经没有。第四种类型是经济增长的能力提升负效应型，包括广西和云南。这种类型与东部地区整体类似，但是具体的原因不同，从数据来看，这些省份和地区，经济的增长不但不能带来自我发展能力的提升，反而会出现相反的变化。因此，需要根据原因针对性地提升其自我发展能力。

三　西部地区各省（市、区）RCDI 值的省域特征

比较 2000 年与 2013 年西部除西藏以外的 11 个省（市、区）的 RCDI 值，呈现两大省域特征：一是 RCDI 值分化比较明显；二是各省（市、区）RCDI 经济增长弹性系数差异很大。

图 7-1 对本节的分析进行了总结。在图中，对比各省（市、区）RCDI 值以及 RCDI 值经济增长弹性区间的分布，从 RCDI 提升的视角，将西部地区除了西藏以外的 11 个省（市、区），合并前面的"能力提升效益趋零型"和"能力提升负效应型"，划分为三种类型。一是包括重庆、青海、新疆的经济增长带动较强型省份，这几个省（区）RCDI 的经济增长弹性较大，可以通过经济增长实现较快的自我发展能力提升。很显然，这是最简单的提升路径，也是最容易实施的能力提升路径。第二种类型是经济增长带动较弱的省份，包括甘肃、四川、陕西和贵州四省。需要注意的是，虽然这四个省份均可以通过经济增长带来一定程度的自我发展能力提升，但是四个省份又各有不同。四川作为稳居 RCDI 值的第一集团的省份，以经济增长实现发展能力的同步提升更值得期待；陕西省排位更为靠后，因此，经济增长的发展能力提升效益更为有限，应该针对性地加长短板，提升省域自我发展能力；甘肃和贵州在分布区间上完全相同，一方面属于 RCDI 值最弱省份，另一方面经济增长能够带来一定的自我发展能力提升，这也许和两个省份贫困人口群体庞大有直接关系，因此，瞄准贫困群体的经济增长政策应该会更有效果。最后一类是特殊困难省份，包括云南、内蒙古、广西和宁夏四个省（区）。广西和云南的特殊性表现在：虽然其 RCDI 值在西部地区属于中间梯队，但是经济增长弹性为负，因此，怎样提升其发展能力需要更为聚焦的研究和讨论；而发展能力提升最困难的省份当属内蒙古和宁夏两个自治区，因为这两个自治区不仅属于 RCDI 值最弱的省域，而且又是经济增长弹性极小省域，因此，通过发展经济提升其发展能力作用非常有限，其自我发展能力的提升将是一个比较漫长而艰难的过程。

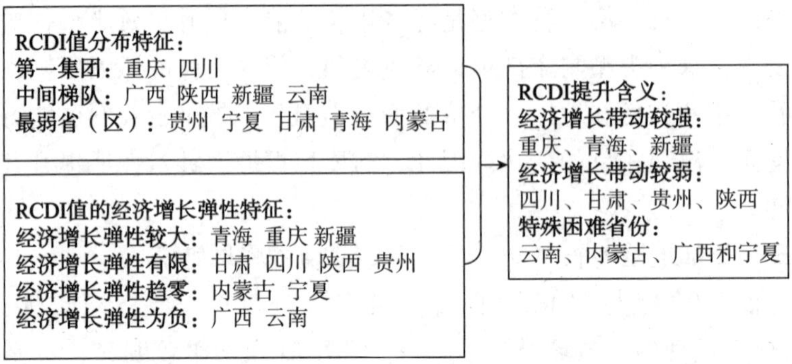

```
┌─────────────────────────────────────┐
│ RCDI值分布特征：                      │
│ 第一集团：重庆 四川                   │        ┌──────────────────────────┐
│ 中间梯队：广西 陕西 新疆 云南          │        │ RCDI提升含义：            │
│ 最弱省（区）：贵州 宁夏 甘肃 青海 内蒙古 │───┐   │ 经济增长带动较强：         │
└─────────────────────────────────────┘    │   │ 重庆、青海、新疆          │
                                            ├──▶│ 经济增长带动较弱：         │
┌─────────────────────────────────────┐    │   │ 四川、甘肃、贵州、陕西     │
│ RCDI值的经济增长弹性特征：            │    │   │ 特殊困难省份：            │
│ 经济增长弹性较大：青海 重庆 新疆       │───┘   │ 云南、内蒙古、广西和宁夏   │
│ 经济增长弹性有限：甘肃 四川 陕西 贵州   │        └──────────────────────────┘
│ 经济增长弹性趋零：内蒙古 宁夏          │
│ 经济增长弹性为负：广西 云南            │
└─────────────────────────────────────┘
```

图 7 – 1   2000—2013 年西部 11 省（市、区）RCDI 值的省域特征总结

当然，以上含义都是在"经济增长"的语境下展开。从另一个角度看，对西部地区 11 个省（市、区）RCDI 经济增长弹性的分析表明：提升西部地区的自我发展能力，除了重庆、青海、新疆和四川以外，对于其余省（区）而言，依靠经济增长的作用在递减，甚至为负。因此，提升西部地区的自我发展能力，需要从更为"精准"的视角切入，探寻更具针对性的提升思路和路径。

综上，虽然西部地区作为一个区域整体，其 RCDI 的经济增长弹性在四大区域中最大，但是，很显然，这是"平均数据"的作用。对西部 11 个省（市、区）RCDI 值及其经济增长弹性的综合分析表明：提升西部地区各省（市、区）的自我发展能力，经济增长的作用除了在少数省（市、区）以外，非常有限。在本研究定义的"双激励—四维度"理论框架下，根据 RCDI 值的分布，提出有效提升西部地区自我发展能力的路径，显然需要进一步解读数据本身。

第三节　基于 RCDI 二级指标值的西部各省（市、区）优劣势分析

一　提升西部地区发展能力的省域聚焦视角：关注 RCDI 二级指标值

前面的分析已经表明，从区域层面来看，西部地区加快经济发展，

可以比其他区域更为有效地提升自我发展能力；但是从省域层面来看，经济增长的发展能力提升效应差异很大，在一些省份非常有限，甚至弹性为负数。而西部地区作为我国国土面积占比最大的区域，其人口与GDP 占比与幅员占比不匹配的事实，不仅凸显了其区域自我发展能力的短板位次，在"一带一路"向西开放大战略背景下①，更加凸显了提升西部地区自我发展能力的紧迫性和重要性。而西部地区各省（市、区）RCDI 值的分化与固化并存的趋势，则要求对西部地区自我发展能力提升问题的研究，不仅需要从区域层面转向聚焦省域层面，而且需要聚焦更为微观直接的 RCDI 二级指标值。

本节在第二节的基础上，聚焦西部 11 省（市、区）RCDI 值的 4 个二级指标值，通过比较西部各省 EAI、EEI、PCI 和 RCI 值与各项二级指标的全国平均值以及与 RCDI 总指标值位次的对比，识别西部 11 个省（市、区）RCDI 的优劣势，为提出西部各省（市、区）自我发展能力提升的有效路径奠定数据分析基础。

因此，本节根据各省域 RCDI 的二级指标值，界定各省域 RCDI 优劣势的思路和依据为：

第一，优势省份的界定。计算全国除了西藏以外的 30 省（市、区）各二级指标值的平均值，如果某省域的二级指标值高于西部均值，则界定为优势省份。

第二，比较优势省份的界定。比较二级指标值与 RCDI 值的全国位次，同时满足以下条件的省域，界定为比较优势省份：

①二级指标值低于全国同类指标平均值；

②二级指标值高于东部、中部、东北地区的个别省域；

③符合第②条的东部、中部、东北地区的个别省域，同时其 RCDI 值位次明显更高。

在上述三个条件中，需要补充说明的标准是第③条，所谓 RCDI 值

---

①　我国从 1978 年改革开放以来，基本上按照东部沿海城市—东部沿海省份—东部地区的顺序，以"向东走出国门"为特征；而在"一带一路"倡议提出来以后，显然改变了走出国门的方向，体现了"向西走出国门"的开放战略思路；当然，与东盟国家的多边合作，可以理解为"向南走出国门"的发展战略。不过，相较于与东盟以及向北与俄罗斯的合作，向西面向欧洲和非洲大陆的"一带一路"倡议，确实非常令人期待。可以毫不夸张地说，这对于重构 2008 年国际金融危机以后的世界政治经济格局，具有重大的意义。

位次明显更高，是指没有落入倒数 11 名位次的省域。因为西部地区总体排名靠后，因此，理论上，其他区域的省（市），只要 RCDI 值排位在前 15 名以内，都可以被认为是"RCDI 值位次明显更高"。而且，需要强调的是：第①、②和③条需要同时满足。也就是说，对于某一个西部省份 A，即使其 RCDI 的某个二级指标值低于全国平均水平，但是如果比其他区域某个省份 B 高，并且 B 的 RCDI 值位次比 A 高，则 A 可以被界定为比较优势省份。

第三，劣势省份的界定。RCDI 二级指标值没有比任何一个其他区域省份高的西部省份，被界定为劣势省份。

在数据年份的选择上，为了体现最近的变化和趋势，因此采用了 2010 年和 2013 年的数据进行分析。

二 2010—2013 年西部 11 个省域要素聚集能力（EAI）的优劣势识别

表 7-6、表 7-7 分别列出了 2010 年、2013 年西部 11 个省（市、区）要素聚集能力（EAI）的优劣势分析情况。

表 7-6　　　　2010 年西部各省（市、区）EAI 值优劣势分析

	优势	比较优势	劣势
省份及与 RCDI 位次相比变化	四川（6）	重庆（2） 广西（4） 陕西（3）	云南（-1） 内蒙古（-1） 贵州（2） 甘肃（2） 宁夏（-1） 新疆（-3） 青海（0）
占 11 省（市、区）数量比（%）	9.1	27.3	63.6
全国 30 个省（市、区）EAI 均值	36.57		
优于其他区域省份 RCDI 位次	江西（6；4）海南（11；4）		

表 7 - 7　　　　　　2013 年西部各省（市、区）EAI 值优劣势分析

	优势	比较优势	劣势
省份及与 RCDI 位次对比	四川（7）	重庆（1） 陕西（5） 广西（3）	云南（2） 贵州（1） 甘肃（2） 青海（2） 内蒙古（-1） 宁夏（-1） 新疆（-5）
占 11 省（市、区）数量比（%）	9.1	27.3	63.6
全国 30 个省（市、区）EAI 均值	36.28		
优于其他区域省份 RCDI 位次	江西（6；4）海南（12；4）		

在表 7 - 6 与表 7 - 7 中，西部各省（市、区）后面括号中的数字表示该省二级指标值位次与 RCDI 值位次的变化位次，正数表示二级指标值在全国的位次比该省 RCDI 值位次高的位次数；负数则表示该省二级指标值位次低于其 RCDI 值位次的位次数。比如表 7 - 6 中的"四川（6）"表示 2010 年，四川省的 EAI 值在全国 30 个省份中的排序，比其 RCDI 值位次高 6 位。查看 2010 年四川省的 RCDI 值位次和 EAI 值位次，发现前者为 20 位，后者为 14 位。云南则相反，2010 年，其 RCDI 值位次为 23 位，EAI 值位次为 24 位，因此，表 7 - 6 中，云南省后面的括号中的数值为"- 1"。此外，在两个表中，都有"优于其他区域省份 RCDI 位次"这一栏，这一栏中列出的省份都是非西部省份；列出省份后面括号中有两个数字，用分号隔开；其中第一个数字表示该省当年的 RCDI 值位次，第二个数字表示西部的"优势"和"比较优势"省份，有多少个二级指标值比该非西部省份高。比如表 7 - 6 中"优于其他区域省份 RCDI 位次"对应的"江西（6；4）"，括号中的"6"表示江西省 2010 年的 RCDI 值排位第 6 名，"4"表示当年有 4 个西部省份的 EAI 值高于江西省的 EAI 值。

对比表 7 - 6、表 7 - 7 的数据，发现西部 11 个省（市、区）EAI 值分布格局相当稳定。一是优势、比较优势和劣势省份占 11 个省份的比重稳定。二是各省的位次稳定。不管是 2010 年，还是 2013 年，都是四川省为优势省份，重庆、广西和陕西为比较优势省份。三是优于其他区域的省份稳定，均为江西和海南省。四是优于其他区域省份的西部省份数量稳定，均为 4 个省份。

而且，值得注意的是，本书在构建 EAI 指标时，用了"就业人员数"这一指标。当时之所以没有采用相对数，而是直接采用绝对数，主要是考虑到就业人员数量越大，该区域的发展能力必然越强。虽然用绝对数据可能会出现人口大省该项指标值较大的可能，比如四川 EAI 值的绝对优势，看起来好像就是这种可能性的注脚，但是，如果对比一下常住人口数量，就会发现这种偏离比我们担心的要小得多。以 2013 年的常住人口数量来看，江西省的人口为 4522 万人，在 31 个省（市、区）中排名第 13 位，西部 EAI 值高于江西省的 4 个省份中，四川、广西的人口都比江西省多，分别以 8107 万人、4719 万人列全国第 4 和第 11 位；但是，与此同时，重庆和陕西的人口都比江西省少，分别以 2970 万人、3764 万人列第 20 和第 17 位。反例则是云南，以 4687 万人位列江西省之前，是全国第 12 大人口大省，但是 2013 年其 EAI 值不仅位列江西省之后，而且低于人口仅有 895 万、位列全国第 28 位的海南省！其他包括贵州、内蒙古、新疆人口都数倍于海南省，但是 EAI 值排名均在海南之后。可见，人口基数对 EAI 指标的影响并不显著。换言之，EAI 值比较客观地反映了各省要素聚集的情况。

以上是从区域层面识别西部各省（市、区）的 EAI 优劣势。从各省域内部来看，也值得仔细审读。

依然是对比表 7-6 和表 7-7 的数据。首先来看优势和比较优势省份。作为优势省份的四川，其要素聚集能力相对于 RCDI 值位次的优势，仍然在加大。两个表中的数据显示，与 2010 年相比，其 EAI 值虽然有所下降，但是排位却上升了一个位次；在其 RCDI 值排序没变的情况下，其 EAI 领先于 RCDI 位次从 6 增加到 7，这表明其 EAI 值与全国其他省份比，具有比 RCDI 值更大的优势。在具有比较优势省份的 3 个省（市、区）中，陕西的情形与四川类似，要素聚集能力位次提升的速度要快于 RCDI 位次提升速度，因此，陕西也具有比较明显的要素聚集优势。反之，重庆和广西在要素聚集方面相对 RCDI 的位次上升，虽然依然具有优势，但是优势在缩小。重庆从 2010 年的领先 2 个位次，缩小到领先 1 个位次；广西则从领先 4 个位次，缩小到领先 3 个位次。

但是虽然同样是缩小，两个市（区）的情形又有所不同，重庆市 RCDI 值位次上移，导致 EAI 领先 RCDI 排位的位次减少；而广西则是 RCDI 值位次不变，EAI 值位次下降，导致 EAI 领先 RCDI 排位的位次减少。因此，重庆是"滞后企稳型"的优势缩小，或者说 RCDI 值位次上升过程中，EAI 值位次没有同比例上升导致的相对优势缩小；而广西则是 EAI 值位次下降导致的优势缩小，属于退步型的优势缩小。

从劣势省份来看，根据 EAI 与 RCDI 位次的相对关系，可以区分为 4 种类型：一是劣势省份中的 EAI 比较优势省份，即 EAI 排序高于 RC-DI 排位的省份，包括甘肃、青海和贵州；二是转换省份，即 EAI 排序与 RCDI 排位相比，在 2010 年、2013 年出现了正负值的变化，即云南；三是劣势不变省份，即 EAI 与 RCDI 位次相对不变的省份，包括甘肃、内蒙古和宁夏；四是劣势扩大省份，即 EAI 排序低于 RCDI 排序，且差距在扩大的省份，比如新疆。

首先来看劣势省份中的比较优势省份。甘肃、青海和贵州虽然都是 EAI 劣势省份，但是，其 EAI 与 RCDI 位次相比，仍然排位更高，这表明前者相对于后者有比较优势地位。其中甘肃属于稳定型，即 2010 年和 2013 年，EAI 和 RCDI 排位均没有变化。青海属于上升型，2010 年，其 EAI 与 RCDI 排位均为 30 位；2013 年，RCDI 位次不变，但 EAI 位次上升到 28 位，因此，EAI 相对于 RCDI 的位次优势，从 2010 年的同一位次，上升到前者比后者高 2 位。贵州属于滞后企稳型。即在其 RCDI 位次 2013 年比 2010 年上升一位的情况下，EAI 位次保持不变，后者的位次上升滞后于前者，但是位次也没有往下走，有别于逆势企稳，算是一种滞后企稳。严格来说，也就是贵州的 EAI 提升速度低于 RCDI 总体提升速度，从这个意义上看，EAI 依然是贵州的短板。

其次来看转变省份。转变省份严格来说，也是劣势缩小省份。之所以将其称为转变省份，主要是这些省份在劣势缩小的过程中，出现了 EAI 与 RCDI 位次变化的正负值变化。具体来看，2010—2013 年，云南虽然 EAI 位次没变，但是由于其 RCDI 值从 2010 年的 23 位下降到 2013 年的 26 位，所以，EAI 相对于 RCDI 的位次优势从 2010 年的低 1 位，转变为 2013 年高 2 位。但是很显然，这种比较劣势的缩小，是一种消极的缩小；不过，从 EAI 的角度来看，也是一种"企稳型"劣势缩小——即在 RCDI 值总体下滑的情况下，EAI 仍然能够保持位次不变，逆势企稳，也殊为不易。

再次，关注劣势不变省份。甘肃同时属于第一种类型，所以这里不再讨论。内蒙古的情况与甘肃一样，非常稳定。所不同的是：甘肃是 EAI 位次高于 RCDI 排位 2 个位次；内蒙古则是前者稳定地低于后者 1 个位次。宁夏则属于下降型的劣势不变省份，即与 2010 年相比，2013 年其 EAI 与 RCDI 排位均下降 1 个位次，因此其相对位次关系也保持不变。

最后来看劣势扩大省份。新疆是一升一降，导致劣势越加明显。与 2010 年相比，2013 年新疆 EAI 排位下降 1 位；同时，RCDI 位次上升 1 位，因此两者的相对位次关系扩大 1 个位次。这说明新疆在 RCDI 值位次提高的同时，要素聚集能力与全国其他省份相比，反而在下降。很显然，EAI 是新疆 RCDI 的短板。

总结上述分析可以得到：西部 EAI 值格局保持稳定，变化不大。具体看，四川要素聚集优势明显；陕西省的 EAI 是其 RCDI 长板；重庆在 RCDI 位次提升的过程中，EAI 的优势在缩小；广西则在 RCDI 稳定的前提下，EAI 位次下降，属于下降型的优势缩小省份；甘肃 EAI 稳定地高于 RCDI 排位 2 个位次；青海 EAI 位次上升快于 RCDI；贵州与重庆一样，在 RCDI 上升的同时，EAI 保持不变；云南属于逆势企稳，即在 RCDI 位次下降的情况下，EAI 位次保持不变；内蒙古与甘肃一样，都是因位次不变带来两者相对位次稳定，不同的是，内蒙古是 EAI 位次比 RCDI 低，甘肃则相反；对于新疆而言，EAI 无疑是短板中的短板——即使同期 RCDI 位次上升，EAI 位次不但没有顺势上升，也没能"滞后企稳"，反而出现了下降。

三 2010—2013 年西部 11 省（市、区）资源配置效率（EEI）的优劣势识别

表 7-8、表 7-9 列出了 2010 年、2013 年西部 11 个省（市、区）EEI 值的比较分析情况。两个表中的数据表明：

第一，没有高于全国 EEI 值的西部省份，因此，优势省份为 0。

第二，比较优势省份增加较快，从 2010 年的 3 个增加到 2013 年的 5 个，占西部 11 个省（市、区）的比重从 27.3% 增加到 45.5%。

第三，与全国平均水平的差距在收敛。以最后一位具有比较优势的省份来看，2010 年是四川省，与全国 EEI 的平均值差距为 6.7；2013

年依然是四川省，差距缩小到 6.63。而且后发势头比较明显。比如重庆和陕西，2010 年为劣势省份，2013 年一跃成为比较优势省份，而且排名在四川之前。

表 7 - 8　　　　2010 年西部各省（市、区）EEI 值优劣势分析

	优势	比较优势	劣势
省份及与 RCDI 位次相比变化		内蒙古（12） 新疆（10） 四川（-1）	重庆（-5） 宁夏（3） 青海（5） 陕西（-4） 广西（-6） 甘肃（0） 云南（-7） 贵州（-3）
占 11 省（市、区）数量比（%）	0	27.3	72.7
全国 30 个省（市、区）EEI 均值	40.51		
优于其他区域省份 RCDI 位次	福建（9；1）海南（11；2） 河南（12；2）安徽（16；3）		

表 7 - 9　　　　2013 年西部各省（市、区）EEI 值优劣势分析

	优势	比较优势	劣势
省份及与 RCDI 位次对比		内蒙古（11） 新疆（9） 重庆（-1） 陕西（2） 四川（-2）	宁夏（4） 青海（4） 广西（-7） 甘肃（0） 贵州（-3） 云南（-5）
占 11 省（市、区）数量比（%）	0	45.5	54.5
全国 30 个省（市、区）EEI 均值	42.68		
优于其他区域省份 RCDI 位次	河南（11；2）海南（12；3）安徽（16；5）		

因此，虽然就整体而言，EEI 是西部各省（市、区）的短板，但是上升势头明显。

从劣势省份来看，根据 EEI 与 RCDI 位次的相对关系，可以区分为几种类型：一是劣势省份中的 EEI 比较优势省份，即 EEI 排序高于 RCDI 排位的省份，包括宁夏和青海；二是劣势缩小省份，即 EEI 排序低于 RCDI 排位，但是差距在缩小的省份，如云南；三是劣势不变省份，即 EEI 与 RCDI 位次相对不变的省份，包括甘肃和贵州；四是劣势扩大省份，即 EEI 排序低于 RCDI 排序，且差距在扩大的省份，如广西壮族自治区。

首先来看劣势省份中的 EEI 比较优势省份。宁夏和青海虽然位列劣势省份，但是其 EEI 位次一直领先于 RCDI 位次。先看宁夏，2010 年，领先 3 个位次；2013 年，领先 4 个位次。但是，领先位次增加的原因不是 EEI 排位上升，而是因为 RCDI 位次从 27 位下降到 2013 年的 28 位所致。对于宁夏这种在 RCDI 位次下降的同时，EEI 位次能够保持不变，从而使得 EEI 优势甚至有所增加的情形，可以认为是"企稳型"比较优势。与宁夏相反，青海 EEI 领先 RCDI 排位的位次从 2010 年的 5 位下降到 2013 年的 4 位，原因在于 RCDI 位次保持不变的同时，EEI 位次往下走了一个位次。因此，青海的 EEI 虽然现在对 RCDI 位次具有比较优势，但是优势在缩小。

其次看劣势缩小省份。从 EEI 与 RCDI 位次的对比来看，云南省从 2010 年相差 7 位缩小到 5 个位次，即相对于 RCDI 排名，EEI 排名在上升，从这一意义上看，EEI 排位相对于 RCDI 位次的比较劣势在缩小。但是，如果再看一下背后的排名情况，就会发现一个令人担心的事实：云南省 EEI 相对于 RCDI 的劣势缩小，实际上是由于"退无可退"导致的。2010 年，云南省的 EEI 和 RCDI 排位分别为 30 位和 23 位；2013 年，RCDI 位次下降至 26 位，而 EEI 排名最多也只能下降至 31 位，而且确实下降至 31 位，甚至低于没有计入排名测算的西藏自治区！因此，云南省的 EEI 相对于 RCDI 的比较劣势缩小，并不是发展性的差距缩小，而是双双探底后的差距缩小，是一种消极的差距收敛。从这个意义上看，云南省属于劣势明显的省份。

再次，关注劣势不变省份的情况。甘肃和贵州属于这种类型。甘肃的情况很简单，2010—2013 年，其 EEI 和 RCDI 排位均稳定在 29 位，所以，两者的排位相对关系没有任何变化，属于稳定的劣势不变省份。贵州的情形有所不同，相对于 2010 年，2013 年其 EEI 和 RCDI 排序均前进一位，因此，两者的相对关系保持不变，可以认为，贵州保持了 EEI 与 RCDI 上升过程中的同步性，属于发展中的劣势不变省份。

最后来看劣势扩大省份。广西的 EEI 落后于 RCDI 排位的位次，从 2010 年的 6 位增加到 2013 年的 7 位，原因在于其 RCDI 位次保持不变的同时，EEI 位次下降了 1 位。因此，相对于其 RCDI 位次，广西壮族自治区的 EEI 劣势仍然在扩大。可以认为，EEI 是广西 RCDI 构成中的绝对短板。

总结前面的分析：就 EEI 的优劣势而言，内蒙古、新疆的 EEI 是其 RCDI 的长板；陕西、重庆属于上升最快的省份；四川省虽然跻身比较优势省份，但是其 EEI 相对于 RCDI 排位，具有比较劣势。在劣势省份中，宁夏和青海保持了 EEI 对于 RCDI 的优势排位；云南省 EEI 与 RC-DI 劣势的缩小不是因为发展，而是因为探底；劣势不变省份中，甘肃保持稳定，贵州则在发展中实现了 EEI 与 RCDI 的同步进位；广西 EEI 排位落后于 RCDI 位次的差距在继续扩大，EEI 成为其绝对短板。

四　2010—2013 年西部 11 省（市、区）产品竞争力（PCI）的优劣势识别

根据表 7 - 10、表 7 - 11 的数据，比较 2013 年与 2010 年西部各省（市、区）PCI 与 RCDI 相对位次的变化，呈现以下特征：

表 7 - 10　　　　2010 年西部各省（市、区）PCI 值优劣势分析

	优势	比较优势	劣势
省份及与 RCDI 位次相比变化	重庆（8）	宁夏（14） 新疆（12） 贵州（10） 广西（2） 甘肃（7） 云南（-1） 四川（-5） 内蒙古（-2）	陕西（-7） 青海（0）
占 11 省（市、区）数量比（%）	9.1	72.7	18.2
全国 30 个省（市、区）PCI 均值	48.73		
优于其他区域省份 RCDI 位次	海南（11；3）黑龙江（17；5） 湖北（15；6）河南（12；8）		

表 7 – 11　　　　2013 年西部各省（市、区）PCI 值优劣势分析

	优势	比较优势	劣势
省份及与 RCDI 位次对比	新疆（16） 重庆（7）	贵州（10） 四川（0） 广西（0） 宁夏（5） 甘肃（4）	内蒙古（－3） 云南（－2） 陕西（－7） 青海（0）
占 11 省（市、区）数量比（%）	18.2	45.4	36.4
全国 30 个省（市、区）PCI 均值	47.91		
优于其他区域省份 RCDI 位次	福建（10；2）辽宁（9；2） 河南（11；3）湖北（15；6）		

　　第一，波动较大。2010 年，优势省份仅为 1 个；2013 年，增加到
2 个；比较优势省份从 2010 年的 8 个减少到 2013 年的 5 个；劣势省份
从 2010 年的 2 个增加到 2013 年的 4 个。相应地，优势省份比例从
9.1% 增加到 18.2%；比较优势省份比例从 2010 年的 72.7% 下降到
2013 年的 45.4%；劣势省份比例从 2010 年的 18.2% 增加到 2013 年的
36.4%。如果将优势和比较优势省份比例合并，可以更为直观地看到波
动比较明显。2010 年，优势和比较优势省份比例为 81.8%，劣势省份
仅为 18.2%；而在 2013 年，前两者占比合计为 63.6%，劣势省份比重
增加了 1 倍。尤其是与 EAI 稳定的格局相比，PCI 位次的波动更为
明显。

　　第二，比较优势省份分化较明显。2010 年的 8 个比较优势省份，
新疆上升为优势省份；内蒙古、云南下降为劣势省份；其余省份位次波
动也都比较明显，呈现比较明显的分化态势。

　　西部各省（市、区）PCI 位次的剧烈波动，折射出全国各省（市、
区）在产品竞争力领域的激烈竞争。而我国当前供给侧结构性改革，
从最终结果来看，也是希望通过结构性调整，激发市场活力，最终实现
产品和服务有效供给能力的提升。由此看来，在区域发展能力的衡量
中，引入产品竞争力这一维度，不仅必需，而且能够比较准确地描述区
域发展能力的高低。

　　从省份内部来看，优势省份中，重庆 PCI 位次保持不变，但同期

RCDI 值位次上升 1 位，也属于滞后企稳型优势省份。新疆是 2013 年新进入优势省份的省域，与 2010 年相比，其 PCI 位次大幅上升 5 个位次，从 2010 年的第 14 位上升到 2013 年的第 9 位；同期其 RCDI 值位次上升 1 位，因此，PCI 领先 RCDI 的位次，从 2010 年的 12 位大幅增加到 2013 年的 16 位，差距不可谓不悬殊。更重要的是，2010 年，新疆 PCI 值比全国平均值低 4.43；到 2013 年，比全国平均水平高 3.3。因此，PCI 无疑已经成为新疆 RCDI 的长板。

对比较优势省份的分析，因为两个年度的变动比较大，因此这里以 2013 年的划分为依据展开。贵州保持 PCI 与 RCDI 的相对位次不变，都是前者领先后者 10 个位次。不过，虽然相对位次关系不变，但是两项指标在全国的排位，2013 年均比 2010 年上升了 1 个位次；而且，从绝对值来看，与 2010 年相比，贵州的 PCI 值虽然仅上升了 0.15，但是与全国平均值的离差，从 2010 年的 8.93 减少到 2013 年的 7.96。因此，对于贵州而言，PCI 是其 RCDI 的长板。四川属于 PCI 快速上升型省份，在 RCDI 位次保持不变的情况下，PCI 位次从 2010 年的 25 位上升到 2013 年的 20 位；相应地，两者的相对位次关系也从相差 5 个位次变动为同一位次。广西和甘肃属于比较优势省份中 PCI 下降的省份。对于广西而言，与 2010 年相比，PCI 位次从 19 位下降到 2013 年的 21 位；在 RCDI 位次保持不变的情况下，两者的位差从 PCI 领先 2 位到持平。同样，甘肃也是 RCDI 位次不变，但是 PCI 位次下降 3 位，因此两个指标的位差从 7 缩小到 4。宁夏则属于明显下降型，PCI 位次从 2010 年的 13 位大幅下降到 2013 年的 23 位，同期 RCDI 位次下降 1 位。因此，广西、甘肃和宁夏都属于双降省份，只不过下降的幅度存在差异。可见，同样为比较优势省份，但是各省份的具体情况却又有着明显的差异。总结起来就是：PCI 是贵州省的长板；四川属于 PCI 快速上升型；广西、甘肃属于 RCDI 企稳 PCI 下降型；宁夏属于明显下降型。比较优势省份的这些方向不同的明显变动，进一步验证了"波动较大、分化较明显"的判断。

对劣势省份的分析，依然以 2013 年的划分为依据。同时，参照对 EAI、EEI 劣势省份的划分。不过，与前两个二级指标不同，PCI 的劣势省份要简单得多。陕西和青海属于劣势不变省份；内蒙古和云南属于劣势加大型省份。

　　具体来看，陕西和青海两项指标的相对位次关系，在 2010 年和 2013 年保持不变，属于 PCI 与 RCDI 同步的劣势省份。内蒙古和云南在 2010 年尚属于比较优势省份，也就是其 PCI 值高于中部地区的河南，当年河南的 RCDI 排位为 12 位，云南与内蒙古分别为 23 和 24 位。但是到了 2013 年，两省（区）的 RCDI 位次分别降至 26 和 24 位，PCI 排位也从 2010 年的 24、26 位分别降至 2013 年的 28、27 位；就位次而言，与中部地区的湖北最为接近；而湖北 2013 年 RCDI 位次为 15 位，低于河南省 2010 年 RCDI 的位次。可见，在 PCI 的排位上，各省的竞争十分激烈，变动也比较频繁。

　　总结对 PCI 优劣势识别的分析：与 2010 年相比，西部 11 个省（市、区）PCI 排名波动较大，原因在于比较优势省份比较明显的分化导致了优势和劣势省份均增加了一倍。从省份内部来看，优势省份中，重庆是滞后企稳型优势省份，PCI 则构成新疆 RCDI 的长板。在比较优势省份中，PCI 是贵州省的长板；四川是 PCI 快速上升的省份；广西、甘肃属于 RCDI 企稳 PCI 下降型；宁夏属于明显下降型。在劣势省份中，陕西和青海属于劣势不变省份；内蒙古和云南属于劣势加大型省份。总之，从西部各省 PCI 的排位变动可以发现：各省的竞争十分激烈，变动也比较频繁。

五　2010—2013 年西部 11 省（市、区）资源环境承载力（RCI）的优劣势分析

　　根据表 7-12、表 7-13 的数据，比较 2013 年与 2010 年西部各省（市、区）RCI 与 RCDI 相对位次的变化，具有以下特征：

表 7-12　　　　2010 年西部各省（市、区）RCI 值优劣势分析

	优势	比较优势	劣势
省份及与 RCDI 位次相比变化	广西（13） 四川（8） 云南（10）	重庆（2） 陕西（4） 贵州（8） 青海（9） 内蒙古（0） 甘肃（2）	新疆（-4） 宁夏（-4）
占 11 省（市、区）数量比（%）	27.3	54.5	18.2

续表

	优势	比较优势	劣势
全国30个省（市、区）RCI 均值		36. 56	
优于其他区域省份 RCDI 位次		江苏（3；6）山东（7；7） 上海（1；7）河北（13；9）	

表 7 –13　　　2013 年西部各省（市、区）RCI 值优劣势分析

	优势	比较优势	劣势
省份及与 RCDI 位次对比	广西（12） 四川（8） 云南（12）	重庆（2） 陕西（6） 贵州（7） 青海（9） 内蒙古（1）	甘肃（2） 宁夏（-2） 新疆（-6）
占 11 省（市、区）数量比（%）	27. 3	45. 4	27. 3
全国 30 个省（市、区）RCI 均值		34. 93	
优于其他区域省份 RCDI 位次		江苏（4；5）上海（1；7）河南（11；8）	

第一，西部地区各省资源环境承载优势比较明显。虽然我国的沙漠、喀斯特石漠化地区主要分布在西部地区，但是对 RCI 的测算表明，与其他二级指标值相比，西部各省相对于其他区域省份的 RCI 优势更为明显。主要表现有二：一是优势省份比其他二级指标都要多；二是劣势省份比其他二级指标都要少。就优势省份来看，2010 年，EAI、EEI 和 PCI 分别为 1 个、0 个和 1 个，而 RCI 有 3 个；2013 年，EAI 和 EEI 优势省份个数不变，PCI 增加到 2 个，虽然 RCI 优势省份减少到 3 个，但是依然比其他二级指标多。从劣势省份来看，2010 年，EAI、EEI 和 PCI 分别为 7 个、8 个和 2 个，RCI 有 2 个。2013 年，EAI 劣势省份个数不变，EEI 减少 6 个，PCI 则增加到 4 个，虽然 RCI 劣势省份也有所增加，为 3 个，但是依然比其他二级指标少。

除省份分布以外，比较优势省份领先其他区域省份 RCDI 排名也明显高于其他二级指标。EAI、EEI 和 PCI 的比较优势省份，领先其他区域省份 RCDI 的最高排名分别是：第 6 位的江西省、第 9 位的福建省和

第 9 位的辽宁省①；而 RCI 比较优势省份领先的其他区域省份中，排位最高的是 RCDI 位居第一的上海。而且，从超过这些 RCDI 高位次省份的西部省份个数来看，也是 RCI 最多。EAI 比较优势省份中，比江西RCDI 排位高的西部省份为 4 个；EEI 比较优势省份中，比福建 RCDI 排位高的西部省份仅为 1 个；PCI 比较优势省份中，比辽宁 RCDI 排位高的省份为 2 个；而 RCI 的比较优势省份中，比 RCDI 排位第 1 的上海高的西部省份有 7 个，远远超过其他二级指标。

综上可知，西部地区各省域的 RCI 优势相对于其他区域省份，非常明显。

第二，优势在缩小。虽然优势明显，但是，比较 2010 年与 2013 年各类省份的分布，可以发现优势在缩小。这主要表现为与 2010 年相比，2013 年西部地区劣势省份增加 1 个，甘肃由比较优势省份下降为劣势省份。2010 年，甘肃 RCI 排序高于 RCDI 位次 13 的河北省；2013 年，则仅高于西部地区的宁夏和新疆。

从省份内部来看，优势省份中，四川是优势不变省份，2010 年和2013 年 RCDI 与 RCI 位次均没有变化。广西是优势缩小型省份，即与RCDI 位次相比，RCI 位次领先优势在缩小。最特殊的省份是云南省，仅从表 7 - 12 和表 7 - 13 中列出的数据来看，云南是优势扩大型省份。因为与 2010 年相比，2013 年，云南 RCI 相对于 RCDI 的领先位次，从10 位增加到 12 位，优势有所扩大。但是，引起这种变化的不是因为RCI 位次的提升，而是因为 RCDI 位次下降了 3 位，同时 RCI 位次只下降了 1 个位次所致。因此，与 RCDI 位次相比，总体来看，云南省的RCI 排位无疑具有明显的优势，是云南 RCDI 值四个板块中的长板。

从比较优势省份来看，以 2013 年的分布格局来看，重庆、青海属于比较优势不变省份。就重庆市自身来看，RCI 相对于 RCDI 位次的领先优势保持在 2 个位次，没有变化。而从 2010 年和 2013 年重庆两个指标值的排位来看，均分别上升了 1 个位次。RCDI 位次从 18 位上升到17 位，RCI 位次从 14 位上升到 13 位，因此，两者的相对位次没有变化。由此，可以认为，重庆是同步上升过程中的比较优势不变省份，表

---

① 因为这里列举的是 2010 年、2013 年西部省份领先省份中排名最高的其他区域省份，因此会出现同一位次为不同省份的情形，因为在两个年度，各省（市、区）的 RCDI 排名有变动。

明两者的均衡性非常好。青海的情形要简单得多，在两个年度里，两个指标的位次均没有变化，因此，属于稳定的比较优势不变省份。根据两项指标位次的相对差距变化，陕西和内蒙古属于比较优势扩大省份，即 RCI 领先 RCDI 的位次增加。具体来看，陕西省从 2010 年的领先 4 个位次，增加到 2013 年的 6 个位次，主要是因为与 2010 年相比，2013 年其 RCI 位次提升了 2 个位次，而 RCDI 位次保持不变。内蒙古的情形也一样，区别在于 RCI 只上升了 1 个位次，因此两个指标的相对位次变化从 0 增加到 1。因此，陕西和内蒙古都是 RCI 位次上升的比较优势扩大省份，表明相对于 RCDI 的其他二级指标，资源环境承载力改善更为明显。贵州属于比较优势缩小省份，两个指标的相对位次变化，从 2010 年领先 8 个位次，降低到 2013 年的 7 个位次。原因在于 RCDI 位次提升了 1 个位次，这表明当贵州省的 RCDI 位次整体提高时，RCI 的位次并没有同步提高，具有滞后性。对于贵州而言，这是值得注意的变化趋势。因为在 2016 年公布的首批国家生态文明试验区省份中，贵州是获批试点的首批三个省份之一，也是西部地区唯一的省份。所以，RCI 值本来就是其长板，现在更应加长这块长板。如果在 RCDI 位次提升的同时，RCI 位次保持不变，甚至后退，则只能说明一点：贵州自我发展能力整体提升的过程中，资源环境承载状况在相对恶化。如是，则无疑没有实现建设国家级生态文明示范区的试点初衷。当然，这是 2010 年与 2013 年的测算结果，并不能完全以此来推断未来的变动趋势。尤其是在 2016 年以后，有了"国家级生态文明改革试验"的制度强激励以后，根据"双激励—四维度"框架，贵州的 RCI 值极有可能出现比 RCDI 位次更快的提升。是否如此，需要在政策实施几年以后，以经验数据加以验证。

在劣势省份中，宁夏属于劣势缩小省份，在 2010 年和 2013 年两个年度，宁夏的 RCDI 与 RCI 位次 1 降 1 升，而且都是变动 1 个位次，使两者的相对位次差距缩小，RCI 落后 RCDI 的位次从 2010 年的 4 位缩小到 2013 年的 2 位。甘肃属于劣势不变省份。虽然在省份类型上，从 2010 年的比较优势省份跌落为 2013 年的劣势省份，但是两项指标的位次在两个年度均没有变化。2013 年，新疆则相反，属于劣势扩大省份，RCI 落后于 RCDI 的位次，从 2010 年的 4 个位次扩大到 2013 年的 6 个位次。造成这种变动的原因在于：与 2010 年相比，新疆 RCDI 上升了 1

个位次，而 RCI 却下降了一个位次，与宁夏的情形刚好相反，反映在相对位次差距上，就是扩大了 2 个位次。

总结西部各省（市、区）RCI 的优劣势，具有以下特点：一是从总体来看，西部各省（市、区）相对于其他区域省份的资源环境承载优势比较明显，但是与此同时，优势也在缩小，表现为优势省份减少，而劣势省份增加。二是从省份内部来看，四川是优势不变省份，广西是优势缩小型省份，RCI 则是云南省 RCDI 的长板，重庆 RCDI 与 RCI 的同步性很好，保持了上升过程中的相对差距不变，青海则属于稳定的比较优势不变省份，陕西和内蒙古都是 RCI 位次上升的比较优势扩大省份，贵州属于比较优势缩小省份，宁夏是劣势缩小省份，甘肃为劣势不变省份，新疆则呈现劣势扩大趋势。

六 西部11省（市、区）RCDI 的长板与短板

根据对西部各省（市、区）RCDI 二级指标值的比较分析，可以在两个层面识别各省（市、区）RCDI 的长板与短板。

一是从区域层面看，西部地区 RCDI 的四个维度中，相对长板是 PCI 和 RCI 值代表的产品竞争力与资源环境承载力；短板是 EAI 与 EEI 值代表的要素聚集能力与要素配置效率。从表 7-14 可以看出，西部除了西藏以外的 11 个省份中，EAI 值具有优势和比较优势的省份仅为 36.4%，并保持稳定的态势；EEI 值具有优势和比较优势的省份中2013年占比虽然比 2010 年有所提高，但是仍然没有达到 50%。因此，就西部地区而言，这两项无疑是其短板。也是西部大多数省份 RCDI 值总体排名靠后的主要原因。

表 7-14　　　西部各省（市、区）二级指标值的长板与短板

	优势和比较优势省份数量（个）		占西部省份比例（%）		类型
	2010 年	2013 年	2010 年	2013 年	
EAI	4	4	36.4	36.4	劣势稳定
EEI	3	5	27.3	45.5	劣势缩小
PCI	9	7	81.8	63.6	优势缩小较大
RCI	9	8	81.8	72.7	优势缩小

相反，从 PCI 和 RCI 的优势和比较优势省份占比来看，一方面，优

势和比较优势省份比重都超过 50%，表明西部地区整体相对于其他区域在这两个维度具有比较优势；另一方面，PCI 和 RCI 优势和比较优势省份占比均从 2010 年的 81.8% 分别下降到 2013 年的 63.6% 和 72.7%，表明西部地区这两个维度相对于其他区域的比较优势正在急速丧失，尤其是 PCI 值代表的产品竞争力。

因此，西部区域 RCDI 的短板是 EAI 和 EEI，但近年来 EEI 优势提升较快；长板是 PCI 和 RCI，但近年来优势有所缩小，尤其是 PCI 值的优势和比较优势，下降幅度比较大。

二是从省域层面看，可以得出西部地区各省（市、区）的长板和短板。表 7-15 列出了对前面分析的总结，并尝试将各省进行分类。

表 7-15　　　2013 年西部各省（市、区）二级指标的优劣势

省份	二级指标优劣势总结		类型
四川	EAI：优势加大	EEI：比较优势缩小	稳定成长型
	PCI：比较优势加大	RCI：优势不变	
重庆	EAI：比较优势缩小	EEI：比较优势加大	非均衡上升型
	PCI：优势缩小	RCI：比较优势稳定	
广西	EAI：比较优势缩小	EEI：劣势扩大	全面下降型
	PCI：比较优势缩小	RCI：优势缩小	
陕西	EAI：比较优势加大	EEI：比较优势加大	快速上升型
	PCI：劣势稳定	RCI：比较优势加大	
内蒙古	EAI：劣势稳定	EEI：比较优势明显	短板明显上升型
	PCI：劣势加大	RCI：比较优势扩大	
新疆	EAI：劣势扩大	EEI：比较优势明显	短板明显上升型
	PCI：优势明显	RCI：劣势扩大	
云南	EAI：劣势缩小	EEI：劣势明显	非均衡下降型
	PCI：劣势加大	RCI：优势较明显	
贵州	EAI：劣势明显	EEI：劣势稳定	比较优势缩小型
	PCI：比较优势明显	RCI：比较优势缩小	
宁夏	EAI：劣势加大	EEI：劣势稳定	下降型
	PCI：比较优势明显缩小	RCI：劣势缩小	

省份	二级指标优劣势总结		类型
甘肃	EAI：稳定劣势 PCI：比较优势缩小	EEI：稳定劣势 RCI：劣势不变	基本稳定型
青海	EAI：劣势稳定 PCI：劣势稳定	EEI：劣势加大 RCI：比较优势稳定	稳定型

根据前面对西部各省域 RCDI 二级指标的比较分析，四川省在 4 个二级指标中，2 项属于优势省份，2 项属于比较优势省份，除 EEI 比较优势缩小以外，其他保持不变或者加大，因此，其为稳定成长型省份，均衡性也比较好。

重庆的 PCI 优势在缩小，其他 3 项均是比较优势指标，RCI 比较优势稳定，EEI 优势加大，PCI 优势缩小；而从重庆 RCDI 值的位次来看，上升比较迅速，因此，重庆属于非均衡上升型省份。

广西壮族自治区虽然 RCDI 总排名较高，但是从二级指标来看，3 项指标的比较优势都在缩小，而 EEI 的劣势则在扩大；虽然其 RCDI 值位次保持不变，但是由于其二级指标值相对其他省份的优势在缩小，导致其 RCDI 值增加非常缓慢，所以，广西属于二级指标全面下降型的省份。

陕西省除了 PCI 保持稳定的劣势以外，其余 3 项指标的优势都在加大；虽然其 RCDI 总值位次保持不变，但是 RCDI 值增加较快，与上一位次省份的差距在快速缩小，因此属于快速上升型省份。

内蒙古在 2 项劣势指标值中，EAI 保持劣势稳定，PCI 劣势加大；同时，具有比较优势的 2 项指标，EEI 比较优势明显，RCI 优势加大。因此，对于内蒙古而言，其短板和长板都非常突出。与陕西一样，虽然内蒙古的 RCDI 值位次没有变化，但是 RCDI 值上升较快，属于短板明显的上升型省份。

新疆的成长性与其非均衡性都很突出。在 4 项二级指标中，新疆有 2 项的劣势在扩大，但与此同时，其在 PCI 和 EEI 上的优势和比较优势都非常明显；同期，不仅其 RCDI 值增加较快，而且位次有所回升，因此属于短板明显、均衡性很差的上升型省份。

云南省只有 RCI 的优势较为明显，其余 3 项二级指标中，EAI 的劣势缩小，但是因为 RCDI 位次下降导致的缩小，不是因为 EAI 位次提高所致；EEI 的劣势依旧十分明显；PCI 的劣势在加大；同期其 RCDI 位次又大幅后退 3 个位次，因此，云南属于长板明显、短板也很突出、非均衡性很差的省份，可以命名为非均衡下降型省份。

贵州省虽然 RCDI 位次排名在云南之后，但是其 RCDI 位次有所回升；在 2 项比较优势指标中，1 项仍保持明显的比较优势，1 项比较优势在缩小；2 项劣势指标中，虽然 EAI 劣势明显，但是没有加大的趋势；EEI 劣势也保持稳定。因此，其 RCDI 值增速加快，位次也有所提升。但是，总体来看，仍然属于二级指标比较优势缩小的省份。

宁夏、甘肃和青海都属于自我发展能力最弱的省（区），不过，与后两者相比，宁夏的下降趋势更为明显；而甘肃和青海则长期居于末位。

第四节　西部地区 RCDI 优劣势识别的政策含义探讨

根据前述分析结论，增强西部地区自我发展能力，包括四个方面的重要内容。

一　保持经济增长至关重要

虽然区域的自我发展能力命题，是在怎样实现区域持续的经济增长背景下提出来的，但是，现实当中，我们容易观察到：经济增长与能力的提升并不同步。前面对各区域 RCDI 的经济增长弹性的计算，也验证了这一点。从区域层面来看，西部地区 RCDI 的经济增长弹性明显要高于其他区域，因此，对于西部地区来讲，保持经济增长仍然是提升区域自我发展能力的可靠路径。

在这里，经济增长与区域发展能力的关系，比较类似于学生的分数与能力的关系。我们说得高分的学生不一定能力很强，但是分数很低的学生大多数能力更弱。经济增长与区域发展能力的关系也是如此：经济增长快的区域不一定具有较强的自我发展能力，但是经济发展非常落后的地区，大多数是自我发展能力更弱的地区。而能力并非先验地获得，因此，如何在经济增长的过程中形成能力——恰如学生如何在获取高分的过程中，形成自己的能力——便是至关重要的问题。

对于经济增长而言，要素的数量与质量、知识进展和制度安排，都被认为是经济增长的核心要素。因为之前的经济增长过于追求单纯的 GDP 增长，因此被称为"GDP 崇拜"，并引发了诸多问题。2013 年 12 月 10 日，在中央经济工作会议的讲话中，习近平总书记首次提出"新常态"；2015 年 12 月 21 日的中央经济工作会议后，"供给侧结构性改革"迅速成为中国政经语境中最热的词汇。"新常态"与"供给侧结构性改革"，前者是当前宏观经济形势的判断，后者则是处方。最近几年，我国宏观经济领域最热的这两个词汇表明：中央政府调控经济的思路发生了改变，从更重视 GDP 增长转向了强调协调可持续的经济增长，尤其是在东部发达地区。因此，这里所说的保持西部地区的经济增长是增强其区域发展能力的重要途径，是相对于东部发达地区而言——因为测算结果表明：西部地区 RCDI 的经济增长弹性更大，这意味着相对于东部，经济增长引致的区域自我发展能力提升效果更明显。

这一提法如果仅从概念来看，似乎容易混淆不清。但是，如果从现实来看的话，则非常容易理解。比如，由于经济水平的悬殊差距，东部地区的义务教育可能更多的是关注孩子的多样化需求；而对于西部地区而言，由于地方财力薄弱，可能连老师的工资都开不出来，因此需要解决的问题是怎样不让孩子失学的问题。尤其是在一些贫困山区，由于村小学撤并，很多小孩上学只能在乡镇学校寄宿，每个周末回一趟家。而且，回家不能借助任何交通工具，只能步行。我们都知道，教育对于形成孩子的自我发展能力，发挥着不可替代的作用。而东西部教育水平的差异，其根源无疑是经济水平的差异。因此，对于落后地区来讲，千方百计发展经济，仍然是提升其区域自我发展能力的最有效路径。

二 实施差别化的省域经济增长策略

虽然就整个西部地区而言，经济增长对于提升区域发展能力非常有效，但是，根据分省 RCDI 的经济增长弹性，需要实施差别化的省域经济增长策略。

其中，在经济增长弹性较大的青海、重庆和新疆，可以通过经济增长战略实现区域发展能力的较快提升。在经济增长弹性有限的甘肃、四川、陕西和贵州，则除了重视经济增长以外，需要根据 RCDI 的长板和短板，综合施策，才能在经济增长的同时，较快地提升其自我发展能力。对于经济增长弹性趋零的内蒙古和宁夏，表明通过经济增长提升其自我发展能力的空间非常有限，因此，需要针对性地采取相关措施，方能达到提升区域自我发展能力的目的，并通过能力的提升更好地服务于当地的经济社会发展。对于经济增长弹性为负的广西和云南，则更需要对症下药，将区域发展能力的提升优先于经济增长目标，否则，极易形成能力提升与经济增长的恶性循环。

三 突出区域层面的"固长补短"思路，增强 RCDI 四个维度的协调性

与其他区域的比较分析表明，在区域层面，西部地区 RCDI 的相对长板是 PCI 和 RCI 值；短板是 EAI 与 EEI 值。因此，对于西部地区整体而言，继续保持 PCI 与 RCI 的比较优势，同时不断提升 EAI 和 EEI 值，补齐短板，无疑是提升西部地区 RCDI 的针对性策略。

这意味着从国家层面来看，在实施西部大开发战略时，需要突出上述"固长补短"的战略思路。一是国家应采取相关政策激励，加固西部地区的 PCI 和 RCI 长板地位；二是需采取措施，激励西部地区 EAI 和 EEI 值的提升，补齐短板。

至于具体的制度和政策安排，将在第九章讨论，此处暂略。

四 突出省域 RCDI 提升的"固长补短"思路

根据表 7-15 列出的西部各省（市、区）RCDI 的长板和短板，可以得到各省（市、区）"固长补短"的 RCDI 提升思路，如表 7-16 所示。

表 7-16　西部各省（市、区）RCDI 的"长板"与"短板"

省份	长板	短板
四川	EAI　PCI　RCI	EEI
重庆	EEI　RCI	EAI　PCI
广西	RCI　EAI　PCI	EEI
陕西	EAI　EEI　RCI	PCI
内蒙古	EEI　RCI	EAI　PCI
新疆	EEI　PCI	EAI　RCI
云南	RCI	EAI　EEI　PCI
贵州	PCI　RCI	EAI　EEI

续表

省份	长板	短板
宁夏	PCI	EAI　EEI　RCI
甘肃	PCI	EAI　EEI　RCI
青海	RCI	EAI　EEI　PCI

四川：三长一短。短板是"比较优势缩小"，因此，属于均衡性好的省份。

重庆：两长两短。"两短"分别是"优势缩小"和"比较优势缩小"，对于 RCDI 位次在持续上升的重庆而言，二级指标优势缩小是值得注意的变化方向。需要提高 RCDI 值和位次提升的均衡性。

广西：三长一短。但是"三长"的优势和比较优势都在缩小；"一短"是"劣势扩大"，所以，对于广西而言，"固长"的任务相对于"补短"，也许更为重要和有效。

陕西：三长一短。与广西相反，陕西的"三长"均为"比较优势加大"；"一短"是"劣势稳定"，因此，其 RCDI 值和位次的上升态势很明显。这意味着对于陕西而言，补齐短板或许对于提升 RCDI 值更为有效。

内蒙古：两长两短。"两长"是"比较优势明显或者扩大"；"两短"则是"劣势稳定或者加大"。这表明对于内蒙古而言，解决 RCDI 值和位次提升中的均衡性至关重要。因此，"补短"应优先于"固长"。

新疆：两长两短。"两长"是"优势或者比较优势明显"，表明新疆相对于其他省份的优势并没有加大；"两短"是"劣势明显或者扩大"。因此，对于新疆而言，"固长"、"补短"同等重要，需要同时发力。

云南：一长三短。"一长"是"优势较明显"；"三短"是"劣势明显、缩小和加大"。因此，对于云南而言，"补短"至关重要。

贵州："两长两短"，"两长"是"比较优势缩小或者明显"；"两短"是"劣势明显或者稳定"，所以，对于贵州而言，"固长"与"补短"均同等重要。

宁夏：一长三短。"一长"是"比较优势明显缩小"；"三短"是"劣势缩小、稳定和加大"，非均衡性明显。因此，宁夏不仅要高度重视"固长"，更需聚焦"补短"。

甘肃：一长三短。"一长"是"比较优势缩小"；"三短"是"劣势稳定"，这表明甘肃的劣势很难改变，因此，"固长"是提高其 RCDI 值更为有效的路径。

青海：一长三短。

很显然，对西部地区各省（市、区）RCDI 二级指标值长短板的识别，对于针对性地提升各省 RCDI 具有重要意义。鉴于提升 RCDI 二级指标值的制度安排适用于所有省份，因此，对于该问题将统一在后文讨论，这里不再分省探讨。

第八章　国际金融危机后西部地区的
RCDI 波动研究

第六章对 RCDI 区域差序与市场差序的分析表明，2000—2013 年，西部地区属于市场微激励地区。为了进一步考察西部地区 RCDI 值在外部市场冲击下的波动情况，本章将以国际金融危机全面爆发以后，2008 年与 2010 年的相关数值对比，分析危机初期和危机中西部地区 RCDI 在区域中的格局；比较 2000 年、2008 年、2010 年和 2013 年西部地区 RCDI 值和人均 GDP 相对于其他区域的变化；并尝试对西部地区 RCDI 的脆弱性类型进行划分。

第一节　国际金融危机后西部地区在 RCDI 区域差序格局中的位置变化分析

本节内容主要用 2008 年的数据，分析国际金融危机初期西部地区在 RCDI 区域格局中的位置；用 2010 年的数据，分析国际金融危机爆发两年后西部地区在 RCDI 区域格局中的位置；并对比 2000 年和 2013 年的情况，说明这些变化。

一　国际金融危机初期：2008 年西部地区在 RCDI 区域差序格局中的位置不变

依然按照第六章的三分法，对危机初期的 RCDI 分布区域格局进行分析。对比表 8 - 1 所列出的 2008 年 RCDI 排序格局、表 6 - 1、表 6 - 2 列出的 1995 年和 2000 年的情况，容易发现：不管是与 1995 年还是与 2000 年相比，西部地区作为一个整体，在 RCDI 区域差序格局中的位置没有任何变化，甚至连省份的比重都几乎没有变化——如果说有，也仅仅是因为增加了直辖市重庆，西部地区从 11 个省（区）变成 12 个省

（市、区），从而引起的省份比值变化。

　　总体来看，2008 年，西部地区只有 16.7% 的省份 RCDI 排序在前 20 位；东部地区 100% 的省域、中部 83.4% 的省域、东北地区 100% 的省域 RCDI 排序进入前 20 位。而且东北与中部地区相比，有 33.4% 的省份排序进入前 10 位，中部只有 16.7% 的省份进入，因此，可以认为东北整体排序比中部要高。从 RCDI 的区域均值来看，2008 年东部地区为 65.74，东北为 49.21，中部为 48.93，西部为 36.82，也呈现"东部—东北—中部—西部"的区域差序。不过，东北领先于中部的优势非常微弱，从 RCDI 值来看，从 2000 年领先 1.01 缩小到 2008 年领先 0.28 的优势；而到 2013 年，这种优势缩小为 0（参见表 7–1）。

表 8–1　　　　　2008 年西部在 RCDI 区域格局的省域分布　　　单位:%、个

排序分段		东部地区	中部地区	西部地区	东北
1—10 位	省份	上海　北京 广东　江苏 浙江　天津 山东　福建	江西		辽宁
	占比（排位省份）	80	10	0	10
	占比（区域省份）	80	16.7	0	33.3
11—20 位	省份	河北　海南	河南　湖南 安徽　湖北	四川　重庆	吉林 黑龙江
	占比（排位省份）	20	40	20	20
	占比（区域省份）	20	66.7	16.7	66.7
21—31 位	省份		山西	广西　陕西 云南　内蒙古 新疆　贵州 宁夏　甘肃 青海　西藏	
	占比（排位省份）	0	9.1	90.9	0
	占比（区域省份）	0	16.7	83.3	0
省份合计		31	10	6	12	3

注：由于对数据四舍五入，故占比的加总不一定等于 100%。下同。

与 1995 年、2000 年相比，2008 年西部地区 RCDI 排序最大的变化来自重庆和广西。重庆进入前 20 位，广西掉入后 21—31 位。

二 国际金融危机中：2010 年西部地区在 RCDI 区域差序格局中的位置稳定

在国际金融危机爆发两年后的 2010 年，如表 8 − 2 所示，RCDI 区域格局没有任何变化，除了个别省份的位次有 1—2 个位次的波动以外，RCDI 各排序区段的省份名称都没有变化，西部地区在 RCDI 区域差序格局中的位置保持稳定。

表 8 − 2　　　　2010 年西部在 RCDI 区域格局的省域分布　　　单位:%、个

排序分段		东部地区	中部地区	西部地区	东北
1—10 位	省份	上海　北京 江苏　广东 浙江　山东 天津　福建	江西		辽宁
	占比（排位省份）	80	10	0	10
	占比（区域省份）	80	16.7	0	33.3
11—20 位	省份	海南　河北	河南　湖南 安徽　湖北	四川　重庆	吉林 黑龙江
	占比（排位省份）	20	40	20	20
	占比（区域省份）	20	66.7	16.7	66.7
21—31 位	省份		山西	广西　陕西 云南　内蒙古 新疆　贵州 宁夏　甘肃 青海　西藏	
	占比（排位省份）	0	9.1	90.9	0
	占比（区域省份）	0	16.7	83.3	0
省份合计		31	10	6	12	3

从 RCDI 值的区域比较来看，2010 年，东部地区 RCDI 均值为 64.28，东北为 49.47，中部为 48.58，西部为 36.34，除东北外，较之

2008 年，均有小幅下降。其中东北相对于中部地区的 RCDI 值优势，也从 2008 年的 0.28 扩大到 2013 年的 1.00。对比 2008 年与 2010 年东北三省的 RCDI 值，发现这种领先优势主要来自辽宁省 2010 年 RCDI 值相对于 2008 年较明显的增加；进一步查阅其二级指标值，发现辽宁省 RCDI 值的增加主要来自 EAI 和 RCI 两个二级指标值。其中，EAI 值的增加，主要源于固定资产投资的大幅度增加。2010 年，辽宁省全社会固定资产投资比 2008 年大幅增长 60%；而同样以 2 年期全社会固定资产投资作比较，辽宁省 2013 年比 2011 年增长 41.6%。结合 2008 年国际金融危机后我国的 4 万亿经济刺激计划实施的宏观调控背景，基本可以判断 2010 年辽宁省 RCDI 值相对于 2008 年的上升，主要来自扩大内需政策中的固定资产投资大幅增加，从而使其二级指标值 EAI 大幅上升，并引起 RCDI 值的增加。至于 RCI 值的增加，对比 2010 年和 2008 年的二级指标数值，发现除了单位能源地区生产总值产出率下降以外，其余三项即人均水资源量占比、森林覆盖率以及自然保护区面积占比都有所增加。因此，RCI 值的增加，与 2008 年的国际金融危机没有关系。

三　国际金融危机前期：2008—2010 年西部地区 RCDI 值降幅居第二位

根据第五章表 5-11 列出的 1995—2013 年各省（市、区）RCDI 值，可以比较分析 2008 年和 2010 年各区域 RCDI 值的变动情况。

首先，从各省的 RCDI 值来看，西部地区 12 个省（市、区）中，除了重庆、广西、云南、宁夏 4 个省（市、区）以外，其余省域 2010 年 RCDI 值均比 2008 年有所下降，下降省份占西部地区省份数的 66.7%；东部地区 10 个省（市）中，除福建外，其余 9 个省（市）2010 年 RCDI 值均较 2008 年有所下降，下降省份占区域省域数量的 90%；东北三省中，只有吉林省下降，占比为 33.3%；中部 6 省中，江西、河南、湖北 2010 年 RCDI 值比 2008 年略有增加，其余 3 省则有更为明显的下降，下降省份占比为 50%。总体来看，与 2008 年相比，2010 年全国 31 个省（市、区）中，有 21 个省域 RCDI 值下降，占比为 67.7%。因此，从各区域 RCDI 值下降省域占比来看，西部地区最接近全国平均水平，但是和中部、东北一样，均低于全国平均水平；东部地区占比最高，以 90% 省域下降的比例远远高于全国平均水平。因此，从各区域 RCDI 值下降省域的比重来看，呈现"东部—西部—中部—东北"的变化差序。

其次,从 RCDI 值变动的绝对值来看,西部地区也是下降幅度仅次于东部的区域。如表 8-3 所示,与 2008 年相比,2010 年全国 RCDI 均值下降了 0.71;其中东部地区 RCDI 均值下降了 1.46,下降数值最大,远远超过全国平均下降数值,居四大区域之首;西部地区紧随其后,与下降省份占比排序一致,RCDI 值减少的绝对数居四个区域次席;之后依次为中部和东北地区。因此,从 RCDI 值变动的绝对值来看,按照下降幅度的大小顺序也呈现"东部—西部—中部—东北"的区域差序。

表 8-3 **2008 年和 2010 年各区域 RCDI 值的比较**

区域	RCDI 平均值			西部均值占其他区域比重（%）	
	2008 年（1）	2010 年（2）	（2）-（1）	2008 年	2010 年
西部	36.82	36.34	-0.48	—	—
东部	65.74	64.28	-1.46	56.01	56.53
中部	48.93	48.58	-0.35	75.25	74.80
东北	49.21	49.47	0.26	74.82	73.46
全国	49.12	48.41	-0.71	74.96	75.07

最后,从各区域的相对差距变化来看,西部与东部的相对差距继续收敛,与中部、东北的相对差距却转向扩大。综合第七章的表 7-1 和本章表 8-3 的数据,上述变化更加清晰。2000 年,西部地区 RCDI 均值占东部地区的比重为 54.58%,2008 年增加到 56.01%,2010 年上升到 56.53%,到 2013 年,进一步上升到 57.97%,可见,虽然有金融危机这一外部冲击,但是西部地区 RCDI 均值与东部地区的相对差距,一直处于缓慢的收敛进程中。这种趋势有别于西部地区与另两个区域的相对差距变动趋势。西部地区与中部、东北地区 RCDI 均值相对差距的变化,2000—2013 年,均经历了"缩小—扩大—缩小"的明显波动趋势。2000 年,西部地区 RCDI 均值占中部地区的比重为 72.62%;2008 年,这一比例上升到 75.25%;2010 年,因为金融危机的持续影响,下降到74.80%;到 2013 年,再次上升到 75.43%。西部与东北地区 RCDI 均值的相对差距也是如此。2000 年,西部地区 RCDI 均值占东北地区的比重为 71.20%;2008 年,这一比例上升到 74.82%;2010 年,因为金融

危机的持续影响，下降到 73.46%；到 2013 年，再次上升到 75.43%。就西部地区与全国 RCDI 均值的相对差距来看，与 2008 年相比，2010年西部地区占全国 RCDI 均值的比重有所上升，即相对差距有所缩小。这主要是因为东部地区 RCDI 值最高，而西部地区与东部地区 RCDI 均值的相对差序持续缩小，所以与全国平均水平的相对差距也处于缩小进程中。

四　国际金融危机后我国 RCDI 值变化的区域特征

总结前述特征：2008 年国际金融危机爆发后，我国区域 RCDI 值仍然呈现"东部—东北—中部—西部"的区域差序格局；与 2008 年危机爆发初期相比，2010 年各区域 RCDI 值普遍呈现下降趋势，全国 21 个省域 RCDI 值下降，占全部省域的 67.7%；分区域来看，东部地区 90%、西部地区 66.7%、中部地区 50%、东北 33.3% 的省域 RCDI 值下降；按照省域下降比例的大小排列，呈现"东部—西部—中部—东北"的区域变化差序；相应地，按照区域 RCDI 均值下降幅度的大小，也呈现"东部—西部—中部—东北"的区域变化差序；从西部地区与其他区域 RCDI 均值的相对差距变化来看，西部与东部的相对差距继续收敛，与中部、东北的相对差距却转向扩大。

第二节　国际金融危机后我国西部地区 RCDI 值的经济增长弹性分析

前面的分析表明：国际金融危机对于我国各区域 RCDI 的冲击很明显，除了东北以外，其余地区均有所下降。而与此同时，我国经济增速虽然放缓，但是仍然保持中高速增长。可见，我国经济增长和区域发展能力对外部市场冲击的敏感度不同。为了考察国际金融危机爆发后区域发展能力与经济增长的变动关系，本节重点考察 2008—2010 年西部地区作为一个整体以及西部地区各省域 RCDI 的经济增长弹性。

一　国际金融危机后西部地区与其他区域人均 GDP 的相对差距缩小

在表 8 - 4 中，根据各区域相关省（市、区）的 GDP 和常住人口量（西部地区没有包括西藏的数据），以各个区域整体作为一个测算单位，用某区域 GDP 总量比上此区域的常住人口量，计算各区域的人均 GDP。从表 8-4 的数据可以看出，2008 年，西部地区人均 GDP 占全国的比重为 68.07%，到 2010 年，比例上升到 72.93%，相对差距缩小 4.86 个百分点；与东部地区比，2008 年西部地区人均 GDP 占东部地区的 45.10%，到 2010 年，增加了 4.34 个百分比，至 49.44%；与中部地区相比，2010 年，西部地区占中部地区比重由 92.15% 上升到 93.63%，增加了 1.48 个百分点；与东北地区相比，2010 年，西部地区占东北三省的比重比 2008 年增加 2.53 个百分点。

表 8-4　　　　　2008 年和 2010 年各区域人均 GDP 比较　　　单位：元、%

区域	区域人均 GDP		西部占其他区域比重	
	2008 年	2010 年	2008 年	2010 年
西部	16419	22517	—	—
东部	36405	45541	45.10	49.44
中部	17817	24048	92.15	93.63
东北	25928	34189	63.33	65.86
全国	24121	30876	68.07	72.93

表中的数据表明：虽然变动的百分比有大有小，但是趋势完全一致，都表明西部地区人均 GDP 无论是与全国平均水平比，还是与其余三个区域相比，相对差距都在缩小。尤其是与全国平均水平的相对差距，缩小最大；其次是与东部地区的相对差距，缩小比例也达到 4 个百分点以上；其中与中部地区的相对差距缩小的比例最小，这主要是因为两者绝对值最为接近，差距最小，所以缩小的空间就小。在国际金融危机爆发后，与西部地区 RCDI 均值与其他区域相对差距变动的不一致趋势不同，西部地区人均 GDP 与其他区域相对差距变动，呈现完全一致的缩小趋势。

二　国际金融危机中西部地区 RCDI 值的经济增长弹性小于东部地区

国际金融危机爆发后的两年中，一方面，各个区域的人均 GDP 均呈现一致的增长趋势；另一方面，就 RCDI 均值的变动来看，除了东北地区增加以外，其余区域都呈现下降的变化。因此，2008—2010 年，除东北外，其他区域人均 GDP 和 RCDI 均值这两种不同的变化方向，决定其 RCDI 值的经济增长弹性必然为负数。

　　根据表 8-3 和表 8-4 的数据，可以计算 2008—2010 年各区域 RCDI 值的经济增长弹性。计算结果表明：就全国平均水平来看，RCDI 值的经济增长弹性为 -0.052；东部地区最富有弹性，为 -0.088，远高于全国平均水平；其他三个区域都在全国平均水平以下，西部地区最高，为 -0.035；中部地区次之，为 -0.020；东北地区为正弹性，绝对值最小，为 0.017。因此，从 RCDI 经济增长弹性的绝对值来看，按照大小顺序排列，呈现"东部—西部—中部—东北"的区域顺序。这个顺序与 RCDI 值变动的区域顺序完全一致。不过，需要强调的是：东北是正弹性，其余三个区域是负弹性。

　　对比第七章测算的 2000—2013 年西部地区 RCDI 的经济增长弹性系数，发现在短期内，各区域 RCDI 的经济增长弹性系数绝对值更大。相对于 2000—2013 年西部地区 0.008 的经济增长弹性，2008—2010 年西部地区的经济增长弹性为 -0.035，不考虑变动的方向，是 2000—2013 年的 4 倍多；东部地区则保持了反方向的变动趋势，2008—2010 年为 -0.088，是 2000—2013 年 -0.003 的 29 倍多！中部地区与西部地区一样，短期内为负数，长期为正数，2008—2010 年 RCDI 经济增长弹性为 -0.02，不考虑方向，是 2000—2013 年 0.001 的 20 倍。东北与其他区域不同，长期中为负数，短期中为正数。不考虑方向，2008—2010 年 RCDI 经济增长弹性是 2000—2013 年的 6 倍多。就全国平均水平来看，变动方向与中、西地区一致，短期中为负数，长期中为正数。不考虑方向差异，2008—2010 年全国 RCDI 经济增长弹性是 2000—2013 年的 44 倍！

　　总结这些变化：短期中，RCDI 对经济增长更为敏感，长期的经济增长弹性系数要小得多。东部地区不论是短期还是长期，弹性系数都为负数；全国、西部和中部都是短期为负数，长期为正数；东北地区则正好相反，短期为正数，长期为负数。在短期中，根据弹性系数绝对值大小，呈现"东部—西部—中部—东北"的区域顺序；长期中则呈现"西部—东部—东北—中部"的区域顺序。概括来看，可以认为西部和东部地区 RCDI 对经济增长的敏感度比较高，中部和东北则敏感度相对较低。

三 国际金融危机后西部地区各省（市、区）RCDI 经济增长弹性多为负数

表 8 - 5 中，用 2008 年和 2010 年西部地区各省（市、区）RCDI 值以及人均 GDP 的增长率，计算 RCDI 值的经济增长弹性系数。与计算各区域的弹性系数不同，这里的人均 GDP 直接来自各年统计年鉴。从表中可以看出，弹性系数为负值的省域有 7 个，分别是青海、新疆、甘肃、四川、陕西、贵州、内蒙古，占西部地区除西藏外 11 个省（市、区）的 63.6%；弹性系数为负的 7 个省域中，新疆的弹性系数绝对值最大；弹性系数为正值的有 4 个，分别是重庆、宁夏、广西和云南，弹性系数最大的是宁夏，为 0.182。

表 8 - 5　2008 年和 2010 年西部各省（市、区）RCDI 的经济增长弹性

省份	弹性系数	省份	弹性系数
青海	- 0.042	内蒙古	- 0.136
新疆	- 0.241	重庆	0.062
甘肃	- 0.164	宁夏	0.182
四川	- 0.107	广西	0.003
陕西	- 0.022	云南	0.042
贵州	- 0.045	西部	- 0.035

RCDI 的经济增长弹性为负数，表明从 2008 年到 2010 年，在经济增长的同时，这些省份 RCDI 有所下降。对比第七章表 7 - 4 列出的 2000—2013 年的经济增长弹性，青海、新疆、甘肃、四川、陕西、贵州和内蒙古 7 个省（区）的弹性均为正，可见国际金融危机对区域自我发展能力提高的冲击要大于对经济增长的冲击。

在 RCDI 的经济增长弹性为正数的 4 个省域中，广西和云南在 2000—2013 年的 RCDI 经济增长弹性为负数，这种变动方向与大多数省份不一致。

四 国际金融危机中引起西部各省（市、区）RCDI 波动的二级指标值主要是 PCI

表 8 - 6 总结了决定 RCDI 经济增长弹性系数正负号的二级指标值变动方向，并分别对弹性系数为正的 4 个省域和 7 个弹性系数为负的省域 RCDI 二级指标值的变动方向进行统计。在表 8 - 6 中，第二列第六

行"3 升 1 降",指的是在 4 个弹性系数为正的省份中,有 3 个省域 EAI 值上升,1 个下降;在同一列下一行中的"75;25"指的是 EAI 值上升省份占弹性系数为正的 4 个省份的比重为 75%,下降省份占比为 25%。

表 8 - 6 　　　西部各省（市、区）2010 年比 2008 年 RCDI 及
二级指标变化情况

省份/类别合计	2010 年比 2008 年指标值变化				
	EAI	EEI	PCI	RCI	RCDI 变化
宁夏	升	升	升	升	升
重庆	升	降	升	升	升
云南	降	升	降	升	升
广西	升	降	升	升	升
RCDI 上升省份合计	3 升 1 降	2 升 2 降	3 升 1 降	4 升	
占比（%）	75；25	50；50	75；25	100	
陕西	升	升	降	升	降
青海	升	升	降	升	降
贵州	降	降	升	升	降
四川	升	降	降	升	降
内蒙古	升	降	降	升	降
甘肃	升	降	降	升	降
新疆	升	升	降	降	降
RCDI 下降省份合计	6 升 1 降	3 升 4 降	1 升 6 降	6 升 1 降	
占比（%）	85.7；14.3	42.9；57.1	14.3；85.7	85.7；14.3	
总合计	9 升 2 降	5 升 6 降	4 升 7 降	10 升 1 降	

根据表 8 - 6,西部地区 4 个弹性系数为正数的省（市、区）,RCDI 二级指标变动的共同点是:RCI 值均上升;EAI 和 PCI 均有 75% 的省份上升;EEI 值一半的省份上升,一半下降。看起来应该是 RCI、EAI 和 PCI 值的上升,共同引起了 RCDI 最终值的增加。但是对比一下其他 7 个弹性系数为负,也就是 RCDI 总值减少的省域,就会发现 EAI 和 RCI 值增加的省份都高达 85.7%;相反,在二级指标 PCI 值一项,却有 85.7% 的省域下降。由此可见,引起 RCDI 上升或者下降的二级指标值,主要应该是来自 PCI 值变化的差异。而第七章基于二级指标值对西部地区 11 个省（市、区）RCDI 的长短板识别也表明:西部地区从整体而言,PCI 和 RCI 是长板,而 EAI 和 EEI 是短板。当受到国际金融危

机冲击时，作为短板的 EAI 值即使有所增加，但是因为是短板，所以也
不足以影响 RCDI 值的变化方向；相反，作为长板的 PCI 和 RCI 值的增
加，却能够稳定 RCDI 值，从而保持增长态势。

同理，表 8 - 6 统计了西部地区 7 个 RCDI 经济增长弹性为负数的省
（区）RCDI 二级指标值的变动方向。在 RCDI 的 4 个二级指标中，有
85.7% 的省份其 EAI 和 RCI 值上升，占比最大；从二级指标值下降省
份的占比来看，PCI 值下降省份占比最高，达到 85.7%，EEI 值下降省
份占比也超过半数，达到 57.1%。与弹性系数为正数的省份对比，两
类省份最大的差异在于 PCI 值的变动：75% 的正弹性系数省份 PCI 值增
加，85.7% 的负弹性系数省份 PCI 值下降。因此，对于 RCDI 经济增长
弹性系数为负数的西部省份而言，主要是 PCI 值的下降引起了 RCDI 总
值的减少。

具体来看，在经济增长弹性为正数的重庆、宁夏、广西和云南 4 个
省（市、区）中，比照第五章表 5 - 7、表 5 - 8 的二级指标数值，宁夏
虽然 RCDI 的 4 个二级指标值均上升，但是上升幅度最大的是 PCI 值；
重庆上升的 3 个二级指标中，增加值最大的也是 PCI 值；云南两升两
降，在增加的 2 个二级指标值中，同样也是 PCI 值的增加值最大。比较
例外的是广西，除了 PCI 值的增加值最大以外，EAI 值增加也相对较
大。广西 EAI 值的大幅增加，来自固定资产投资的大幅度增长。对比同
期全国固定资产投资 45.6% 的增长速度，广西 2010 年比 2008 年固定资产投
资总额增长了 87.9%，远高于全国平均增长水平，这也使得其 EAI 值相较
于其他省域，增长更快。而从 4 个省域 PCI 值大幅提升的原因来看，重庆
主要是来自产品内地市场占有率的大幅提升和产品质量的改善；广西、宁
夏、云南均来自产品质量的改善。可见，对二级指标值的分析，验证了前
面对 RCDI 的"长板"二级指标值增加引起 RCDI 值增加的判断。

再来看 RCDI 的经济增长弹性为负数的省份。新疆是负弹性系数绝
对值最大的省域。表 8 - 6 表明新疆的二级指标值是两升两降，根据第
五章表 5 - 7、表 5 - 8 的二级指标值，对比 RCI 和 PCI 值的下降幅度，
后者明显更大，从 2008 年的 48.61 下降到 2010 年的 44.30。因此，引
起 2010 年新疆 RCDI 值下降的二级指标主要是产品竞争力。进一步分
析其原始数据值，发现在产品内地市场占有率、产品国际市场占有率和
产品质量指数 3 个原始指标值中，产品国际市场占有率和产品质量指数

都出现大幅度的下降，前者从 2008 年的 36.8 降低到 21.30，后者从 90.57 降低到 83.23，这与当时的宏观经济环境十分吻合。2008 年国际金融危机爆发后，受美元贬值和世界消费需求下降等原因影响，我国出口企业的订单大幅下降，面临前所未有的困境。查阅统计年鉴发现，新疆 2008 年的对外贸易总额为 222.16 亿美元，2009 年下降为 138.27 亿美元，2010 年小幅回升到 171.3 亿美元，但是仍然没有恢复到 2008 年的水平，这表明产品国际市场占有率的降低导致 PCI 值降低，进而导致其 RCDI 值下降。其他负弹性系数省域中，甘肃和内蒙古一样，都是在 EAI 和 RCI 值小幅上行的情况下，EEI 和 PCI 值的下行引起了 RCDI 值的下降，其中 PCI 值下行明显。四川 RCDI 二级指标值的变动方向和甘肃、内蒙古一样，都是 EAI 和 RCI 值小幅上行，EEI 和 PCI 值下行；不同的是，四川 RCDI 的二级指标值中，EEI 值下行明显，而不是 PCI 值下降幅度更大。对照表 7-15 列出的 2013 年西部各省（市、区）二级指标的优劣势，四川 RCDI 的 EAI 和 RCI 都是优势指标，EEI 和 PCI 都是比较优势指标，而且 EEI 是比较优势缩小指标，相反，PCI 则是比较优势扩大指标。这表明在金融危机冲击下，四川省 RCDI 的二级指标 EEI 比较优势继续缩小，并引起了 RCDI 的负向变动。贵州在 PCI 和 RCI 值均有所上升的情况下，EAI 和 EEI 值下降，导致 RCDI 综合值小幅下调。根据表 7-15，EAI 和 EEI 是贵州 RCDI 的短板，因此，金融危机对贵州 RCDI 的冲击，表现为使得短板更短，颇有点雪上加霜之意。青海在其余 3 项二级指标值均上升，尤其是 EAI 值上升幅度较大的情况下，以 PCI 值的下降引起了 RCDI 值的小幅下降。陕西与青海的情形类似，在其余 3 项二级指标值微幅上调的情况下，PCI 值下行，引起了 RCDI 值的小幅走低，区别在于陕西的 EAI 增加值没有青海大。

　　根据前述分析，可以将国际金融危机爆发两年后，西部各省（市、区）RCDI 波动进行一个大致的类型划分，具体见表 8-7。

表 8-7　国际金融危机后西部各省（市、区）RCDI 波动的类型划分

省份	二级指标值的变动及影响	类型
宁夏	具有比较优势的 PCI 值增加，RCDI 值上升	比较优势企稳型
重庆	具有优势的 PCI 值增加，RCDI 值上升	优势企稳型

省份	二级指标值的变动及影响	类型
云南	劣势明显的 PCI 值增加，RCDI 值上升	劣势缩小型
广西	具有比较优势的 EAI 和 PCI 值增加，RCDI 值上升	比较优势企稳型
陕西	劣势稳定的 PCI 值下行，RCDI 值减少	劣势扩大型
青海	劣势稳定的 PCI 值下行，RCDI 值减少	劣势扩大型
贵州	劣势明显和稳定的 EAI 和 EEI 值下行，RCDI 值减少	劣势扩大型
四川	具有比较优势的 EEI 值下行，RCDI 值减少	比较优势缩小型
内蒙古	比较优势明显的 EEI 和劣势加大的 PCI 值下行，RCDI 值减少	比较优势下降、劣势加剧型
甘肃	具有比较优势的 PCI 和稳定劣势的 EEI 值下行，RCDI 值减少	比较优势下降、劣势加剧型
新疆	优势明显的 PCI 值下降，RCDI 值减少	优势下降型

在表 8-7 中，列出了划分依据和类型。总体来看，在国际金融危机中，能够保持 RCDI 与人均 GDP 同步增长的 4 个省（市、区），除了云南以外，可以说都是依托比较优势或者优势二级指标值企稳，具有比较典型的"长板支撑"特征；云南算是短板指标逆势增加，具有"短板加长"的特征。而从 RCDI 经济增长弹性系数为负数的 7 个省域来看，又可以区分为 3 种类型。四川、新疆属于具有优势或者比较优势的二级指标值下行，引起 RCDI 值的下降，对此，可以说具有"长板不稳"或者说"长板变短"的特征，属于长板脆弱性较高的省份；内蒙古和甘肃则属于具有比较优势和劣势稳定的二级指标值下行，引起 RCDI 值减少，因此，具有"长板不稳、短板更短"的脆弱性特征；剩下的陕西、青海、贵州 3 省，均属于劣势扩大型，具有典型的"短板脆弱"特征。

五 国际金融危机后西部各省（市、区）RCDI 与人均 GDP 的变动

总结前述分析：在国际金融危机爆发两年后，与 2008 年相比，2010 年西部地区与其他区域人均 GDP 的相对差距缩小；国际金融危机中，2008—2010 年西部地区 RCDI 值的经济增长弹性均为负数，绝对值小于东部地区；同期西部 11 个省域（不含西藏）中，7 个省（市、

区）RCDI 的经济增长弹性为负数，4 个省域为正数；对于各省 RCDI 值
二级指标的分析表明，主要是 PCI 值的变动引起了 RCDI 值的不同变化
方向；结合第七章对西部各省（市、区）二级指标值优劣势的识别，
在金融危机中，西部各省（市、区）RCDI 值的变动大致可以分为三种
类型：四川、新疆属于长板脆弱性较高省份，内蒙古和甘肃具有"长
板不稳、短板更短"的脆弱性特征；陕西、青海、贵州具有典型的
"短板脆弱"特征。

第三节　外部冲击下西部地区自我发展
能力的脆弱性讨论

　　西部地区虽然不是市场激励最强的区域，但是前面的分析表明：在
金融危机的冲击下，西部地区 RCDI 值的下降幅度仅次于东部地区，这
说明西部地区自我发展能力的提升进程，在外部市场冲击下，具有比较
明显的脆弱性。这也正是困扰贫困地区和贫困人口发展的突出问题：相
较于获得数量意义上的收入增长，获得可以持续发展的能力要困难得
多。本节主要通过总结西部地区 RCDI 在金融危机爆发后的分析结论，
探讨降低西部地区自我发展能力脆弱性的治理思路。

　　一　国际金融危机中各区域自我发展能力的脆弱性共性特征

　　我国各个区域 2008—2010 年 RCDI 的经济增长弹性表明：除了东
北地区以外，"区域发展能力的脆弱性高于经济增长"这一判断适用于
其他 3 个区域。因为不论是欠发达的西部和中部地区，还是经济更发达
的东部地区，国际金融危机爆发以后，在经济保持中高速增长的同时，
RCDI 值却出现反方向变动，因此 RCDI 的经济增长弹性为负数。这表
明在外部冲击下，各区域 RCDI 的脆弱性更高：不仅仅是增加值的减
少，甚至改变了变化的方向。

　　需要强调的是，虽然与西部地区相比，东部地区 RCDI 经济增长弹
性的绝对值更高，但是这并不必然表示东部地区 RCDI 的脆弱性高于西
部地区。这主要是因为：与西部地区相比，东部地区 RCDI 值是在高位
波动，所以如果 RCDI 值上升，幅度必然很小；反之，往下波动时更容
易出现较大幅度的走低。更重要的是：对照 2000—2013 年各区域 RCDI

的经济增长弹性，东部地区依然为负数。相对于 2000—2013 年的长期弹性，2008—2010 年考察的是 RCDI 的短期经济增长弹性。东部地区无论从短期还是长期来看，RCDI 经济增长弹性均为负数，这进一步验证了前述判断。相反，其余三个区域，短期和长期的 RCDI 经济增长弹性符号刚好相反。具体表现为：经济发展水平更低的西部和中部地区，短期内 RCDI 经济增长弹性为负数，长期为正数；经济发展水平仅次于东部地区的东北三省则与中西部地区刚好相反——短期为正数，长期为负数。

短期和长期中我国各区域 RCDI 经济增长弹性的符号变化，让我们提出以下假说：给定具有某种稳定属性的地域范围，比如国界、具有交易传统的区域经济共同体等，该地域范围内具有最高经济发展水平的次区域在获得持续经济增长的同时，更难保持 RCDI 值的持续增加；相反，该范围内经济发展水平较低的次区域长期的持续经济增长，更容易引起 RCDI 值的增加；当遇到外部冲击时，最发达的次区域和最不发达的次区域 RCDI 脆弱性更高。检验这一假说，需要更多国家和地区的短期和长期 RCDI 经济增长弹性的经验数据，由于本书只选择了有限年度的数据，现有的测算结果尚不足以检验上述假说是否成立，对此，只能留待后续研究提供更多经验证据进行证伪。

不过，尽管本书因为测算数据的有限性不能提供上述假说的验证，但是并不妨碍我们得出"区域发展能力比经济增长更具脆弱性"这一基本判断。结合长期的 RCDI 的经济增长弹性的属性，上述基本判断隐含的政策含义便是：降低西部地区（欠发达地区）自我发展能力脆弱性的关键是保持经济持续增长。而从经验含义来看，如果西部地区在长期中能够保持经济的持续增长，则被认为是形成了自我发展能力——尤其是当经济增长的过程，同时亦是区域发展差距不断收敛的过程时，自我发展能力的区域差距也必然随之收敛。

二 西部地区自我发展能力脆弱性的典型特征

西部各省（市、区）在国际金融危机后 RCDI 各二级指标值的变动及其对 RCDI 总值变动的影响表明：在外部冲击下，最具脆弱性的是处于劣势的 RCDI 二级指标值。正如表 8 - 7 列出的那样，对于西部地区而言，在国际金融危机爆发后，大多数 RCDI 值上行省份是优势或者比较优势企稳引起的，而绝大多数的 RCDI 值下行则是因为劣势扩大或者加剧引起的。这充分表明：对于整体处于劣势的区域而言，当遇到外部冲击时，脆弱性最高的是"短板中的短板"。

这一结论的政策含义是：补齐短板是西部地区降低 RCDI 脆弱性的关键。与经济发展不同，根据比较优势原理，发展经济强调"扬长避短"，但是，区域自我发展能力的培育不能"扬长避短"，而是必须"补齐短板"。一方面，所谓的短板与长板是相对而言，这意味着己之短板正好是彼之长板。由是，对方增强长板的过程，就是己方短板更短的过程，所以哪怕仅仅是保持短板绝对高度不再短，其相对高度也会在对方长板加长的过程中变短。另一方面，适用于个体选择的通过分工和交易"避短"的逻辑对于具有综合性的区域不具备适用性。市场经济更具效率的重要理由是：对于个体的短板，最好的解决路径是通过分工和交易，实现多方的取长补短，而不要求每个个体都成为没有短板的"完美"个体。但是这一逻辑对于区域而言，显然不具备适用性。因为从分工和交易的视角来看，在区际交易中，一个区域可以被看作一个"交易个体"，这意味着从交易的内容来看，区域之间完全可以进行分工，而分工的原则则是"扬长避短"。比如，与东部地区相比，西部地区提供能矿产品和特色农产品更具比较优势，因此，在区际交易中，可以形成不同的分工。但是，这并不意味着西部地区提供能矿产品和特色农产品的能力短板也可以通过分工和交易来补齐。因为区域发展能力的四个维度对于任何区域都是一样的，无论提供什么产品和服务用于区际交易，都需要 RCDI 四个维度的能力确保能够提供这种产品，而且不在竞争中处于劣势。所以，对于本身处于劣势的欠发达地区而言，要降低 RCDI 的脆弱性，不适用"扬长避短"原则，而是必须补齐短板。

三　西部地区降低 RCDI 脆弱性的关键是缩小发展中的差距

在外部冲击下，区域发展能力脆弱性的共性特征和西部地区的典型特征，共同决定了在经济保持中高速增长的前提下，降低西部地区 RCDI 脆弱性的关键是缩小在发展中的各种差距。

首先，缩小各种经济发展差距。考虑到从长期来看，西部地区 RCDI 的经济增长弹性为正数，因此，对于西部地区而言，经济增长至少包括两层含义：一是保持持续的经济增长，二是在增长中缩小差距。改革开放以来，随着经济的增长，我国区域发展差距不断拉大；在实施区域均衡发展战略以后，就人均 GDP 这一指标来看，区域之间的差距正在不断缩小。但是，衡量区域内部均衡的重要指标城乡差距收敛的速度比较滞后，这对于西部地区而言，在改善区域均衡性的同时，需要同时改善区域内均衡问题。因为若干国家和地区的发展经验已经表明：如果区域内部的均衡性问题解决不好，必然影响区际均衡性的改善。因此，降低西部地区 RCDI 的脆弱性，不仅需要在经济保持中高速增长的前提下，缩小区域之间的发展差距，还需要缩小区域内部的发展差距。

其次，缩小 RCDI 长板和短板的差距。这实际上是改善 RCDI 二级指标的均衡性问题。前面的分析已经指出：降低 RCDI 的脆弱性不能"扬长避短"，而必须"补齐短板"。给定经济增长保持中高速增长的发展背景，在西部地区 RCDI 长期经济增长弹性为正数的前提下，意味着 RCDI 值保持增加态势。很显然，RCDI 值的增加，要么来自优势二级指标值的增加，要么来自劣势二级指标值的增加，要么来自所有二级指标的同时增加。根据对西部地区 RCDI 脆弱性的分析结论：RCDI 值下行的绝大多数省份来自劣势扩大或者加剧，在 RCDI 值增加的过程中，改善长板和短板二级指标的均衡性对于降低脆弱性至关重要。因此，欠发达地区在 RCDI 提升的进程中，缩小长板和短板二级指标的差距，有益于降低外部冲击来袭时 RCDI 的脆弱性。

最后，缩小 RCDI 值的总差距。这要求西部地区保持 RCDI 增加的较高速率，全面缩小与发达地区的差距，从而降低西部地区 RCDI 的脆弱性。

第九章 增强西部地区自我发展能力的
制度供给逻辑与重点

如果不考虑政府"有形之手"对区域发展能力形成的影响，很显然，一个地区自我发展能力的形成是市场主体自发选择的结果。但在现实世界中，自从城市产生以后，政府对特定区域自我发展能力的形成就发挥着至关重要的作用。将城市的概念放大至区域，道理也是一样。因此，给定特定区域的初始条件，要提升该区域的自我发展能力，对于政府而言，主要是供给制度激励的问题。对此，本章将总结前面基于"双激励—四维度"理论框架得到的结论，并综合 RCDI 测算及分析结论，探讨增强西部地区自我发展能力的制度供给逻辑和制度激励重点。

第一节 基于"双激励—四维度"框架和
RCDI 测算的重要结论

总结前面八章的分析，本章从一般意义上对区域发展能力的探讨，以及针对西部地区自我发展能力展开的研究，可以得到以下九个方面的主要结论。

一 "双激励—四维度"框架是分析区域发展能力的一般理论逻辑

这一结论包含以下逐次递进或者相互关联的含义：

第一，西部地区自我发展能力问题是区域发展能力的特殊范畴；反过来，后者是前者的一般范畴。

第二，"双激励—四维度"框架适用于对区域发展能力的一般性理论分析，因此，从一般意义上来讲，也适用于对西部地区自我发展能力问题展开理论分析。

第三，根据"双激励—四维度"框架的理论逻辑，可以得出不同区域提升自我发展能力的不同路径。

第四，在区域发展能力形成的过程中，制度激励与市场激励的相互转化机制是不确定的；只有当两者形成良性互动时，才能可靠地提升区域发展能力。

第五，在制度激励成本高、市场激励失灵的区域，情感激励有可能成为一种低成本的替代选择。

第六，修改制度与市场激励的开放性假设为封闭性假设，区域发展能力的形成取决于制度与市场激励的相互转化方式与转化程度。对此，我国知识青年上山下乡、广西东兴从走私之地成为边境开放城市的案例可提供经验例证。

第七，根据"双激励—四维度"框架的基本逻辑，给定市场负激励假定，对于欠发达地区而言，制度激励是形成区域发展能力的发动因素，市场激励则是区域发展能力形成的起飞、加速和转折因素。

第八，对"双激励—四维度"框架的拓展分析表明：以制度激励启动欠发达地区的自我发展能力提升进程，要素聚集应该被优先考虑。

第九，"双激励—四维度"框架可以解释为什么在要素贫困地区实施具有"去要素聚集"特征的易地扶贫政策，指出这类地区自我发展能力问题的"区域转移"以及能力主体从"区域转换为人口"的"双转"特征，强调培育当地增量人口向区外聚集的能力是关键。

综上可知，正是因为"双激励—四维度"框架对不同类型区域自我发展能力的解释力，本书认为该框架兼具逻辑的抽象性、形式的简洁性、解释力的包容性等特征，是适用于分析区域发展能力问题的一般性理论框架。

二　西部地区提升 RCDI 的核心逻辑是优先以制度激励要素聚集

综合"双激励—四维度"的基本逻辑和扩展分析，得出提升西部地区的自我发展能力，其核心逻辑是优先以制度激励要素聚集。这一核心逻辑既是"双激励—四维度"框架的理论逻辑产出，又是对本书逻辑起点的回应。这一结论至少包括两层基本含义：

第一，西部地区自我发展能力的提升，制度激励是发动因素；

第二，制度激励应优先考虑激励要素向西部地区聚集。

在基本含义之下，隐含的重要结论是：当制度激励启动了西部地区自我发展能力提升的进程之后，正在实施的制度激励能否转化为后续正向的市场激励，是影响这一进程持续性的关键。因此，如何以"政府之手"培育出"市场之花"，是西部地区提升自我发展能力进程中将长期面对的一个重要课题。

三　要素贫困地区面临特殊的区域与人口发展能力问题

我国的易地扶贫搬迁区域是典型的要素贫困地区。与其他区域相比，要素贫困地区面临特殊的区域与人口发展能力问题。

要素贫困地区的制度与市场激励具有典型的"去要素聚集"特征。包括同质性扶贫开发政策提供的制度激励低效或者失效，进而成为市场负激励地区；以及以"易地扶贫搬迁"为主的异质性扶贫开发政策直接提供"去要素聚集"的制度激励。这使得易地移民搬迁政策的实施，在自我发展能力的语境下，成为区域自我发展能力的"转移"问题，以及自我发展能力问题的主体从"区域"转换为"人口"。因此，在当前易地扶贫搬迁的强制度激励背景下，解决要素贫困地区的减贫与发展问题，关键在于迁出人口的自我发展能力向区域自我发展能力这"惊险的一跃"能否实现。

进一步的分析表明：培育要素贫困地区增量人口向区域聚集的能力是关键，对此，应通过实施社区支持计划消除留守儿童现象，进行贫困脆弱性干预，树立"治未贫"的减贫治理思路。

四　与经济增长相比，区域发展能力的形成是一个更长期的过程

对同期各省 RCDI 与人均 GDP 的排序分析表明：

第一，与 RCDI 值排序变化相比，人均 GDP 排序波动更为明显，幅度更大。直接表现为在省份波动类型的区间划分上，与 RCDI 位次波动"稳定型"、"轻微波动型"和"变动较大型"三种类型的划分相比，人均 GDP 的位次变动增加了"变动明显型"这一类。

第二，总体稳定性的差异。在 RCDI 排序分布中，我国 90.3% 的省份属于稳定型与轻微波动型，而人均 GDP 排序分布中，同类省份占比为 64.5%。

这些特征表明：在给定时间内，地区经济增长更容易被观察到有比较明显的变化，但是，区域发展能力的形成则是一个更为漫长的过程。

五　西部是 RCDI "东部—东北—中部—西部"差序格局中的"能力洼地"

本书对各区域省份 RCDI 的测算及分析表明：以 2000 年为起始年

份，我国省级 RCDI 排序的初始格局呈现"东部—东北—中部—西部"的区域差序特征；这期间在"西部向上变动较大—中部向上变动小—东北向下变动最小—东部向下变动小"的变化差序作用下，到 2013 年，依然没有改变这一差序格局。而在 2000—2005 年期间，各区域在 2003—2004 年的紧缩性宏观调控下，亦即在负向的制度强激励下，RCDI 值的变动呈现"东北向下变动大—中部、东部向下变动较大—西部向下变动较小"的变化差序。但是不管是综合的变化差序，还是制度负激励下的变化差序，都没有改变 RCDI 值的区域差序格局。我国 RCDI 值自东向西的稳定差序进一步验证了结论四：与经济增长相比，区域发展能力的形成，是一个长期的过程。近年来西部地区虽然取得了经济增长的高速率，但 RCDI 的改善却仍待时日。

六　制度与市场激励差序可以在很大程度上解释 RCDI 区域差序

制度与市场激励差序对我国 RCDI 区域差序及其变化差序的解释，包括制度激励差序的解释力、市场激励差序的解释力以及两者共同的解释力。

首先，就制度激励差序与我国 RCDI "东部—东北—中部—西部"区域差序的解释与验证关系来看，包括两个层面的若干结论。

在区域层面，制度差序对 RCDI 区域差序的解释包括：

第一，与其他区域相比，东部率先开放 20 年的时间差序，以及东部 35 年强制度激励的强度差序，可以解释 1995—2013 年东部始终居于"东部—东北—中部—西部"RCDI 区域差序格局之首。

第二，西部开发先于东北 3 年、中部 7 年的时间差序，以及西部 15 年较强制度激励的强度差序，可以解释"与 2000 年相比西部地区 RCDI 值增加最快；以及'西部向上变动较大—中部向上变动小—东北向下变动最小—东部向下变动小'的 RCDI 变动差序"。

第三，东北老工业基地振兴战略先于中部崛起战略实施的时间差序，以及东北 12 年制度激励的强度差序，可以解释在 2005 年出现谷值以后，东北三省 RCDI 值均有比较明显的增加。

第四，中部崛起战略最后实施的时间差序，以及中部地区 8 年弱制度激励的强度差序，可以解释以 2000 年为基点，在"西部向上变动较大—中部向上变动小"的差序中，中部地区 RCDI 值的增加幅度小于西部。

在制度激励差序的省域层面，制度差序对 RCDI 差序的解释包括：

第一，上海、浙江、重庆和云南适用 3 项区域政策的制度激励强度差序，可以解释除云南以外，其余 3 个省域的 RCDI 变动。2000—2013年，在东部地区 RCDI 均值向下变化 0.94 的总体趋势下，浙江增加3.72，排名上升 1 位；同期上海 RCDI 值增加 3.10，排序升上 1 位，并保持在第一位；重庆比 2000 年增加 6.59，排名前进 4 位；云南例外，RCDI 值下降 1.87，排名降低 2 位。

第二，山西、河南和山东 3 省仅适用 1 项区域政策的制度激励强度差序，可以解释与 2000 年相比，山西 2013 年 RCDI 值下降 2.10，排序下降 1 位；河南 RCDI 值仅增加 0.08，低于同期中部地区平均 0.41 的增长幅度；山东 RCDI 值下降 0.27，在东部地区位次总体居首的情况下，山东位次下降 1 位。

其次，市场激励差序对 RCDI 区域差序以及变动差序的解释包括：

第一，东部市场稳定激励可以解释东部稳居"东部—东北—中部—西部" RCDI 区域差序格局之首。

第二，东北市场强激励，可以解释东北向下变动最小以及 2013 年比 2005 年 RCDI 值增加最大的变动差序；可以解释东北始终稳居"东部—东北—中部—西部" RCDI 区域差序格局次席。

第三，西部市场微激励，可以解释西部在"东部—东北—中部—西部" RCDI 区域差序格局一直靠后，以及同期西部向上的较大变动。对于后者，结合西部制度激励的时间和强度差序，更具解释力。

第四，中部市场弱激励，可以解释中部向上变动较小的变动差序，以及始终保持"东部—东北—中部—西部" RCDI 区域差序第三。

第五，从省域来看，市场激励的差序对于 RCDI 的解释力适用于66.7% 的省份，在较大程度上解释了各省 RCDI 值的变动方向。

最后，就制度与市场激励差序本身的变化及其对 RCDI 的共同影响来看，研究结论包括：

第一，我国的区域制度激励，虽然仍然存在区域差序和优先序，但是，在时间差距缩小、空间覆盖率提高、省域试点的区域均衡性提高、区域同步布局试点省域、补偿性区域均衡布局以及地方制度竞争的共同作用下，制度激励的均衡取向日趋明显，区域制度激励差序趋向收敛。

第二，"胡焕庸线"是我国人口要素聚集密度的分割线，该线始终没有突破的根本原因，只能解释为市场激励的稳定作用机制，这可能意味着对于区域均衡发展而言，在长期中发挥决定性作用的因素，是市场激励而非制度激励。

第三，给定一个初始的激励差序格局，要改变这种差序，对于后发区域而言，最重要的不仅仅是同一时段提供相同强度、甚至相对强度更大的制度激励，而是将制度激励转化为市场激励，这要求所有的制度激励聚焦"培育市场"而非"替代市场"。

七 西部地区 RCDI 的经济增长弹性最大，省域分化明显

第一，区域层面看，比较 2013 年与 2000 年的 RCDI 值，西部地区 RCDI 位次总体靠后；与其他区域 RCDI 值差距的收敛速度小于经济增长速度；与其他区域相比，西部地区 RCDI 值的经济增长弹性明显要高很多。

第二，从区域内部看，西部地区各省（市、区）RCDI 呈现两大特征：RCDI 值分化比较明显；各省（市、区）RCDI 经济增长弹性系数差异很大。其中，根据 RCDI 值的分布，可以区分为三个层次：第一集团重庆、四川；中间梯队广西、陕西、内蒙古、新疆和云南；最弱省域贵州、宁夏、甘肃和青海。根据西部各省域 RCDI 值的经济增长弹性特征则可以划分为：经济增长弹性较大省域有青海、重庆和新疆；经济增长弹性有限省域包括甘肃、四川、陕西和贵州；经济增长弹性趋零省域有内蒙古和宁夏；经济增长弹性为负省域包括广西和云南。综合这些省域特征，从 RCDI 提升的视角来看，重庆、青海和新疆属于经济增长较强带动省域；四川、甘肃、贵州和陕西属于经济增长较弱带动省域；云南、内蒙古、广西和宁夏属于特殊困难省域。

八 西部地区 RCDI 值的优劣势表现为两长两短，省域分化明显

通过对西部各省（市、区）RCDI 值四个维度——即二级指标值的比较分析，可以在两个层面识别各省 RCDI 的长板与短板。

一是从区域层面看，西部地区 RCDI 的四个维度中，相对长板是 PCI 和 RCI 值代表的产品竞争力与资源环境承载能力；短板是 EAI 与 EEI 值代表的要素聚集能力与要素配置效率。

二是从省域层面看，可以得出西部地区各省（市、区）的长板和短板。

根据前面对各省（市、区）RCDI 二级指标的比较分析，四川省属

于 EAI 优势加大和 PCI 比较优势加大的稳定成长型省份；重庆属 EEI 比较优势加大和 PCI 优势缩小的非均衡上升型省份；广西属于 RCI 优势缩小和 EEI 劣势扩大的全面下降型省份；陕西属于除了 PCI 保持稳定劣势外，其余 3 项指标优势都在加大的快速上升型省份；内蒙古一方面 EEI 比较优势明显和 RCI 比较优势扩大，另一方面 EAI 劣势稳定和 PCI 劣势加大，属于短板明显的上升型省份；新疆也属于短板明显、均衡性很差的上升型省份，表现为在 EEI 比较优势明显和 PCI 优势明显的同时，EAI 和 RCI 劣势扩大；贵州属于 PCI 比较优势明显和 EAI 劣势明显的比较优势缩小型省份；宁夏、甘肃和青海都属于自我发展能力最弱的省（区），其中，宁夏属于下降型，甘肃属于基本稳定型，青海属于稳定型。

对西部地区 RCDI 的经济增长弹性与长短板识别，其政策含义包括经济增长对提升西部地区自我发展能力至关重要；根据各省 RCDI 的经济增长弹性差异，实施差别化的省域经济增长策略；突出区域层面的"固长补短"思路，集中提升 EAI 和 EEI 两个短板，加固 PCI 和 RCI 两个长板；突出省域层面的"固长补短"思路，西部各省（市、区）应根据本省域 RCDI 的长短板情况，针对性改善 RCDI 的均衡性，提升 RCDI 位次或者绝对值。

九　国际金融危机后西部地区 RCDI 的脆弱性较明显

2008 年金融危机爆发后，虽然西部地区与其他区域人均 GDP 的相对差距缩小，但 2010 年各区域 RCDI 值普遍呈现下降趋势；西部地区下降省份比例仅次于东部地区，呈现"东部—西部—中部—东北"的区域变化差序；区域 RCDI 均值下降幅度也呈现相同的区域变化差序；2008—2010 年西部地区 RCDI 值的经济增长弹性均为负数，绝对值仅小于东部地区，位居第二；无论 RCDI 值下降还是增加，主要是 PCI 值的变动引起；这些变动大致可以分为长板脆弱性较高、"长板不稳、短板更短"的脆弱性特征以及"短板脆弱"三种类型。因此，降低西部地区在外部冲击下 RCDI 的脆弱性不仅需要保持持续的经济增长，而且不能"扬长避短"，而是需要补齐短板，最重要的是在经济增长和 RCDI 提升的过程中，不断缩小与发达区域的各种差距。

第二节　增强西部地区自我发展能力的
制度供给逻辑

　　在区域发展能力形成与提升的过程中，虽然从长期来看，市场激励起着根本性的作用，西部地区当然也不例外。但是，因为市场激励的形成是一个长期的过程，所以，在短期内要加快提升特定区域的自我发展能力，需要探讨的问题是制度激励的供给问题，以及制度激励如何尽快转化为市场激励的问题，而不是直接提供市场激励的问题。这就涉及制度激励的供给逻辑问题。根据前面得出的研究结论，从政策含义的视角来看，提升区域发展能力的制度供给逻辑包括：市场激励取向逻辑、优质劳动力要素优先聚集逻辑、国家制度供给的均衡逻辑以及地方制度供给的竞争逻辑。

一　制度供给的市场激励取向逻辑

　　强调制度激励的供给问题，并不意味着在区域发展能力提升的过程中，制度与市场激励适合纯粹的二分法；相反，无论是制度激励，还是市场激励，都不是独立发挥作用的单一动力机制，而是相互依存共同发挥作用。制度与市场激励共同发挥作用的这一特性，要求制度激励的供给应瞄准市场激励的增强，而不是以制度激励替代市场激励，或者以制度激励的增强削弱市场激励的作用。只有这样，才有可能通过制度供给，启动并增强制度激励与市场激励的良性转化机制，真正有助于区域发展能力的提升。

　　西部地区在追赶东部地区的过程中，因为市场激励不足，所以政府主导力度很大。从国家实施西部大开发战略来看，以政府的"有形之手"主推落后地区的经济社会发展，是均衡区域发展差距的重大战略举措。但是，地方政府在实施过程中，往往侧重于以"政府之手"替代"市场之手"，而忽视了以"政府之手"培育出"市场之花"，以至于西部地区在经济快速发展的过程中，与经济差距的收敛速度相比，RCDI 值与其他区域的收敛速度明显偏慢——虽然西部地区 RCDI 值的经济增长弹性远远高于其他地区。在现实中，这种收敛速度的差异，直观地表现为：一方面，国家不断加大对西部地区的政策支持力度，西部地区也不断出台各种优惠政策，以吸引要素向西部聚集；另一方面，我们却观察到西部地区的人才仍然在不断地流失，呈现出"政策向西，市场向东"的要素流动态势。西部地区要改变这种制度激励与市场激励相互抵消的局面，必须树立"政府培育市场而不是替代市场"的制度供给观念，否则，只能导致制度激励无效，或者制度激励成本极高。

因此，制度供给的市场激励取向逻辑可以概括为：政府在提供制度激励时，切记不能越界，不能以政府压制市场，更不可以政府替代市场，而是围绕培育市场提供制度激励。

二　制度供给的优质劳动力要素优先聚集逻辑

前面的分析已经表明：西部地区提升自我发展能力，应该优先考虑以制度激励要素向西部地区聚集，即制度激励要素聚集的优先序问题。随着研究进展，这一结论可以被更为准确地表述为：西部地区提升自我发展能力的制度供给优先序是"优先供给吸引优质劳动力要素向西部聚集的制度激励"。

与之前的表述相比，新的表述增加了两个重要的限定词："劳动力"和"优质"。之所以在要素的前面加上"劳动力"这一限定词，是因为在所有的要素中，劳动力要素具有能动性与"溢出效应"。对于一个特定的区域而言，如果能够聚集相当数据的劳动力要素，相应的资金、技术、企业家才能、制度改革等要素都能够被内生出来。所以，人口聚集具有溢出效应和规模效应，这也是为什么当前有不少研究结论强调：虽然大城市很拥堵，存在典型的"城市病"，但是相对于大城市人口聚集的溢出和规模效应，这些都是可以通过管理得到改善的问题，因此不应该限制大城市的发展规模。换言之，对于 RCDI 的提升而言，在四个维度中，要素聚集应该被优先考虑；而在要素聚集中，劳动力要素应该被优先考虑。

进一步地，在劳动力要素中，优质劳动力要素应该被优先考虑。因为在欠发达地区提供制度激励的同时，市场激励依然在发挥作用。而不管是本书的假设还是经验事实都表明：相对于发达地区，欠发达地区的市场激励多表现为正向弱激励，甚至负向强激励。这意味着在欠发达地区提供正向的强制度激励时，市场弱激励或者负激励会"拆台"，抵消制度激励的正向作用。就要素聚集来看，在现实中，最典型的表现为优质劳动力要素外流。

当前在西部地区，主要表现为两个层面的优质劳动力要素外流。一是受过高等教育的高层次人才依然从西部流向中东部。这方面的总体数据很难找到，但是典型个案却不时见诸报端。比如《中国科学报》以《西部大开发第 15 年：西部人才加速"失血"背后》为题①，关注西部高校人才流失问题。该专稿引用中科院地质与地球物理研究所兰州油气资源研究中心研究员李中平的话："我们所近些年流失的人才，在北京都可以建一个新的地质所了"——以说明西部地区人才流失的严重性。这几年虽然一些研究宣称西部人才"孔雀东南飞"的态势出现了逆转，但是《光明日报》的深度报道《"挖"人才创一流的隐忧——高校人才"孔雀东南飞"现象透视》②，却以典型个案说明形势远远没有那么乐观。报道中称"比如，广东某高校将西北某高校的骨干'连锅端了'，一位不愿透露姓名的高校负责人告诉记者，'最后都引起公愤了'"。除了高层次人才的严重外流以外，第二个层次的人才外流是青壮年农民工的外流。相对于农村的老年人口，青壮年农民工无疑是优质劳动力要素。在市场激励的作用下，这些农民工年轻的时候到沿海务工，到45—50 岁时，不能在务工城市定居的农民工再返回原住地务农养老。可以预见，如果欠发达地区不能够通过制度激励改变优质劳动力要素的流向，在市场机制的作用下，最终聚集在欠发达地区的都是竞争力更弱的劳动力人口。人作为发展的主体，如果人的素质和人口结构得不到改善，区域的发展能力自然无从谈起。因此，西部地区作为我国发展相对滞后的区域，要通过制度激励提升自我发展能力，必须优先考虑通过制度激励吸引优质劳动力要素的聚集。

三　国家制度供给的均衡逻辑

区域差距和城乡差距在任何国家和地区都存在，但对于幅员辽阔、人口众多的大国而言，这一问题更加突出，也更具挑战性。

进入 21 世纪以后，与早期的"率先"思路不同，我国区域政策的"均衡"取向越来越清晰。这从综合改革试验区到 2016 年确定的国家级生态文明试验区、自贸区在东、中、西部的均匀分布，均有所体现；

---

① 冯丽妃：《西部大开发第 15 年：西部人才加速"失血"背后》，《中国科学报》2014年 2 月 21 日第 4 版。

② 柴如瑾、晋浩天：《"挖"人才创一流的隐忧——高校人才"孔雀东南飞"现象透视》，《光明日报》2017 年 3 月 20 日第 1 版。

此外，与早期东部沿海地区"向东开放"不同，"一带一路"倡议是"向西开放"，这些都体现了国家层面均衡性的制度供给思路。

国家区域政策从"优先序"取向向相对"均衡施策"的取向转变，对于落后地区而言，是历史性的政策机遇。但是，由于前期的差距悬殊，"均衡"的区域制度供给，不一定必然导致相对均衡的发展格局。因此，对于自我发展能力最弱的西部地区，国家在提供均衡制度激励的同时，有必要考虑其薄弱的发展基础，针对区域短板提供针对性的制度激励，推动制度供给的区域均衡向制度激励效果的区域均衡发展。

关于区域制度供给均衡取向的另一个重要逻辑是：区域发展和保护政策的均衡性。目前对于东部地区，国家提供的发展性制度激励比较多；而对于西部地区，提供的保护性制度激励则更多。

以 2016 年国家对装配式建筑产业的政策支持为例，根据《国务院办公厅关于大力发展装配式建筑的指导意见》（国办发〔2016〕71 号）文件，要"大力发展装配式混凝土建筑和钢结构建筑，在具备条件的地方倡导发展现代木结构建筑"；并决定以京津冀、长三角、珠三角城市群和常住人口超过 300 万的其他城市为重点，加快提高装配式建筑占新建建筑面积的比例。很显然，虽然也指出要在"具备条件的地方倡导发展现代木结构建筑"，但是首批试点地区依然选择了东部地区，使得国办发〔2016〕71 号文件事实上成为主要面向东部提供的强制度激励。而从西部地区来看，广西、云南、贵州等森林覆盖率高的省份，都有条件发展"现代木结构建筑"，而且也具有深厚的传统优势。但是，因为没有得到同等的政策激励，可以想象，若干年后，这些地区与东部地区在装配式建筑产业领域的水平与能力差距，极有可能是"有"和"无"的差距；而如果国办发〔2016〕71 号文件同时将西部地区一些省份列为试点，则应该而且也更有可能是"大"与"小"的差距；更乐观一点的情形是：东部地区发展的是"混凝土"和"钢结构"装配式建筑，而西部地区发展的是"现代木结构"装配式建筑，因此，两个区域在装配式建筑方面的不同不是表现为"差距"，而是表现为"差异"！而从市场竞争的角度来看，"差异"是市场竞争力的基础。只有当各区域不同的装配式建筑产品都在市场上站稳脚跟，具有各自的核心竞争力时，才能表明激励装配式建筑产业发展的这项制度供给，最终实现了制度激励向市场激励的转化，形成了装配式建筑产业发展真正有效的制度供给。

因此，国家制度供给的均衡逻辑至少包括三层含义：第一，从区域制度供给的"率先"选择转向"均衡"取向；第二，从实现制度供给均衡向制度供给效率均衡演进，对后发地区提供针对性的制度供给激励；第三，面向落后地区提供的制度激励，注意"发展性激励"与"保护性激励"的均衡。

四　地方制度供给的竞争逻辑

与国家的区域制度供给均衡取向不同，对于各级地方政府而言，制度供给的主要逻辑是竞争。自改革开放尤其是市场化改革以来，我国区域差距的拉大，制度激励差序是重要的原因之一；而对于同一区域内的省份而言，地方制度竞争同样是省域差距的重要原因。比如同为西部地区的云南和贵州，在引进人才方面的政策差异，必然形成人才引进方面的制度供给竞争。同样，在贵州省内，遵义市与毕节市的人才政策差异，也形成两地的制度激励竞争。因此，各级地方政府为当地社会经济发展提供的差异化制度激励，除了要遵循"制度激励的市场激励取向"原则以外，还必须考虑其制度激励的竞争力。

与区域差距一样，省域之间也存在明显的差距；更确切地说，前者不过是后者在区域层面的集合表现。同样的道理，在省域内部也存在地区差异。因此，发达省份和发达地区的制度供给竞争逻辑，又有别于落后省份和地区的制度供给竞争逻辑。

对于发达省份或者地区而言，制度供给竞争的核心逻辑是"制度创新"。虽然与经济发展水平不完全匹配，但是就总体而言，发达省份的市场化指数一般也要高于经济落后省份。这意味着发达省份的市场激励普遍高于落后省份，根据制度与市场激励的相互转化机制，发达省份在发展过程中，市场内生的制度需求往往要高于落后地区。同时，这些内生的制度需求之所以被界定为"需求"，就是因为现有的制度安排中缺乏相关的对应内容。所以，从制度供给的角度来看，需要提供新的制度激励，以满足这些内生的制度激励需求。正是从这样一个意义上来看，发达省份制度供给竞争的核心逻辑是提供创新性的制度供给，以满足市场发展中内生的制度需求，让市场激励与制度激励的良性转化机制运转起来。同样的道理也适用于同一省域内的不同地区、同一地区内同行业的不同单位等，要作为所在领域的引领者，制度供给的创新性不可或缺。

对于落后省份或者地区而言，制度供给竞争的核心逻辑是"跟随式制度供给+特色创新"。制度创新有成本，只有当创新性的制度安排实施收益大于成本时，制度创新才有可能发生。对于落后省份而言，往往难以支付制度创新的高额成本，所以填补空白式的制度创新可能性较小。但是，在开放的环境下，如果制度激励明显不如其他省份，则必然导致省内要素的流失——主要是人才和资金的外流。

因此，对于落后省份和地区而言，首先要做到的是"跟随式制度供给"，即与发达省份以及相邻省份相比，即使不能做到"人无我有"、"人有我优"，也一定要做到"人有我有"；否则，如果长期处于"人有我无"的制度弱激励状态，必然在制度竞争中处于劣势。而且，落后省份跟随的省份选择也具有优先序。与跟随发达地区的制度供给相比，更重要的是跟随周边相邻省份的制度供给。因为要素流动尤其是人才的流动也有机会成本。以人才要素为例，影响其流动抉择的不仅仅是可见的经济收益，一些难以量化的机会成本可能会发挥更重要的作用。比如已有社会关系网络的持续性、与亲人团聚的便利性、文化差异引致的融入成本等，综合评判上述各种因素，对于落后地区的人才而言，更多的选择可能是具有制度激励比较优势的邻近省份，而非具有制度激励绝对优势的发达地区省份。

其次，不仅制度创新有成本，制度跟随也同样有成本。尤其是一些以经济激励为主的制度供给，东西部因为财力悬殊，西部地区在制度跟随中绝不可"东施效颦"。这就要求在制度供给的跟随中，尽可能进行本土化的特色创新，以降低制度供给成本，提高制度供给收益。至于这种本土化的特色制度创新供给的具体内容，则很难一概而论，需要针对具体的事项展开。举个例子来看，各省（市、区）在"人才政策"上的竞争，比照国家自1998年实施的"长江学者奖励计划"等制度供给，各省（市、区）纷纷出台省级层面的人才奖励计划，比如广东的"珠江学者"、四川省的"天府学者"、福建省的"闽江学者"、山东省的"泰山学者"、安徽省的"黄山学者"、陕西省的"华山学者"，等等，不一而足，这些省份虽然都是跟随国家的"长江学者奖励计划"，但是各地均有不同；这些差异，正是"量体裁衣"式特色制度供给的最好诠释。

综上，地方制度供给的竞争逻辑，对于发达省份和地区而言，核心要义是"制度创新"；对于欠发达省份和地区而言，关键则在于"制度供给跟随 + 特色创新"。

第三节　西部地区提升自我发展能力的制度供给重点

在制度激励的供给逻辑下，因为西部地区各省（市、区）RCDI 值的经济增长弹性分化明显，基于 RCDI 值的二级指标识别的优劣势也各有不同，因此，本节分别探讨提升四个维度的 RCDI 二级指标值的制度供给重点。

一　提高要素聚集能力的制度供给重点

在所有的生产要素中，除了土地不可移动以外，其他要素的流动性都很强。因此，提高要素聚集能力的重点有两个：一是要保障土地要素的生产力；二是要提高流动性要素的净流入率。

对于保障土地要素的生产力，包括"量"和"质"两个方面。就"量"而言，我国早就划定了"18 亿亩耕地红线"，但在城镇化进程中，土地的非农化是刚性需求，所以，平衡城市化用地与保障粮食安全的农业用地需求，成为各地土地管理的棘手问题。为了解决这一问题，"耕地占补平衡"等制度安排也随之产生，并不断修改完善。但是，土地要素生产力的保障和改善永远都面临新的问题和挑战，因此，相应的制度供给也需要不断进行调整和完善。从"质"来看，主要是确保现有土地质量不下降，甚至不断改善，产出率不断提升。

从国家层面来看，对保障土地要素生产力的制度供给，至少有以下四大重点：

第一，严格实施已有制度安排。比如对土壤面源污染的治理与控制，不能只强化制度安排的完善，不重视制度安排的实施。

第二，提高土地要素制度供给对市场内生需求的响应速度。随着我国经济社会的发展，土地资源一方面非常紧缺，另一方面农村撂荒的情形也非常普遍。究其原因，制度供给严重滞后于制度需求是不可忽视的重要方面。比如关于农村宅基地的相关交易规定，一直到 2016 年 9 月

29 日，在由国土资源部、国家发展改革委、公安部、人力资源社会保障部和住房城乡建设部五部委联合下发的《关于建立城镇建设用地增加规模同吸纳农业转移人口落户数量挂钩机制的实施意见》（国土资发〔2016〕123 号）中，才明确允许"进城落户人员在本集体经济组织内部自愿有偿退出或转让宅基地"。这与之前相比，已经大有进步，但是与当前对农村宅基地交易的制度需求相比，仍然滞后太多。在调研中课题组了解到，对农村宅基地和农地的需求，除了来自村集体外部的新型经营主体以外，还有来自广大边远地区的农民。对于这部分需求，目前比较普遍的做法是采用易地移民搬迁的制度供给。但是全国各地的易地扶贫搬迁遇到的"搬得出"却"稳不住"的共同难题，表明这项制度供给成本高，效率低。相反，制约农民自发搬迁的制度藩篱，却迟迟没有拆除。由于土地政策是国家的根本政策，地方虽然可以进行特色创新，但从根本上的推进，依然需要国家层面的制度供给创新。

第三，鼓励地方制度创新，盘活土地资源。在现有的制度框架下，赋予地方政府和村集体土体管理的创新权利，只要不违背国家大政方针，鼓励地方进行本土化创新，盘活土地资源。比如同样是发展农村集体经济，沿海地区的做法与贵州六盘水的"三变"做法，就存在若干差异，而且，正是这些差异，提供了制度多样性的可能，为区域性的制度激励均衡夯实了基础。

第四，强化实施城乡规划及管理。随着我们城镇化进程的推进，以及人口总量和结构的变化，编制具有前瞻性的城乡规划至关重要。在很多贫困的边远山区，不时会看到一栋栋堪称金碧辉煌、与当地环境极不相称的农家大楼，突兀地矗立在公路两旁。这些楼房之间几乎没有间隔，紧密相偎，完全不考虑消防通道和未来的停车位置；很多农户对公共用地的占用也到了极限，形成自家的院坝很大、公共通行道路十分狭窄的不合理局面。可以预见，随着农村人口的城镇化率提高，这些楼房的绝大部分都将在不远的将来被废弃。这不仅造成农户财产的不必要损失，而且也是对土地资源的极大浪费。对此，国家应该进一步加强对城乡规划的编制与管理，避免农民财产和土地资源的不必要浪费。

从地方政府层面的制度供给来看，要保障所辖范围内的土地生产力，同时激活土地要素的财产性权利，所要做的也不外以上四个重点。不过，作为城乡规划的实施单位，各级地方政府在这方面承担的责任比中央政府更为具体。需要综合考量农村人口迁出后的村寨空心化趋势、当地农业生产土地资源状况等因素，高标准、高起点超前规划，在激活土地资源方面"弯道取直"，夯实国民经济发展的农业基础，同时为当地城镇化发展提供合理而充足的土地利用空间。

事实上，在土地资源的城乡配置问题上，除了土地财政导致的用地冲动以外，土地资源难以盘活、用地缺乏合理而长远的规划，是激活土地要素资源的一个重要制度约束。虽然各地都有土地利用控制性规划和详细规划，但是这些规划主要依据国家和各省的主体功能区规划编制，因此，限制比较严格。以县级土地规划来看，在城市用地方面，主要向县城倾斜。这在平原地区，可能具有较大的适用性；但是在土地破碎的山区，则未必合理。尤其是在一些有人口大镇的山区县城，这一点制约尤为明显。对此，县级国土部门应该会同相关部门，充分考虑当地的乡镇分布特点、发展潜力，尤其是随着交通条件和区位的改变，带来的新机遇等，编制合理的县域土地规划，科学规划城乡建设用地。

城乡规划问题是事关激活我国土地要素的大问题，最近国家制度供给回应了这一需求。在2015年11月2日中共中央办公厅和国务院办公厅印发的《深化农村改革综合性实施方案》中，就明确提出要"尽快修订完善县域乡村建设规划和镇、乡、村庄规划，在乡镇土地利用总体规划控制下，探索编制村土地利用规划，提高规划科学性和前瞻性，强化规划约束力和引领作用"。所以，地方政府在本轮农村土地利用规划修订中，如何发挥好自身的优势，切实提高当地城乡土地规划的可行性、科学性和前瞻性，对于激活辖区内的土地资源至关重要。

对于具有流动性的生产要素，在开放经济下，要冻结其流动是不现实的，哪怕仅仅是尝试也必然带来极高的实施成本。因此，关键是要提高这些要素的净流入率。对于西部地区而言，则包括两层含义：一是控制要素外流趋势，尽量降低净流出率；二是吸引外部要素向西部地区聚集，实现要素流动的"盈亏"平衡，直至由负转正，实现要素流动态势从外流向聚集的方向性转变。

在所有这些流动性要素中，人力要素是根本。只要人力要素的净流入率提高，一般情况下（比如战争时期的难民涌入就属于特殊情况），则资本、技术等要素必然随之流入。因此，提高流动性要素的净流入率，也有四个制度供给重点：

第一，所有面向流动性要素的制度激励，都将"以人为本"放在首位，以留住人心为宗旨。基于经济增长模型对资金和技术的强调，发展中国家由于人口红利丰厚，因此在发展之初对资金和技术的引进十分重视，而相对忽略了人力要素。现实中对"招商引资"的高度重视，便是例证。但是，在实施中，重"招商"轻"安商"的做法比比皆是，出现"开门招商，关门打狗"、"招商"变"招伤"、"筑巢引凤"变成"雁过拔毛"等令外来人力要素胆寒的做法，非但没完全起到引资的口碑效应，反而在声誉机制的作用下被评为"信用缺失"。所以，对于提高区域内流动性要素的净流入率，最根本的是要树立制度激励以人为本的基本理念，而不是为了完成任期内的指标考核，而不择手段、不计成本地提供制度激励。

第二，国家层面高度重视增量人口的人力资本投资。对于人力资本投资的重要性，此处无须赘述，相关的政策建议也非常丰富。这里除了重申一些共识以外，同时也提出几点新的建议，要点包括：提高教师待遇，改善教师工作环境；建立乡村教师弹性工作制度，充实乡村教师队伍；提供家庭教育支持，消除留守儿童现象；建立学科建设的合理机制，提高高等教育满足社会人才需求的能力等[①]。

第三，对落后地区，应优先响应区域内存量人力要素的制度需求，稳定区域内人才队伍。在追赶发达地区的过程中，落后地区越来越重视人才引进工作，这一制度供给取向本无可非议。但是，在实施过程中，由于分别施策，"招来女婿气走儿子"的现象时有发生。这等于制度激励的效果为0——对于区域人才总量的增加，毫无实质性影响。因此，与重视人才引进相比，落后地区更应该优先解决"人才不兴"的问题。通过快速响应区域存量人力资本的制度需求，激活存量人才队伍，提高

①　我国当前学科建设的制度激励主导特征，往往会导致高等教育对市场反应迟缓，人为造成人才缺口。比如，根据《华西都市报》2016年2月18日的报道《全国医科院校儿科系停止招生已16年》，近5年来，我国儿科医生总数从10.5万下降到10万，平均每1000名儿童只有0.43位儿科医生，距离全国平均每千人配备2.06名医师水平甚远。据测算，我国的儿科医生缺口为20万。而之所以形成如此巨大的人才缺口，原因很多，但就制度激励而言，主要有两点：一是从1999年起，国内大多数医学院校停止招收儿科本科专业，目前全国仅有少数几家医学院校在招收儿科专业本科生。全国医科院校儿科系从1999年停止招生至今16年，其间，我国儿科医生仅增加了5000名；二是公立医院公开招考设置条件时，人社部门要求严格根据教育部的目录招考，这导致儿科学生无法进入公开招考的范畴（http://gaokao.eol.cn/）。

人才使用效率；通过降低人才外流率，稳定区域内人才队伍；通过稳定
人才队伍，改善当地人才工作环境，吸引更多的外来人才流入，实现人
才向区域聚集的目标。

第四，为科研创新和 R&D 提供足够激励。激励科研创新，重点是
建立科学的考评机制和经费资助机制，并完善工作机制。激励区域内的
R&D 活动，直接向企业提供研发资金不应成为制度供给的重点，重点
是根据本区域内产业发展的需要，建立持续攻坚的配套支持体系。以贵
州为例，从产业发展的比较优势和历史产值贡献来看，白酒、茶、中药
材、煤磷矿产品、特色食品（比如辣椒制品）等成为地方经济主要支
撑。因此，贵州省对 R&D 的支持重点应围绕上述产业展开。以中药材
产业为例，除了编制规划以外，还应加强相关学科建设，做好人才储
备；设立持续的专项攻坚支持计划，夯实研究基础；收集编撰民间偏方
验方，为科研攻关提供传统知识支撑；狠抓中药材生产加工标准化工
作，争取让贵州省的地方性标准成为通用标准；建立具有贵州特色的中
医诊疗体系，培养中医人才，为中药材产业发展提供市场支撑。总之，
对科研创新和 R&D 的制度激励，不是单一的经费资助和项目支持问题，
而是建立系统的支持体系。而且，西部各省（市、区）虽然可以实施
一些"共性"制度激励，但是更重要的是立足本省实际，针对性地提
供制度激励供给，满足当地发展中的制度需求。

要素聚集能力是西部地区 RCDI 的短板，因此，对于整个地区而
言，以制度安排激励要素聚集至关重要，这也是我国西部大开发的主旨
思想。而具体到西部地区的各个省（市、区），RCDI 的优劣势又有所
区别，主要是针对性地提供制度激励，吸引要素聚集发展。

二　提高要素配置效率的制度供给重点

要素配置效率的提高，既和技术有关，也和制度安排有关。和技术
有关的部分，大部分内容与激励科研创新和针对性的 R&D 活动重复，
因此，这里主要讨论制度安排引起的要素配置效率提高。根据本书前面
的分析，激励要素配置效率提高的制度供给重点，包括四点：一是加快
国有企业改革进程；二是建立企业家的发现机制；三是建立有效率的生
产要素市场；四是建立城乡要素的双向流动机制。

首先，加快国有企业改革进程。这主要是国家层面的制度供给问
题。2015 年 8 月 24 日发布的《中共中央、国务院关于深化国有企业改

革的指导意见》，是指导我国国有企业现阶段改革的纲领性文件，分别从分类推进国有企业改革、完善现代企业制度、完善国有资产管理体制、发展混合所有制经济、强化监督防止国有资产流失、加强和改进党对国有企业的领导和为国有企业改革创造良好环境条件等七个方面，提出了国企改革的方向和路径。从要素配置效率来看，国有企业提升的空间很大，因此，继续加快国有企业改革进程，对于提高全社会的要素配置效率至关重要。

二是建立企业家的发现机制。企业家作为一种异质型人力资本，是人力资源中最具创造力的群体，也是能够有效提高要素配置效率的核心人群。正是因为企业家人力资本的异质性，所以，企业家不是被培养出来的群体，而是以某种激励机制被发现的群体。比如我国改革开放前的温州，是浙江最贫困的地区之一，但是在实施改革开放政策之后，仿佛在一夜之间，涌现出大量优秀的民营企业家。制度激励对企业家群体的发现机制作用，由此可见一斑。在我国的社会主义市场经济体制中，国有企业改革的另一面，就是加快民营企业的发展，而这当然以企业家群体被发现出来为前提。建立企业家的发现机制，除了当前"大众创业万众创新"这一孵化机制以外，还有一个重要的改革内容是理顺我国各行各业的收入分配机制。由于存在制度壁垒，所以各行业的收入非常不均衡，这必然吸引劳动力向高收入行业和部门聚集。而从当前我国大学毕业生群体的就业选择来看，公务员热依然没有降下来。毫无疑问，公务员队伍需要优秀的人才，但是，从创造社会财富的角度来看，公务员的工作并不直接创造社会财富，而是通过税收的方式分享全社会的物质财富创造。这就意味着，由于大多数大学生都热衷于报考公务员，一些具有企业家潜质的人才，可能没有被发现出来。相反，如果有一天，当报考公务员不再成为大学毕业生的首选，越来越多的人选择到企业就业，那么具有企业家潜质的人，被发现出来的可能性必然大大增加。所以，建立企业家的发现机制，除了当前大力倡导的"大众创业万众创新"以外，更重要的是建立大学生（最具潜力的人才群体）首先到企业就业的制度激励。显然，这种制度激励不是直接给就业补贴，而是理顺收入分配关系，建立有利于要素配置效率提高的收入分配机制。

三是建立有效率的生产要素市场。我国自启动市场化改革至今，产品与服务的市场化进程已基本完成，严重滞后的是生产要素市场。要提高要素配置效率，必须建立有效率的生产要素市场。土地要素市场，前面已经讨论过，此处不再重复。对于资金市场，至少有三个重点：一是提高国有商业银行的运营效率，严控金融风险；二是多措并举，解决中小企业贷款难问题；三是为充裕的民间资金提供参与实体经济的投资通道，降低资产泡沫。对于技术市场，严格知识产权保护；畅通产学研一体化通道，支持和保护技术股东的权益。对于劳动力市场，依然是理顺分配关系，减少人力资源错配现象，促进劳动力的合理流动。

四是建立城乡要素的双向流动机制。城乡分割必然不利于要素配置效率的提高。在中华人民共和国成立65年之后，我国终于在2014年颁发的《国务院关于进一步推进户籍制度改革的意见》（国发〔2014〕25号）中，首次宣布"全面放开建制镇和小城市落户限制"，消除了城乡分治的户籍管理制度对农村人口城市化的强约束。但是时至今日，这种人口要素的流动仍然是一种单向流动。在2016年10月10日，国务院印发的《关于激发重点群体活力 带动城乡居民增收的实施意见》（国发〔2016〕56号）中，提出实施"新型职业农民激励计划"。在这个计划中，没有提及非农人口成为职业农民的制度通道，而是延续了培育户籍农民为职业农民的思路，强调以现有农村户籍人口为基础，从"提高新型职业农民增收能力"、"挖掘现代农业增收潜力"和"拓宽新型职业农民增收渠道"等三个方面，实施新型职业农民的激励计划。其他要素也是如此，比如农村资金支持城市建设，已是不争的事实；但是工商资本下乡，因为担心其"圈地"是真，发展现代农业是假，所以也有诸多限制。因此，提供城乡要素双向自由流动的制度激励，是提高要素配置效率的重要制度供给。

要素配置效率也是西部地区RCDI的短板，与东部相比，西部地区提高要素配置效率的空间大。而且，很显然，以上四个制度重点虽各有侧重，但是其共性也非常明显：都是指向提升这些领域的市场化程度。结合市场激励区域差序格局中西部地区排名最后的事实，表明西部地区要素配置效率的提升，更需要充分发挥市场配置资源的决定性作用。在某种意义上，如果说西部地区要素聚集能力的提升，主要依赖制度激励的话，则要素配置效率的提升，主要依靠市场激励发挥作用。因此，从制度供给的角度来看，就是要提供形成市场激励的制度激励，或者及时满足发展中内生的制度需求。

三　提高产品竞争力的制度供给重点

提高产品竞争力的制度供给包括两个层面：一是宏观层面，主要由国家和各级地方政府提供的制度激励；二是微观层面，主要由生产企业基于市场竞争提供的组织内部激励。很显然，这里讨论的制度供给，是指宏观层面由各级政府提供的制度激励。

与激励要素聚集和要素配置效率的制度供给体系相比，宏观层面对提高产品竞争力的制度供给，要简单得多。重点有两个：一是建立重要产品的质量控制标准；二是严格实施追溯处罚制度。要全面提升我国产品的竞争力，必须改变长期以来我国产品标准的"外紧内松"现象——即出口产品严格实施高标准，国内同类产品则低标准、甚至无标准可依的现象。"外紧内松"不仅不利于国内产业整体水平的提升，而且一旦形成一种"商业文化"，必将贻害无穷。事实上，这种产品质量标准的"歧视性"商业文化，不仅表现为"外紧内松"，在国内还表现为比较典型的"城紧乡松"。只要到乡镇集贸市场转转，城市人一定会非常吃惊乡村集贸市场商品的价格之低廉，仿冒产品之盛行。比如"娃哈哈"变成了"娃恰恰"，"王老吉"变成了"王老古"，"特仑苏"变成了"特仓苏"，"旺仔牛奶"变成了"旺好牛奶"，等等。对此社会各界均有关注，比如许巍（2015）走访了淄博、临淄、桓台、淄川等几个区县的大集，发现论斤卖的卫生纸、标榜名牌的小食品、"三无"玩具充斥集市。而在这背后已经形成了一条专供集市的产业链。刘远举（2016）则以《"康帅傅"们为何有市场》为题，分析了农村集贸市场假冒商品横行的原因，认为我国监管体系因为存在寻租、官僚等原因，不可信任，因此造成劣质供给现象，而又尤以农村为甚。好在国家层面已经开始采取相应的制度安排，以抑制这种产品质量"城紧乡松"的势头。2017年2月22日，十二届全国人大常委会第二十六次会议上，国务院提出了《关于提请审议反不正当竞争法修订草案的议案》，此次修订是这部法律自1993年实施以来的首次修订。在修订草案中，规定经营者利用商业标识实施市场混淆行为的，最高或罚款一百万元。如果说国民到海外扎堆购买马桶盖、电饭煲是对国内商品质量不过硬"用脚投票"的话，那么，国家层面的法律规定，则为"傍名牌"等假冒产品经营行为提供了制度负激励，以期"正本清源"，并最终实现"固本培元"，全面提升产品竞争力。

从区（省）域层面来看，我国一些地区也已经开始非常重视产品质量标准的控制。比如浙江省 2016 年提出把"浙江制造"打造成为中国制造的标杆和浙江经济的金字招牌，企业界形成"一流企业做标准，二流企业做品牌，三流企业做产品"的质量提升共识。广东省 2017 年也提出通过推动"广东制造"向"广东智造"、"广东速度"向"广东质量"、"广东产品"向"广东品牌"三个转变引领广东制造迈向质量时代。而从对中央政府制度导向的响应来看，各省（市、区）也纷纷提出了"质量强省（市、区）"的产品竞争力提升思路。可以预见，各省提升制造质量的制度竞争，会在总体上推动我国产品竞争力，但省域之间的差距也必然会随之出现，个别省份之间可能还会出现差距扩大的情形。产品竞争力虽然是西部地区 RCDI 的长板，但是，在必将越来越激烈的省域制度竞争中，西部地区必须立足自身实际，针对性地提供产品质量控制和提升的制度激励，尤其是在优势产品和产业领域，应该力争成为质量标准的制定者，才有可能在与东部省份的竞争中保持比较优势或者缩小差距。

四　提高资源环境承载能力的制度供给重点

改善资源环境承载能力的诸多制度安排，与生态文明建设有关。进入 21 世纪以后，我国对改善资源环境承载能力提供了很强的制度激励。尤其是党的十八大以后，将生态文明建设提高到前所未有的高度。在国家颁发的相关文件中，逐步构建起改善资源环境承载能力的制度激励体系，制度激励日趋完善。比如 2015 年 9 月 21 日中共中央、国务院印发的《生态文明体制改革总体方案》，从健全自然资源资产产权制度、建立国土空间开发保护制度、建立空间规划体系、完善资源总量管理和全面节约制度、健全资源有偿使用和生态补偿制度、建立健全环境治理体系、健全环境治理和生态保护市场体系、完善生态文明绩效评价考核和责任追究制度以及生态文明体制改革的实施保障等九个方面，提供了改善资源环境承载力的强制度激励，体系很完整。因此，提高资源环境承载力的制度供给重点：一是确保相关制度安排的实施；二是要高度重视实施过程中的制度供给调整和创新。

首先，要改善资源环境承载状况，提供完善的制度激励很重要，但是更重要的是让"激励运转起来"。一方面，从资源高效利用的角度看，需要充分发挥市场激励的作用，这意味着相关的制度激励应聚焦

"培育市场";另一方面,从环境保护和治理来看,各级政府必须找到"发展与保护"的常态均衡点,改变"运动式"治理的路径依赖。在这方面,与之前相比,我国已经迈出了许多实质性的步伐,比如常态化的环保督察、试点后推行的河长制等创新性的制度安排,都是希望改变"运动式"的治理依赖。但是,尽管如此,北京天空的"开会蓝"现象依然表明:我国的环境治理要从"运动式"转向"制度化",依然有很长的路要走。对此,在不断完善该领域制度激励体系的过程中,需要高度重视培育民众的生态文明意识,以及确保民众监督渠道畅通,让相关制度激励以更低的成本高效地运转起来。

其次,制度激励实施过程中的及时修正、调整与创新至关重要。原因很简单:很多激励计划都是我们从来没有尝试过的范畴,因此,不可能解决我们将要遇到的任何问题。我们知道,不管文本多么完善,也绝无可能穷尽现实中的真实情形。因此,在实施这些改善资源环境承载力的制度激励时,必然会出现很多没有预料到的新情况新问题。解决这些问题,很多时候需要提供新的制度安排。因此,适时调整制度安排,提供新的制度激励,将是未来我国国家层面和各级地方政府改善资源环境承载力需要长期面对的课题。

最后,面向西部地区提供对农村环境综合治理的制度激励更具重要性。资源环境承载能力是西部地区的长板。但是,这并不意味着西部地区不需要再提供该领域的制度激励,相反,作为西部地区 RCDI 长板的 RCI,也存在一些突出的问题。比如,相较于其他区域,西部地区的农村环境综合治理具有全局性和极强外部性。一是因为西部地区城镇化率更低,农村面源污染面大,农村居民居住分散,农村生活垃圾无害化处理的点多面广,处理成本高;二是西部地区是我国大江大河的源头,长江黄河流经多个西部省份,西部地区农村地区的面源污染治理和生活垃圾无害化处理,不仅事关西部地区自身的资源环境承载能力,而且对中下游发达省份也会造成直接影响。而与此同时,一个众所周知的事实是:西部地区在区域和城乡双重差距的作用下,用于农村环境综合整治的财力非常有限,难以满足现实需要。综合上述因素,可见西部地区的农村环境治理不仅事关当地自我发展能力的提升,而且是影响全局的战略问题。因此,西部地区农村环境综合治理的制度激励,不仅包括西部地区省级及以下各级政府提供的制度激励,还包括国家层面更大力度的制度激励和资金支持。

当然，提出以上四个方面的制度供给重点，并不意味着这么多年以来，国家和各级地方政府在上述四个领域什么都没有做，相反，改革开放以来，中央和各级地方政府在上述四个领域都提供了大量的制度激励。在国家层面，西部大开发战略、"一带一路"倡议等都是强制度激励；在省级及以下行政区域层面，西部地区的各级政府也提供了强有力的制度激励。因此，本书基于区域自我发展能力定义和 RCDI 测算结果，提出的制度供给重点，相比于实用性，更强调启发性——虽然本书没有针对各省 RCDI 提升给出更为具体的政策建议，但是已有的结论和研究框架提供了深入分析各省自我发展能力问题的可能性和可行性。

第四节　研究展望：建立具有中国特色的区域发展能力理论体系

西部地区的自我发展能力问题是我国区域发展中面临的一个特殊问题，区域发展能力是该问题的一般化。因此，加强对该问题的基础性理论研究，实际上是致力于具有中国特色的区域发展理论体系的构建。对西部地区自我发展能力问题的推进，应该瞄准建立具有中国特色的区域发展能力理论体系。

区域发展能力是在中国语境下提出来的概念。该范畴的提出，是在现实观察、政策取向和学术关注的共同作用下，最初以"自我发展能力"这一概念出现，随着相关研究的推进，逐渐出现了"区域发展能力"的表述。从这一范畴的提出及演变来看，虽然"借用"了国际上"能力建设"、"能力形成"、"发展能力"等表述，但是，就中国学者的研究而言，更多的是关注中国现实，以问题为导向，展开系统的理论与应用研究。因此，该范畴更多的是在中国语境下使用。

区域发展能力范畴的"出生"与"成长"背景，决定了对区域发展能力的研究，具有比较鲜明的中国特色。也正是在这个意义上，建立具有中国特色的区域发展能力理论体系，是后续研究需要聚焦的任务。

　　从中国经济发展的成就和经验来看，毫无疑问为世界经济发展提供了一个成功范例；而区域发展能力问题的提出，恰恰是我们在取得巨大经济发展成就的过程中，遇到的一个突出问题。因此，针对该问题的研究成果，也应该成为能力研究领域的中国学术贡献。

　　但是，很显然，区域发展能力范畴提出的中国背景，并不意味着对该问题的研究必然能够形成具有中国特色的学术贡献。要构建具有中国特色的区域发展能力理论体系，需要把握以下几点：

　　第一，将区域发展能力与区域经济学区别开来。能力与经济之间的紧密关系，决定了区域发展能力与区域经济学具有千丝万缕的关系，不少学者也从区域经济学的视角，对前者进行了比较系统的研究。这两者的紧密关系，也为严格区分这两个范畴增加了难度。因此，后续研究既需要重视两者的联系，又需要将两者清晰地区别开来，建立起不同于区域经济学的区域发展能力理论体系。

　　第二，与国外发展机构衍生于发展能力项目的发展能力体系区别开来。国外对发展能力的研究，主要是对发展项目实施的经验研究，并通过研究为后续的发展项目实施提供指导。因此，与国内偏重于宏观的区域发展能力研究不同，国外研究更微观，更重视基于案例的经验研究。这要求在中国语境下的区域发展能力后续研究应该进一步突出问题导向，聚焦区域发展能力提升过程中的重大问题，借鉴国外重视案例的研究视角，突出中国区域发展能力案例的经验研究，并将之与国外衍生于发展能力项目的经验研究区别开来。

　　第三，对区域发展能力的衡量，要有层次性，并与相关的通用指标体系区别开来。一方面，建立区域发展能力的理论体系，是为区域发展能力的衡量提供理论支撑；另一方面，通过对区域发展能力的测算，可以为区域发展能力理论提供经验注脚。所以，对区域发展能力的衡量，是构建区域发展能力理论体系不可或缺的重要内容。科学地衡量区域发展能力，需要建立国家、区域、省域、市（县）域等不同层次的指标体系；同时，要与已经被普遍接受的一些发展指标区别开来，比如与 HDI、竞争力指数等，提高指数的信息量和决策参考价值。

　　总之，我国西部地区的自我发展能力虽然是我国发展中面临的特殊问题，但是区域发展能力问题却是各国区域发展的共同命题，同时对我国而言，也是区域发展中的特殊命题。虽然当前聚焦西部地区自我发展能力的研究较多，但是从理论层面对区域发展能力展开系统研究，可以说才刚刚开始。而构建具有中国特色的区域发展能力的理论体系，是一个长期的任务，不仅需要学术界的持续关注，更需要实践者的宝贵经验和决策层的制度激励供给！

附　　录

告老还乡[*]

　　收视率颇高的历史剧《康熙王朝》中少年康熙的老师济世在向康熙告别时说："老臣还眷恋着故乡的一片净土"，康熙为谢师恩，将顺治的画像送给济世，并允其悬挂参拜。而这正是济世最希望从皇上那儿得到的特殊礼物。这一情节不禁使我想起小时候听村里老人摆"古"的成长经历来，那是一种会影响你一生的难忘经历。因而我便揣测，济世回到家乡定会向乡亲们谈起他的皇帝学生如何聪明过人，以及他日常生活中的一些琐事。而这对当地青少年的影响之大，是难以用数据来衡量的。他们会觉得，皇上，一个高不可攀的人，居然离他们如此之近，无形中便将其树为榜样。在如此有感召力的榜样的影响下，这乡这土难免不会涌现出更多的举人进士。而这些人在外做官的阅历，在其告老还乡时便会成为最有价值的行李。年复一年，代代相传，孩子们在这些有学问有见识的老人的摆"古"中学到了不少东西，包括人生观价值观的确立。同时，他们为此并不需要支付额外的成本，这对因贫不能上学的孩子是一个非常好的学习机会。长此以往，不仅此地会有"才子之乡"的美誉，更为重要的是，此地人口的整体素质会比别的地方高出一大截。因此，不难看出，这样一种看似仅仅是出于人的"叶落归根"的本性而形成的告老还乡制，对当地的人力资源却起着"润物细无声"的滋养和培育作用，是其他任何正规的教育安排都难以替代的。

---

　　*　本文发表于《经济学消息报》，No. 477，2002 年 2 月 22 日。

若说济世所言所行有莫须有之嫌的话，历史上告老还乡的官员在返乡后造福乡邻的事，却是有案可查的。各省地方志、县志上的记载尤为详细。而我们每一个人身边也许都有真实的案例。遍布全国各地的宗庙祠堂（如山东曲阜的孔夫子庙）便是典型的例证，而不少地名更是因当地某位名人显要的名讳而得。如笔者的故乡——黔北边陲小镇镇南便是因当地举人李镇南而得名。这位举人在中举之后，回乡出资修建了镇南桥，架起了当地学子南下遵义求学的桥梁。据家乡的老人们讲，自李举人之后，接着出了好几位举人。而就全国来看，在谈到某些地区时，我们会用"人杰地灵"来形容。如曾国藩的家乡湖南出了共和国不少开国元勋，这与曾国藩在中国近代史上的显赫地位不无关系。据史载，曾国藩为官期间，无论身处何地，其奏折、文章均会留底，定期派人送往湖南老家收藏。这些"还乡"的文字流传出来以后，使曾国藩对后人的影响不仅仅只局限于家乡人。所以，所谓"一方水土养一方人"，这"水土"的含义，远不止自然资源意义上的"水"和"土"。从人力资源开发的角度来看，更为重要的是指当地的人文环境。经典的人力资源开发理论主要强调由政府主导的向人力资源进行教育投资和医疗保健投资。而我认为，人文环境对人力资源的培育和开发作用十分强大。换句话说，政府完全可以通过人文环境的改善来提高落后地区的人力资源素质。如同生态环境的恶化一样，随着落后地区的人才外流，自然资源的耗竭，当地人所处的人文环境越来越糟。生态环境的恶化威胁到人类的生存，已是全球共识；而落后地区人文环境的恶化，却鲜有人认识到。"皮之不存，毛将焉附"？因此，通过改善落后地区的人文环境来提高落后地区人力资源的整体素质，不失为治本之策。

今天，在西部落后地区，"山窝窝里飞出金凤凰"的事已是屡见不鲜，但大多"东南飞"，且"壮士一去兮不复返"。是因为他们全然没有念乡之情吗？非也。事实上，很多人在异乡成就了一番事业以后，并没有忘记故乡，而是很想帮故乡干些实事。但我们现有的制度安排更多的是强调"招商引资"，完全不打"故乡牌"；总是强调引进"外资"，而忽略"内资"的引进。以至于形成贫困地区的资源"一江春水向东流"的单一流向态势，而这会使落后地区的城乡二元结构更趋坚固。

与此同时，当今的农村还存在一个与告老还乡的良性影响成鲜明对比的事实，即打工回乡者对青少年的不良影响。我之所以很明确地称之为"不良影响"，是因为从人力资源开发的角度来看，青少年若错过了读书的黄金季节，在以后再进行人力资源投资，不仅事倍功半，而且是人力资源的巨大浪费——不论于个人还是于社会。而打工者之所以对青少年有那么大的影响力，是因为其看得见摸得着的物质收益。换言之，打工者的收入使当地人认为念书很划不来，即机会成本高。同时，人才外流——人文环境恶化——更多的人才外流这样一种恶性循环使当地人的素质难以提高（在没有外力打破这一循环的情况下）。人对事物的判断总是基于其对事物的认识，因此，落后地区的青少年选择弃学打工便是可以理解的了。许多农村打工仔是以放弃终身的受教育机会换取菲薄（在他们看来是比较可观的）收入。短暂的打工生活之后，又回到家乡继续祖辈们的日子。待他们的孩子十多岁以后，便又让他们出去打工"见见世面"（中国目前已出现第二代打工者，他们以年幼为主要特征）。这样一种循环任何人细想下去都会觉得窒息。这显然也会使城乡二元结构更趋坚固，更不易被打破——如果没有适当的制度安排的话。

事实上，现在的城乡差距，不仅仅表现在经济上，而是农村全方位的落后。在市场机制的作用下，城市和农村的交换表现为农村的优秀资源（包括优秀人才、优质自然资源、农村发展急需的资金等）流入城市，城市的劣质资源（包括伪劣商品、虚假信息等）流入农村这样一种典型的掠夺式的而非互补性的交换模式。长此以往，必然导致"马太效应"：城市吸引力日趋增强，而农村自生能力日趋减弱。其结果是城乡差别越来越大，二元结构日趋坚固。为避免这种情况出现，从中央到地方各级政府都在进行着各种努力。笔者认为，政府若能从制度上推动"告老还乡"如中国古代一样蔚然成风，重建落后地区日趋恶化的人文环境，对从根本上打破城乡二元结构会起到十分显著的作用。

我们可以想象一下这样的良性循环：一方面，"告老还乡"的老人们会有意无意地向孩子们讲述自己在外的经历，给孩子们最直接的影响。这对增加当地的人文积淀，改善当地的人文环境，推动当地的人力资源开发起着非常大的作用。不仅会大大扭转当前农村青少年辍学打工的风气，而且更可使当地人无成本地增加自己的人力资本。长此以往，当地的人力资本存量必然增加，劳动力素质会大有提高。另一方面，"告老还乡"的推行，可吸引大量未"告老"但决定"还乡"的游子加大对故乡的投资。尤其是现在，政府普遍加大了对基础设施的投资力度，而基础设施的改善会吸引资金，尤其是游子们的资金。因为除了利益因素以外，游子们还会出于乡情，以及"告老还乡"后生活的方便，加大对故乡的投资。如此形成开放的格局，使乡村与城市真正对接，这样一来，城乡二元结构不被打破也不可能。

最后一个问题是：从政府的角度来推行"告老还乡"可行吗？答案是绝对可行。第一，这正可以解开不少人的思乡情结。中国人素来有"叶落归根"的传统，若政府再度倡导，辅之以合理的政策安排，必有一呼百应之效果。因思乡情绪浓的游子必定先行返乡，而这会使仍留居他乡的游子倍有"独在异乡为异客"之感，久而久之，"告老还乡"成为其必然的选择。同时，这与以前限制人才流动的政策有着本质区别。区别在于政府是顺应民意，因势利导，而不是硬性规定，非返乡不可。若用经济学的语言来说，则是游子有返乡这一需求，而政府则通过相应的制度安排产生了满足这一特定需求的供给，这是一个"双赢"的选择。因此，可以说，"告老还乡"无论从文化传统的角度来看，还是从市场运作来看，都是可行的。第二，成本低。这包含几方面的含义：其一是绝对成本低。主要是投资基础设施（此乃政府分内之事，即使不推行"告老还乡"政府也需投资），建档和宣传联系。即对本乡本土的人才建档管理，加强联系和宣传攻势，吸引其回乡投资置业甚至居住。其二则是比较成本低。现在西部各省都有根据本省制定的人才规划，但各省无不把引进人才作为大事来抓。从政策规定之明确细致的程度来看，各省是动了"真格"的。以贵州省为例：引进一名博士提供120平方米住房，另给10万元科研启动经费。但若政府将招揽人才的目标群体定位为家乡游子，所费成本会少得多。一是信息充分会降低成本；二是与故乡游子合作，成功率高，会降低交易费用；三是与引进外籍人才相比，驱使游子回乡投资创业的不仅仅是经济利益，因而故乡游子会投资具有外部性的公共事业，如教育，基础设施等。而这可减轻政府的公共支出，使落后地区地方政府有更大财力用于地方建设。两相比较，孰优孰劣，一看便知。当然，本人的意思并不是不应引进外籍人才，而是以落后地区的财力来看，选择应更为理性。其三是机会成本低。政府号召本土人才"告老还乡"比较具体的举措中，召开同乡会是其中之一。而这所需的时间仅两三天而已，所需的资金也很少。以同样的时间和金钱做别的事，很难获得同等的收益。因同乡会事实上是各种信息的大汇集，大交换。不仅可加强家乡人与游子的交流，也可促进游子之间的交流。这为他们将来可能的合作打下了坚实的基础，为其强强联手，或互补合作，共同创业提供了非常好的机会。第三是事实上已有先例。如福建省侨乡清泉市举行的侨乡大会，便是以乡情为纽带，促进本地与世界各地华侨的亲情交流与经贸合作。因此，在全国，尤其是在落后地区，推行"告老还乡"是完全可行的。

参考文献

蔡昉：《全要素生产率是新常态经济增长动力》，《北京日报》2015 年
　　11 月 23 日。

蔡之兵：《区域自我发展能力框架及对我国不同类型区域的意义研究》，
　　《中共成都市委党校学报》2014 年第 6 期。

曹子坚：《区域自我发展能力研究：兼论中国区域经济转型与路径分
　　异》，中国社会科学出版社 2014 年版。

戴西南：《东兴中越边境走私调查：利益链分工明晰　"暴富梦"渐行
　　渐远》，《走私禁而未绝　暴利成为最大诱因》，《走私组织变保守，
　　越南黑劳工收入低》，《每日经济新闻》，2015 - 04 - 07，http：//
　　www. nbd. com. cn/articles/2015 - 04 - 07/907726. html。

陈作成、龚新蜀：《西部地区自我发展能力的测度与实证分析》，《西北
　　人口》2013 年第 2 期。

程广斌、任严岩、程楠、张盼盼：《西部地区自我发展能力——内容解
　　构、评价模型与综合测评》，《工业技术经济》2014 年第 1 期。

程远州：《武汉成立招才局》，《人民日报》2017 年 4 月 11 日 11 版。

丁妍：《基于要素流动的区域自我发展能力研究》，博士学位论文，广
　　西大学，2015 年。

发展研究所综合课题组：《农民、市场和制度创新——包产到户八年后
　　农村发展面临的深层改革》，《经济研究》1987 年第 1 期。

高新才、王科：《主体功能区视野的贫困地区发展能力培育》，《改革》
　　2008 年第 5 期。

国务院：《国务院关于实行市场准入负面清单制度的意见》，新华网，
　　http：//www. sh. xinhuanet. com/2015 - 10/19/c＿134727784. htm，
　　2015 年 10 月 19 日。

韩俊：《土地是农民的一种财产权利》，《农家顾问》2011 年第 6 期。

胡安俊、沈山、胡瑞山:《江苏省东陇海产业带区域发展能力评价与提升策略》,《国土与自然资源研究》2008 年第 4 期。

胡焕庸:《中国人口之分布——附统计表与密度图》,《地理学报》1935 年第 2 期。

胡焕庸:《中国人口的分布、区划和展望》,《地理学报》1990 年第 2 期。

黄海:《重视"软约束""软治理":用新乡贤文化推动乡村治理现代化》,《人民日报》2015 年 9 月 30 日。

焦立新:《评价指标标准化处理方法的探讨》,《安徽科技学院学报》1999 年第 3 期。

姜安印、董积生、胡淑晶编:《区域发展能力理论——新一轮西部大开发理论创新与模式选择》,中国社会科学出版社 2014 年版。

江世银:《增强西部地区发展能力的长效机制和政策》,中国社会科学出版社 2009 年版。

江世银、杨艳、杨伟霖:《增强西部地区发展能力的内外条件及基本思路》,《成都行政法学院学报》2009 年第 5 期。

李闽榕:《中国省域经济综合竞争力研究报告(1998—2004)》,社会科学文献出版社 2006 年版。

李晓红:《减贫进程中贫困人口能力形成的产权分析》,中国社会科学出版社 2015 年版。

李晓红:《中国转型期社会信用环境研究——社会信用两维度模型及其检验》,经济科学出版社 2008 年版。

李晓红、程民选:《不同语境和多重视角下欠发达地区自我发展能力的比较研究》,《天府新论》2013 年第 6 期。

李雅娟:《康巴什变局》,《中国青年报》2016 年 5 月 25 日。

李豫新、张争妍:《西部民族地区自我发展能力测评及影响因素分析》,《广西民族研究》2013 年第 3 期。

雷小山:《雾霾导致北京人才流失?仅仅如此吗?》,http：//cul. qq. com/a/20160123/018093. htm. 2016 年 1 月 23 日。

冷志明、唐珊:《武陵山片区自我发展能力测算及时空演变分析——基于 2005、2008 和 2011 年县级数据的实证》,《地理学报》2014 年第 6 期。

林升宝：《"文革"时期上海知青运动中的安置经费问题研究》，《上海青年管理干部学院学报》2013 年第 4 期。

林毅夫：《新结构经济学——反思经济发展与政策的理论框架》，苏剑译，北京大学出版社 2012 年版。

林勇、梁超、陈立泰：《西部地区自我发展能力投入产出效率评价——基于经济权利禀赋视角》，《探索》2012 年第 1 期。

刘青山、夏建国、王斯焕：《提高特困户自我发展能力》，《赣江经济》1987 年第 8 期。

罗晓梅、陈纯柱、何关银：《从生存方式变革看待发展——西部生存方式变革与自我发展能力研究》，重庆出版集团、重庆出版社 2007 年版。

罗晓梅、陈纯柱、何关银、陈放：《西部自我发展能力的政策创新研究》，中国社会科学出版社 2013 年版。

聂辉华、江艇、张雨潇、方明月：《中国僵尸企业研究报告——现状、原因和对策》，http：//nads. ruc. edu. cn/displaynews. php？ id = 3913，2016 年 7 月 27 日。

刘远举：《"康帅傅"们为何有市场》，《东方早报》2016 年 7 月 5 日。

施维：《扶贫资金"睡大觉"绝非浪费那么简单》，《农民日报》2016 年 8 月 17 日。

孙根紧：《中国西部地区自我发展能力及其构建研究》，西南财经大学出版社 2014 年版。

孙明泉、朱伟华、张士英：《知青重返"下乡"地，带头走上致富路》，《光明日报》2013 年 4 月 8 日第 7 版。

孙跃纲：《简论发展能力的内涵》，《陕西行政学院学报》2011 年第 11 期。

唐奇甜：《增强民族地区自我发展能力的若干思考》，《中南民族学院学报》（哲学社会科学版）1990 年第 2 期。

田官平、张登巧：《增强民族地区自我发展能力的探讨——兼对湘鄂渝黔边民族地区发展的思考》2001 年第 2 期。

UNDP：《1990 年度人文发展报告》，蔡兴扬译，《国际经济评论》1992 年第 3 期。

汪晓文、康玲芬、韩雪梅：《中国西部地区区域发展能力研究：基于问题地区和对外开放的视角》，中国社会科学出版社 2014 年版。

王斌：《西部区域自我发展能力指标体系构建研究》，博士学位论文，兰州大学，2012 年。

王聪聪、许婕：《中科院一名拟引进人才因北京雾霾留在美国》，《中国青年报》2013 年 10 月 10 日。

王科：《中国贫困地区自我发展能力解构与培育——基于主体功能区的新视角》，《甘肃社会科学》2008 年第 3 期。

王建太：《积极培育西部地区发展能力》，《求是》2003 年第 6 期。

王蕾、汪海霞：《西部多民族地区自我发展能力评价分析》，《新疆社会科学》2015 年第 2 期。

王志平：《"人类发展指数"（HDI）：含义、方法及改进》，《上海行政学院学报》2007 年 3 期。

许巍：《假冒伪劣商品猖獗，农村大集成倾销地》，《中国防伪报道》2015 年第 7 期。

亚当·斯密：《论国民财富的性质和原因的研究》，郭大力、王亚楠译，商务印书馆 1972 年版。

姚东：《去年贵州白酒卖了 561 亿，白酒产量全国排名第 11 位》，《贵州都市报》2016 年 5 月 19 日。

闫晶：《知青群体对城乡联系所产生的积极影响》，《黑河学院学报》2014 年第 5 期。

闫磊等：《西部发展的忖量：基于区域自我发展能力的理论框架与实践探索》，中国社会科学出版社 2015 版。

闫磊、姜安印：《区域自我发展能力的内涵和实现基础——空间管制下区域自我发展能力研究》，《甘肃社会科学》2011 年第 2 期。

杨彩华：《六类企业金融支持项目启动申报，最高给 100 万补助》，《成都日报》2016 年 4 月 25 日。

杨多贵、周志田、陈劭锋：《发展观的演进——从经济增长到能力建设》，《上海经济研究》2002 年第 4 期。

叶辛：《论中国大地上的知识青年上山下乡运动》，《社会科学》2006 年第 5 期。

鱼小强：《对增强西部地区自我发展能力的思考》，《商洛师范专科学校学报》2002 年第 3 期。

张爱儒、高新才：《青海藏区重要生态功能区自我发展能力的实证研究》，《统计与决策》2015 年第 5 期。

张鹏：《初始条件、地方政府竞争与自我发展能力：中国区域经济转型的演化路径》，《经济问题探索》2012 年第 2 期。

张琦：《对"农民财产权利与身份自由双重解放"的质疑与追索》，《农业经济问题》1989 年第 4 期。

张颐武：《重视现代乡贤》，《人民日报》2015 年 9 月 30 日。

郑长德：《中国民族地区自我发展能力构建研究》，《民族研究》2011 年第 4 期。

郑绍祥：《强化贫困地区技术吸收与开发能力》，《赣江经济》1986 年第 7 期。

周怡：《"文革"期间城乡文化交流分析——以平度县插队知青为例》，《城乡社会观察》2011 年。

周忠瑜：《努力提高少数民族地区的自我发展能力》，《青海民族学院学报》（社会科学版）1988 年第 4 期。

ACBF, "Capacity Still the Missing Link in Development", *New African*. Jun 2016, Issue 562, pp. 48 – 49.

A. Tiwari, *The Capacity Crisis in Disaster Risk Management*, *Environmental Hazards*. Springer International Publishing Switzerland. 2015, pp. 33 – 51.

Hayek, *Law*, *Legislation and Liberty：Rules and Order* (*I*), Chicago：The University of Chicago Press, 1973, pp. 36; 40; 43 ~ 44; 155.

Lusthaus, Charles; Adrien, Marie – Hélène; Perstinger, Mark. , *Capacity Development：Definitions*, *Issues and Implications for Planning*, *Monitoring and Evaluation*. Universalia Occasional Paper No. 35, September 1999.

Morgan, P. , *Capacity and Capacity Development – Some Strategies*. Hull：Policy Branch, CIDA. 1998.

Sen, Amartya, *The Living Standard*. Oxford Economic Paper, 1984.

Sen, Amartya, *Poverty and Famines——An Essay on Entitlement and Deprivation*. International Labor Organiztion. 1997.

S. Nishioka ed. , *Enabling Asia to Stabilise the Climate*, SpringerLink. com,

2016, pp. 209 – 226.

UNDP, *Capacity* 2015：*Localising the MDGs—A Partnership Programme Focused on Capacity Development at the Local Level to Achieve the MDGs*, http：//www. capacity. undp. org. , 2015.

UNDP, *Human Development Report* 1990. New York and Oxford：Oxford University Press, 1990, p. 10.

致　谢

本书是我主持的国家社科基金西部项目"制度激励·要素聚集与西部地区增强自我发展能力研究——兼论特殊困难地区的要素贫困"（11XJL002）和相关课题的最终成果，从立项到结项、付梓成书，要感谢众多师友以及我的研究生和亲人们的支持和帮助。

开题时，感谢贵州大学哲学社会科学院常务副院长洪名勇教授、贵州省宣传部常务副部长徐静研究员、贵州省社会科学院刘庆和研究员、贵州大学经济学院院长王秀峰教授、时任贵州省哲学社会科学规划办主任蔡中孚老师的指导；结题预评审，感谢贵州省社科院胡晓登研究员、贵州财经大学王永平教授等专家的指导。感谢贵州大学李桥兴教授、贵州电子信息职业技术学院姜屯华老师的技术支持，他们负责了本书 RC-DI 的指数合成方法和测算部分；感谢河南省农科院烟草所李瑶、2015级农村与区域发展硕士周吉星（现在青岛银行工作）、2015级产业经济学硕士曾硕（现在中信银行贵阳瑞金支行工作）、2016级农业经济管理硕士研究生丁岚和税林敏、2016级农村与区域发展硕士研究生杜良杰和邓乔立录入数据；感谢2017级农业经济管理硕士刘东在排版处理时给予的技术支持。

在课题研究期间，多次与贵州省政府发展研究中心原主任、贵州省首批核心专家王礼全研究员一起开展研究，与王主任的每一次交流总能带给我新的启发和思考，使我受益良多，特此致谢！这期间多次与贵州省农委原专职书记（正厅长级）、省管专家李昌来研究员一起工作，李书记乐天知命的生活态度、认真负责的工作习惯和扎实的文字功夫，都让我印象深刻，受益匪浅！感谢为课题调研和交流提供支持和协助的贵州省扶贫办规统处潘珊处长，产业处 蒙祖云 副处长，贵州省政协秘书一处李维兵处长、贵州省农村信用社业务与创新部总经理周其令、总经理助理张霞，贵州省发改委地区处苟馨副处长，以及贵州省我们调研过的所有市（州）、县（市、区）相关部门的领导干部！感谢一直以来支持和鞭策我的硕士生导师贵州大学洪名勇教授！感谢一直以来关心和支持我的博士生导师西南财经大学程民选教授！感谢贵州大学管理学院院长李烨教授、副院长宋山梅教授的支持和帮助！感谢贵州大学管理学院申鹏教授一直以来的支持与帮助！

感谢责任编辑李庆红专业、认真细致的工作！

感谢我的家人在此期间给予的大力支持！

李晓红

2018 年 7 月 25 日于花溪麒龙溪园